现代渔业公共政策理论与实践

刘广东　郑世忠　于　涛　等编著

东南大学出版社
SOUTHEAST UNIVERSITY PRESS
·南京·

图书在版编目(CIP)数据

现代渔业公共政策理论与实践/刘广东等编著. —南京:东南大学出版社,2017. 9

ISBN 978 - 7 - 5641 - 7352 - 4

Ⅰ. ①现… Ⅱ. ①刘… Ⅲ. ①渔业政策-研究-中国 Ⅳ. ①F326.40

中国版本图书馆 CIP 数据核字(2017)第 187916 号

现代渔业公共政策理论与实践

出版发行	东南大学出版社
出 版 人	江建中
社　　址	南京市四牌楼 2 号(邮编:210096)
网　　址	http://www.seupress.com
责任编辑	孙松茜(E-mail:ssq19972002@aliyun.com)
经　　销	全国各地新华书店
印　　刷	虎彩印艺股份有限公司
开　　本	700 mm×1000 mm　1/16
印　　张	16
字　　数	323 千字
版　　次	2017 年 9 月第 1 版
印　　次	2017 年 9 月第 1 次印刷
书　　号	ISBN 978 - 7 - 5641 - 7352 - 4
定　　价	49.80 元

(本社图书若有印装质量问题,请直接与营销部联系。电话:025 - 83791830)

前　言

公共政策是国家对社会进行管理的一种不可或缺的重要手段。伴随着人类社会的发展，公共政策的作用正变得越来越重要，人们的生产生活、社会行为正越来越多地受到公共政策的影响与支配。在我国，公共政策理论逐渐被各级政府理解和接受并且得到迅速发展。公共政策的理论和方法已经成为各级政府管理决策的基本方式。

改革开放以来，我国渔业发展取得了举世瞩目的成就，全国水产品总产量由1978年的465万吨增加到2015年的6 699.65万吨，连续26年位居世界首位。我国渔业已经发展成以养殖、捕捞、加工流通、增值、休闲五大产业为主体，渔用工业以及科研、教学、推广相互配套、比较完整的产业体系，为丰富城乡居民的“菜篮子”、改善人民饮食结构、提高生活水平、全面发展农村经济作出了重要贡献。回顾渔业发展的不平凡的历史，除了坚持改革开放，率先引入市场机制，采取各种措施调动渔民积极性，促进了水产业的快速稳定发展以外，渔业公共政策的引领发挥了重要作用。

本书在公共政策理论基本框架的基础上，对渔业公共政策的理论进行了系统的阐述，详细梳理了新中国成立以来，特别是改革开放以来在捕捞、养殖、水产品加工与流通、渔业服务业、休闲渔业等方面实施的公共政策。对渔业公共政策实施的背景、范围、推进的措施以及取得的显著效果进行了阐释。由于渔业公共政策的实施是一个不断完善的过程，不同的时间点所实施的公共政策都有特定的背景因素。因此，本书没有对渔业公共政策的规范性以及实施程度进行分析评估。本书旨在通过阐述渔业公共政策的实践过程，再现中国渔业六十多年走过的不同寻常之路，揭示中国渔业的发展的内在逻辑，即政府主导的渔业公共政策的有效供给是助推渔业快速发展的“催化剂”。

本书第一至第三章由大连海洋大学经济管理学院于涛老师撰写，第四、七章由大连海洋大学经济管理学院郑世忠老师撰写，第五、六、八章由大连海洋大学经济管理学院刘广东老师撰写，第九章由大连海洋大学经济管理学院谭光万老师撰写，最后由刘广东老师统稿定稿。大连海洋大学经济管理学院于晗博士在资料的收集和整理方面做了一定的工作，在此表示感谢！

本书在撰写的过程中，参考了相关学者的研究成果，在此一并表示衷心的感谢！感谢东南大学出版社以及孙松茜编辑对本书的出版所做的工作。

由于水平有限，书中难免存在疏漏和不足，恳请读者批评指正！

刘广东
2017年3月1日

目　　录

第一章 现代渔业公共政策的内涵

政策是国家与社会管理的一种不可或缺的重要手段。伴随着人类社会的发展,政策的作用正变得越来越重要,人们的生活、社会行为正越来越多地受到公共政策的影响与支配。公共政策(Public Policy)最早是由美国学者在第二次世界大战之后提出的,但公共政策被引入中国却是在20世纪80年代之后。[①] 自公共政策作为一门交叉性学科被研究以来,大量学者对公共政策的概念进行了界定。目前,多数学者认为公共政策是一种为了实现公共利益而制定的方案。该方案的产生必然由某一特定权力机关经由特定的政治过程。公共政策的表现形式有多种,常见法律法规、行政规定都是公共政策的表现形式,除此之外,如行政领导的命令甚至口头或书面的指示等都可能成为一种公共政策。一般的公共政策都具有价值相关性、合法性和权威性等特征,法律法规、行政规定等均具有这些特征。

作为现代公共政策的一部分,现代渔业公共政策(Public Policy of Modern Fisheries)是针对现代渔业提出的公共政策,是公共政策理论在渔业中的具体运用。具体来说,渔业公共政策是指各级政府依据各自渔业的发展目标,为实现渔业领域的社会公共利益而制定的各类行为准则。[②] 作为公共政策的一个子类,渔业公共政策的表现形式也是多种多样的,例如各类发展现代渔业的法律规章、各级政府促进渔业发展和规范涉渔行为的行政命令,甚至是各级政府制定的关于渔业的发展规划与发展策略等都属于渔业公共政策。[②]

---

① 宋锦洲.公共政策:概念、模型与应用[M].上海:华东大学出版社,2005.

② 杨子江,赵文武,阎彩萍.现代渔业公共政策的价值取向研究[J].中国渔业经济,2009,27(5):12-18.

第一节 现代渔业公共政策的功能

一般来说，公共政策的功能主要体现在四个方面，主要围绕生产过程和分配过程，具体来说分别是管制、引导、调控和分配四种功能[①]。现代渔业公共政策作为公共政策在渔业领域的具体运用，其基本功能也体现在这四个方面，具体来说就是对渔业中相关主体的行为进行管制、引导和调控，并对渔业中相关分配活动进行规范。

一、管制功能

管制功能存在的必要性是因为个人或组织的行为往往是基于自身利益的最大化，而在追求自身利益最大化的过程中，其选择是以牺牲社会或他人利益为代价的。当所有人都选择这种以牺牲他人或是社会利益为代价，获取个人的利益最大化的行为时，整个社会就会陷入一种“囚徒困境”的博弈均衡，其结果是每个人的收益都变差了。此时公共政策的管制功能有利于改进博弈均衡的结果，使博弈走出“囚徒困境”。具体来说，为了实现社会的整体利益，政策主体必然要对政策对象的行为进行管制或制约，从而使其行为有利于社会整体或是有利于其个人的长远利益。渔业政策的管制功能的实质是通过让渔业公共政策的政策对象不做什么来实现其政策目标。一个社会或是一个行业的正常运转都不能脱离基本的秩序和合理的行为轨道。渔业公共政策的管制功能就是渔业公共政策为了保证渔业乃至社会的正常运转所起的规范作用。现实生活中的行为主体作为理性的人或者有限理性的人都会追求自身利益的最大化，而在这一逐利过程中，如果没有相应行为准则对行为主体的行为进行约束和管制，任凭个体自由行动，在社会资源有限的情况下，必然会产生个人利益与社会整体利益的冲突和矛盾，由此将威胁行业或是社会生存所需的基本条件。因此，为了现代渔业的存在和发展必须对渔业中相关主体的行为进行规范和约束。

以《中华人民共和国渔业法》第三十八条为例，“使用炸鱼、毒鱼、电鱼等破坏渔业资源方法进行捕捞的，违反关于禁渔区、禁渔期的规定进行捕捞的，或者使用禁用的渔具、捕捞方法和小于最小网目尺寸的网具进行捕捞或者渔获物中幼鱼超过规定比例的，没收渔获物和违法所得，处五万元以下的罚款；情节严重的，没收渔

① 刘昌雄. 公共政策：涵义、特征和功能[J]. 探索，2003(4)：37－41.

具，吊销捕捞许可证；情节特别严重的，可以没收渔船；构成犯罪的，依法追究刑事责任”[①]。该条款就是典型具有管制功能的渔业公共政策，单个渔民对上述行为的实施可能使其获益，但该收益的获得是建立在牺牲和破坏社会资源的代价之上的。当渔业的公共政策缺失时，每个人都实施上述行为，最终的结果是渔业资源遭到严重破坏，导致其实施行为而获得的收益快速下降。因此，其基于行业的整体利益和长远利益，规范渔民的近海捕捞行为，对其捕捞方式和捕捞时间等做出规定，其目的是杜绝渔民个体或组织的过度捕捞行为，从而避免对整个社会的渔业资源的可持续发展产生不利的影响。

二、引导功能

虽然管制功能有利于达成政策目标，实现公共整体利益，但一些因素限制了公共政策的管制功能。一方面，管制可能存在较大的交易成本。当公众普遍存在偏离公共政策约束的倾向时，管制功能的实现实际上是要耗费巨大的人力物力去监督和执行的，因此也就产生了较高的交易成本，这限制了公共政策的管制功能。另一方面，管制功能可能因为过度影响了公众的自由选择而被重视。在这两种情况下公共政策的引导功能更有利于解决公共问题，达成公共目标。不同于管制功能的通过对政策客体的违规行为进行惩罚，引导功能更多的是对政策制定者希望看到的行为进行鼓励，进而激发政策客体更多地选择其希望看到的行为，以实现特定问题的解决或是特定目的的实现。如果把管制功能定义为消极功能，那么引导功能则更多的是积极功能。

在现代渔业公共政策中，引导功能发挥着重要作用。以各地出台的鼓励渔船“木改钢”的政策为例，该项政策的目的是为了引导渔民进行渔船升级，淘汰那些制约渔业经济发展的船体小，主机功率低，技术严重落后的木质渔船，通过更新建造主机功率更大，船更大，捕捞作业技术含量更高的钢制渔船，实现降低劳动力投入和降低捕捞成本，增加船舶安全保障的政策目标[②]。因此，该类渔业政策具有明显的引导功能。相对于公共政策中的管制，引导具有节省交易成本，不妨碍选择自由等优势。

---

① 参见《中华人民共和国渔业法》：http://www.gov.cn/ziliao/flfg/2005—08/05/content_20812.htm

② 粤文.未来三年东莞将投1亿元更新改造渔船[N].中国渔业报，2015-11-16.

三、调控功能

与管制功能类似，现代渔业公共政策的调控功能，是指政府等渔业的公共部门运用渔业公共政策的制定和实施，实现对渔业中某些过度行为和利益冲突进行调控。一般来说，渔业公共政策的调控功能主要体现在调控渔业相关主体的各种利益关系，特别是物质利益关系的方面，从而实现渔业的稳定和发展。调控功能与管制功能的重要差异在于，在调控功能中，行为在一定程度范围内是允许的，而超过了某些范围则不被允许，而管制功能中则不存在这样一个被允许的范围，其从一开始就是不被允许的。

以《中华人民共和国渔业法》第二十二条为例，该款规定："国家根据捕捞量低于渔业资源增长量的原则，确定渔业资源的总可捕捞量，实行捕捞限额制度。国务院渔业行政主管部门负责组织渔业资源的调查和评估，为实行捕捞限额制度提供科学依据。"[①]可见该款渔业公共政策制定的目的是为了调节渔业捕捞过程中出现的各种矛盾，对渔业捕捞过程实施控制和调节，从而保证我国渔业资源的可持续性。从该例中也可以看出，在调控功能中，在配额或是限额范围内的捕捞行为是被允许的，而超过了限额的规定，捕捞行为就不被允许，变成了一种非法行为。在管制功能中，一些被禁止的行为是不存在这样的限额的，这也是管制功能与调控功能的差异所在。

四、分配功能

渔业公共政策的分配功能是指渔业公共政策明确了渔业领域中利益分配的程序和方法。具体来说包括两个方面，一是生产资源的分配，二是生产活动而创造的利益的分配。分配功能的存在，明确了主体自身的利益范围，从而通过最大化自身利益的情况下有利于社会整体利益的提升。

很多现代渔业公共政策也正是基于利益分配而产生的，例如海域使用权的相关管理规定就是为了分配渔业生产资源而产生的渔业公共政策。其明确了何人在何时拥有某一海域的使用权，从而消除了产权不清晰带来的过度捕捞等对社会整体利益不利的行为的发生。对渔船的燃油补贴等行为也是为了利益分配而产生的渔业公共政策，其一定程度上是对渔民的生产活动进行的补贴，也是一个利益分配的过程。

---

① 参见《中华人民共和国渔业法》。

在渔业公共政策运用的过程中，一项具体的渔业公共政策往往同时具有多项功能，而且各项政策功能之间往往是相互影响、相互作用的。因此对于渔业公共政策的功能进行研究的过程中，应从系统的角度出发。

第二节 现代渔业公共政策目标

任何公共政策的制定都有其政策目标，渔业公共政策也不例外，其制定必然反映了特定的渔业公共政策目标。从博弈的角度来看，一项渔业公共政策可以看成包括政府在内的各利益方通过博弈而形成的博弈均衡。作为博弈均衡的结果，现代渔业公共政策的目标多数情况下都是为了保证绝大多数渔业从业者或者社会公众的整体利益。在有些情况下，某些渔业公共政策的制定也可能是为了保护少数渔业从业者或者少数社会公众的特殊利益。与其他公共政策类似，渔业公共政策的政策目标主要有两个方面的特征：一是具有问题的针对性，即针对渔业当中的重大问题，该问题可以是不同时点的，可以是过去和现在或是未来的问题。二是未来的预期性，即预期可以在未来解决有关问题。根据不同的分类标准可以将现代渔业公共政策目标分成多种不同的类别，一般常见分类有三种。

根据政策目标关注的时间长短不同，可将政策目标分成时间跨度较长的关注长期的长远政策目标和时间跨度较短的关注短期时间的近期政策目标；根据公共政策关注的社会领域的差异，可以将公共政策分成关于政治的统治性公共政策和以管理为目标的公共政策；以服务主体人数，可将政策目标划分为公益性政策目标和特殊性政策目标。

不管如何对渔业公共政策的目标进行分类，其基本目标一般来说主要有四个，即公平、效率、自由和安全[①]。

一、公平

公平即每人或每个群体得到同样的机会或是利益。根据这一概念，公平实际上可以分成机会公平和结果公平[②]。机会公平，是指每人都有同等的获取分配物的机会，其特点是重机会，轻结果。其主要形式有抓阄决定、投票决定和平等竞争

① 杨子江，赵文武，阎彩萍．现代渔业公共政策的价值取向研究[J]．中国渔业经济，2009，27(5)：12－18．

② 何大昌．公平与效率均衡及路径分析[D]．南京：南京师范大学博士学位论文，2002：13－16．

等形式。相对于机会公平，结果公平则体现在结果的分配环节，是指每个人或者群体一定范围内的分配物是相等的，其特征是重形式公平，轻实质平等，结果公平的形式主要有奖金相同、福利相同等。最终状态公平，充分满足个体不同的偏好和实际需求和价值追求。结果公平缺乏激励，容易出现吃大锅饭的情况，而机会公平则更具激励机制，能够激励那些更具效率的个人和群体在生产活动中更多投入精力和时间等成本，而这样做的结果一方面对其自身有利，可以获得更多的劳动成果；另一方面对整个社会也是有利的，因为整个社会的效率提升了，产出增加了。

现代渔业公共政策的目标中应该更多关注机会公平，通过渔业公共政策保证激励机制，激发高效率的渔业从业者更多地投入到渔业生产活动中来，只有这样才能更好地发挥市场机制配置资源的作用，加快我国渔业健康持续的发展。

二、效率

效率指在以最小的投入获得确定的产出或者是在确定量的投入的情况下获得最大化的产出。我国渔业公共政策的效率目标就是在给定有限的渔业资源情况下，能够持续地生产出更多数量的渔业产品或是更高质量的渔业产品。因此，对于我国渔业而言，公共政策的效率目标一方面要求可持续发展，不能竭泽而渔，追求短期的产量和质量，而应该从长期的角度判定效率；另一方面，在追求产品供给量提升的同时，不能忽视产品质量的提升。在相同供给量的情况下，产品质量提升也是效率提高的体现。以我国渔业养殖业为例，近年来，我国渔业养殖业的产量快速提升，从数量来看，这显然是效率提升的体现，但近年来也出现了渔业养殖业药品滥用、水质污染严重等相关问题，从而影响了渔业养殖产品的质量[①]，如果考虑质量问题，那么效率是否提升则需要寻找新的判定方式。

伴随着我国经济的快速发展，物质产品日益丰富，人们已经在一定程度上实现了在产品量的方面的满足，正转向对产品质的方面的需求，对于渔业产品而言，人们也有了更高的品质要求，因此我国渔业公共政策的效率目标应该更多的关注渔业产品品质的提升。

三、安全

公共政策涉及的安全是多角度、多层次的，可能是微观层面的，如心理安全和人身安全或者个人财产安全，也可能是更为宏观层面的，如整个国家的安全、全社会的

---

① 杨健.渔业产地环境安全问题需要高度关注[J].中国渔业质量与标准，2014，4(2)：1-4.

安全等等。在现代渔业公共政策中，安全目标涉及不同层面，既有较为微观的如渔民人身安全和财产安全的相关公共政策，也有涉及社会安全和国家安全等较为宏观的安全目标的渔业公共政策。近年来，安全目标正成为我国渔业公共政策目标中越来越重要的一个方面。这一方面是因为在渔业领域生产活动具有较大风险，特别是渔业中的捕捞业，根据相关调查，渔业捕捞业中的死亡率达到了千分之二点一四[①]，远高于世界平均水平，也高于人们传统印象中的高危行业，如煤炭采掘业等。因此，安全目标就显得尤为重要，各级政府制定都制定了相关公共政策以实现渔民的人身和财产安全。另一方面，由于近年来，近海过度捕捞，造成了渔业资源的快速衰竭，这对生态和环境产生了极大的破坏，对整个渔业的健康发展带来了安全隐患，对整个社会的公众利益也造成了极大的破坏。政府也在这一更为宏观的层次制定了多种渔业公共政策。

四、自由

自由指在不影响他人的前提下，人们能够做他所做的事。通常认为公共政策中自由目标需要解决两个方面的问题：首先是政府在何种程度下要干涉公民自由；其次是如何防止政府对公民自由的伤害。就渔业公共政策而言，自由目标较少涉及，但在其他目标实现的过程中不应对政策客体的正当自由产生妨害，阻碍其自由。

第三节　现代渔业公共政策种类

渔业领域与现实社会生活中的其他领域一样，都离不开公共政策的指导，渔业生产活动的复杂性与多样性决定了渔业领域的公共政策也是类型多样的。因此，根据不同的标准进行分类，我们可以将渔业公共政策分成不同的类别。

一、渔业经济政策、渔业社会政策和渔业文化政策[②]

根据渔业公共政策适用的具体领域的不同，渔业公共政策可以划分为渔业经济政策、渔业社会政策和渔业文化政策。

渔业经济政策是渔业公共政策中的主体部分，多数渔业公共政策属于该类。渔业经济政策是针对渔业经济领域而制定的相关政策，其制定的目的一般是为现代渔业中相关经济活动提供规范或者准则，即约定哪些经济行为是被允许的，而哪

① 中国渔船船东互保协会 2014 年调查数据。

② 孙琛. 渔业政策学[M]. 咸阳：西北农林科技大学出版社，2011.

些又是被禁止的，从而起到调节生产关系的作用。常见的渔业经济政策包括涉及渔业发展和产业结构升级等方面的具体政策。渔业社会政策是专门解决渔业领域的具体社会问题，谋求社会整体利益提升和改进，或者改善海洋环境，促进社会整体平衡发展的基本原则和规范。例如针对渔民特定群体的社会保障政策、促进渔民上岸专业的相关就业培训政策和一些针对海洋环境修复与保护而制定的相关政策都属于渔业领域中的社会政策。现代渔业中的文化政策是政府在渔业文化领域制定的行为准则与行为规范，其目的是解决渔业文化领域中出现和面临的相应问题，更好地促进渔业文化事业的发展。具体来说渔业领域中的促进相关科技发展的科技政策、对渔民进行教育或培训的相关政策、卫生政策和一些地区的渔业文化保护等政策均为渔业文化政策。

二、渔业总政策、渔业基本政策和渔业中的具体政策

根据其所属的层次不同，按层次从高到低进行分类，可以将渔业公共政策分成渔业总政策、渔业基本政策和渔业中的具体政策。渔业公共政策中的总政策是一定时期内全国范围内针对渔业领域的一个总体行为准则。一般来说，总政策居于政策体系中的最高层级，究其特征来说，因为其所处的层级，渔业总政策必然具有根本性和全局性的特征，同时也具有稳定性特征，即在短期不易发生变动。以《中华人民共和国渔业法》为例，该部法律是渔业公共政策中的总政策之一，是针对全国渔业领域范围的总体行为进行规范的基本法律，其所规范的内容是根本性的，也是全局性的。从稳定性来看，该部法律自 1986 年审议通过之后，仅在 2000 年和 2004 年进行过两次修正，具有较高的稳定性。这实际上也是与其全局性和根本性的特征有关，全局性和根本性的问题，往往是有稳定性的。不同于渔业总政策，渔业基本政策是指在仅针对渔业领域内某个特定方面发挥规范作用的相关准则。渔业基本政策一般是在渔业总政策的约束下制定，其制定的目标必然是为总政策目标的实现提供服务。就其所处的层次来看，基本政策处于总政策和具体政策的中间，它是连接二者的重要纽带。渔业中的具体政策较为常见的表现形式是一些措施、条例或者指导方法等。不同于渔业中的总政策和基本政策，具体政策的内容一般都较为具体，其规定都具有很强的可操作性，这是实际上与其所处的层次有关，因为渔业中的具体政策是为了规范的具体行为和要解决具体的实际问题。

三、渔业分配性政策、渔业调控性政策、渔业管制性政策和渔业引导性政策

根据渔业公共政策的作用，可以将渔业公共政策分成分配性政策、调控性政

策、管制性政策和引导性政策。

渔业分配性政策是指政府的渔业主管机构将渔业领域中的财物、服务、义务分配给不同的群体来享受和承担的相关政策。与其他公共政策类似，渔业分配性政策的分配对象往往是渔业中部分特定群体，渔业分配性政策制定的出发点是为了调节整个社会利益的均衡分配。分配性政策与再分配性政策不同，二者的主要区别在于是否通过牺牲一方的利益来成全另一方的利益，分配性政策是在不损害他人利益的基础上来提高特定群体的利益，因而只产生受益者而不产生利益直接受损的群体。在我国，中央对地方所发放的补助款就属于这一政策类型。比如，针对渔民的燃油补贴，这一类的政策受益群体就是部分渔民，他们获益的来源就是政府既得的利益，已经收取的税费，没有损害他方利益，最终没有产生利益直接受害群体，但是拥有渔船使用燃油的渔民从中获得了好处，从而实现了整个社会的利益分配。

渔业中的调控性政策也称为渔业限制性政策，是指对渔业领域中的个人、群体或组织的某些行为进行约束或限制，这些约束和限制有利于解决因为政策客体的自由或随意行动而带来的问题。例如一些地区制定的伏季休渔就属于一种较为典型的调控性政策，其对渔民原本自由的行为进行规范，约定在确定的时间范围内(一般是夏季)特定区域的捕捞行为是违法的①，从而有利于渔业资源的修复和可持续发展。

管制性政策就是政府机构设立特殊的原则和规定，来指导政府机构和特定群体的行为，或调整各种不同群体利益的政策，使一方受益另一方失利。典型的例子像各类环境污染政策，如排污许可制度、限期整改制度等。如青岛市在近海岸实施的环境保护规定中规定，造成海域污染的项目，除了要加收两倍的超标准排污费之外，还要进行罚款，数额一般不超过十万元②。在这一例子中，通过政府强制性的政策来规范企业的生产行为，给青岛普通市民带来了良好的环境，但是却牺牲了排污企业的利益，故属于管制性政策。另一个例子是消费者保护政策，通过管理生产者和经营者的行为，特别是限制一些非正当性、非公平性的手段，来保护消费者的利益。

渔业公共政策中的引导性政策是为了某一政策目的而引导政策对象的行为。与管制性政策不同，该类政策更多的是鼓励，而非强制。如前文举例的“小改大”“木改钢”的政策，主要是通过补助的形式激励政策对象采取符合政策目的的行为或决策。

---

① 岳冬冬，王鲁民，熊敏思，等. 完善海洋伏季休渔制度的探讨——基于东海与浙江省的实践[J]. 农业现代化研究，2016，39(2)：338－344.

② 参加《青岛市近岸海域环境保护规定》：http://www.law-lib.com/lawhtm/1995/25807.htm

第二章　现代渔业公共政策分析的基本框架

渔业公共政策分析是对渔业领域中的公共政策制定、公共政策的选择以及公共政策的实施效果等所进行的研究。一般而言，要对渔业公共政策进行分析，首先要明确渔业公共政策分析的对象和类型，其次要明确渔业政策的运行过程，具体包括其制定、执行、评估和调整。本章就这两个方面的内容进行分析，力图介绍现代渔业公共政策分析的基本框架。

第一节　渔业公共政策分析的对象和类型

进行渔业公共政策分析，首先应明确分析的对象，因此本节首先对渔业公共政策分析的对象进行了介绍，明确现代渔业公共政策针对何种事物进行分析，进而介绍了现代渔业公共政策分析的常见类型。

一、现代渔业公共政策分析及其对象

明确现代渔业公共政策分析的对象之前，首先应对政策分析进行界定。目前，不同学者对政策分析(Policy Analysis)下了不同的定义，就大的分类来说有广义定义和狭义定义。其中广义定义中，由内格尔(Stuart S. Nagel)和托马斯·达伊(Thomas Dye)两位学者对“政策分析”所下的定义较具代表性。二位学者认为“政策分析”的含义实质上与“政策科学”的含义是一样的。狭义定义中，小邓肯·麦克雷(Ducan Macrae Jr.)和卡尔·帕顿(Carl V. Patton)等人所下的定义具有代表性，狭义定义认为政策分析主要研究备选方案的评估和选择①。针对渔业公共政策发展在具体的行业领域这一现状，我们倾向于狭义“政策分析”的理解，即认为渔

① 陈振明. 公共政策分析[M]. 北京：中国人民大学出版社，2002.

业公共政策分析是通过某些研究方法，对渔业领域的公共政策的制定、方案的评估、选择进行研究，以更好地解决公共政策问题。

从政策分析的概念来看，政策分析的对象是政策问题的解决方案。而在制定政策问题的解决方案之前，应先对政策问题进行确认。政策问题的确认是解决问题的必要前提，其实质是发现问题，对问题进行界定和对问题进行必要的描述。对政策问题进行确认一般被认为是解决政策问题过程中至关重要的一个环节。只有知道问题产生的原因，对问题进行界定，并能够描述问题，才有可能制定出可能解决公共政策问题的方案并进行最优方案的选择。如果一个问题不被认知，则就不存在被解决的可能。相应的，即使知道问题的存在，但不能对其很好的界定和描述，也不可能制定有效的解决方案。

二、渔业公共政策分析的类型

渔业公共政策作为一种公共政策，针对其分析与其他公共政策类似，都可以分成三种基本的类型，即未来的渔业公共政策分析、回溯的渔业公共政策分析和整合的渔业公共政策分析。

(1) 未来的渔业公共政策分析。这种类型的渔业政策分析也称为事前分析，从发生的时点来看，该类分析多发生在政策制定或是执行之前的某个时间点。之所以进行该类分析，主要是为了对政策的各种可能结果进行分析，从而从备选方案中选择最优方案。

(2) 回溯的渔业公共政策分析。该类渔业政策分析也被称为事后分析，不同于未来分析，其发生的时点多在渔业公共政策执行之后的某个时间点。其分析的对象可以是过去的渔业公共政策，也可以是一项新的渔业公共政策。二者的目的一般都是为了对政策效果进行评估，检查政策的目的是否达成，并对政策的修正提供依据。

(3) 整合的渔业公共政策分析。该类分析是将前述的两类政策分析结合起来使用，一方面在政策执行之前对政策的制定和选择进行分析；另一方面，在政策执行之后，对其产生的政策效果进行评估，结合评估产生的信息，对政策进行修正，并在修正过程中重新回到未来政策分析部分，如此不断地重复，最终使得政策执行过程中产生的问题得到解决。

第二节 渔业公共政策的构成要素

本节介绍渔业公共政策的构成要素，具体来说包括渔业公共政策的主客体、作用于渔业公共政策的外部环境和实现政策目的所需的各种渔业公共政策工具等相关内容。

一、渔业公共政策主体

渔业公共政策主体是指那些参与到政策制定过程中的个人或者组织，包括直接参与者，也包括间接参与者。世界各国政策主体的构成因素基本一致，受各国政策环境差异的影响并不是很大，政策环境的差异更多的是影响政策主体在政策制定过程的作用方式和影响程度①。在我国，渔业公共政策的主体一般被认为有包括作为立法机关的各级人民代表大会、负责渔业相关事物的行政决策执行机构和各级司法机构等；除此之外，一些涉渔的利益团体、涉渔的研究机构，以及对涉渔事务进行报道的媒体和渔民个人等也都算作渔业公共政策的主体，因为这些主体都不同程度地参与到渔业公共政策的制定过程中②。从这些政策主体的属性来看，基本可以将其分成两类：一类是具有官方性质的决策者，另一类为非官方的民间参与者。前者是指那些具有法律权威的个人或组织。后者与之相对，通常不具有法律权威，且在政策制定的过程中多处于从属地位，即他们会对渔业公共政策的制定产生影响，但并非最终的决策者。

1. 渔业公共政策中的官方决策者

渔业公共政策的官方决策者是指那些法律赋予其权力制定渔业公共政策的个人或机关组织，常见的官方决策中的个人有各级行政机关的领导或者负责人，机构或组织有各级立法机关、行政决策与执行机关和各级法院等。

（1）立法机关。各级立法机关是各类公共政策中最为重要的政策主体，其主要通过行使其立法职责来制定公共政策。目前西方发达国家多采取三权分立的政治制度，即三种权力分属三个机构。在这些国家，立法机关一般由国会或是议会机构充当。三权分立的政治制度并非普适的，政治制度的选择必须结合特定的制度环境，我国并未实行三权分立制度。我国的立法机关是各级人民代表大会和各级

① 孟劲.公共政策主体及其作用过程[J].铜仁师范高等专科学校学报，2006(5).

② 孙琛.渔业政策学[M].咸阳：西北农林科技大学出版社，2011.

人民代表大会的常务委员会。各级立法机关对渔业领域的立法实质上就是社会公共权威针对渔业领域或环节做出行为的规范，是有关渔业活动的准则。因而，立法机关所制定的有关渔业的法律和法规同样属于渔业政策的范畴。由立法机关通过立法做出的渔业政策规定了政府作为或不作为的基本倾向，通常来说，经立法机关制定的渔业公共政策都具有较高的稳定性，特别是那些总的渔业公共政策。

立法机关作为主要的官方渔业公共政策制定者，除了制定关于渔业的法律法规之外，还审议通过国家关于渔业方面的预算以及对各级政府在渔业领域中的政府行为进行监督。预算规定了政府将多少财政用于渔业领域，例如对渔业资源保护等方面的支出是否符合预算的约束和规定，虽然预算本身不是法律，但其制定也是为了对行为进行约束，因此其在本质上与法律相同，都是对行为进行约束。

另外，通过立法机关制定的关于渔业的相关法律往往具有稳定性、普遍性的特点，短期不会发生变动和修正。也正是因为如此，立法机关所制定的有关法律所解决的渔业政策问题只能是原则性的，很多具体的渔业政策问题还不能或不宜通过立法机关制定相应的法律来解决。

(2) 行政机关。各级负责渔业事物的行政机关也是渔业公共政策的重要制定者。这主要是因为：一方面，行政机关掌握制定渔业政策的相关权力；另一方面，行政机关以为其负责渔业事物的职责也有制定渔业公共政策的客观需要。前者是因为各级行政机关本身就是国家机器的重要组成部分，因此也就具有负有对渔业领域事物的进行调控与行政管理的权力。后者是因为，各级行政机关在管理渔业领域相关事物的过程中，必然面临着来自社会、经济、资源和环境各方面各种各样的渔业政策问题和需求，要解决这些渔业领域中出现的问题，满足相关的需求就必须通过制定渔业公共政策这个工具，来规范人们的行为。

(3) 党和国家领导人。现代国家的政治体制都是通过政党的途径实现的。在我国，根据宪法规定，中国实行的由中国共产党领导的多党合作与政治协商制度，因此中国唯一合法的执政党是中国共产党。也正因为如此，我国的政府政策，本身也是党的政策。中国共产党作为执政党具有政策直接制定者的地位。对渔业政策的制定同样如此，各级党和政府对渔业领域的方针、政策会得到贯彻和执行，成为各级政府的渔业公共政策。

2. 渔业公共政策中的非官方参与者

渔业公共政策的非官方参与者来源较为广泛，一般认为除了官方之外，凡是能够影响渔业公共政策制定或是评估的参与者都属于非官方参与者，在我国例如一些民主党派、涉渔的利益团体、各类涉渔研究机构、各类媒体和渔民等公民个人都属于渔业公共政策的非官方参与者。非官方决策者对于渔业公共政策的制定更多表现为间接的影响，而非直接影响。尽管如此，非官方参与者仍是渔业公共政策制定过程中不可忽视的主体因素。

（1）涉渔利益团体。利益团体一般由具有相同利益关切的人所组成，而且其成员往往具有相同的价值观念，行动上较为一致。利益团体的形成就是为了维护和保障其自身利益。如各种行业协会，包括渔业生产协会、水产品加工协会、渔业销售协会等均属于利益团体的具体表现形式。利益团体作为一种渔业公共政策的非官方参与者，其在渔业公共政策制定的过程中发挥着非常重要的间接作用。具体来说，主要通过社会舆论、各类研究报告等形式影响政府在渔业公共政策制定和选择过程中的决策，进而形成对利益团体有利的渔业公共政策。在涉渔的利益团体中，各类团体对现代渔业公共政策的影响力大小是不一致的，或者说存在较大差异。一些规模较大、拥有较多社会资源的利益团体相对于那些规模较小、拥有较少社会资源的利益团体往往在渔业公共政策制定的过程中发挥着更大的作用。

就其作用来看，涉渔利益团体对渔业公共政策产生的影响具有正反两面，即既有正向作用，也有负向作用。一方面，利益团体自身的性质决定了其行为的目的必然是最大化该团体的整体利益或者团体内部大多数成员的利益。如此一来，当该团体的利益与社会利益不一致时，利益团体所发挥出来的间接影响对整个社会来说就是一种负面影响，或者说是对社会整体利益的一种破坏。在此情况下，政府不应受利益团体的过度影响而损害社会的整体利益，而应该在保障社会整体利益的前提下，适当照顾相关利益团体的利益，但前提是不损害社会的整体利益。另一方面，利益团体在渔业公共政策的制定过程中有着积极的作用。由于利益团体的成员多是来自实际的业务领域，对其所属的领域的问题有着最清楚的了解，因此利益团体在某些政策问题的制定过程中，可以提供较好的原始数据和相关报告，为制定正确合理的渔业公共政策打下良好的基础。

在西方发达国家，利益团体在公共政策的制定过程中发挥着非常重要的作用。我国利益团体的成员数量、集团数量、成熟程度、管理状况方面都要落后于发达国家，特别是在渔业领域，更是如此。如此一来，涉渔利益团体在渔业公共政策制定过程中发挥的作用就相对较小。在今后的发展过程中，随着相关团体的逐步发展和成熟，其在渔业公共政策制定的过程中将会发挥越来越大的影响力。

（2）公民个人。在公共政策的制定过程中只有公民的身份具有双重属性，一方面公民影响公共政策的制定和选择，因此公民在这个意义上来说是政策主体；另一方面，公民又是公共政策作用的对象，从这个意义上来说，公民是政策客体。人们往往更多地关注公民的政策客体角色，而忽视了其作为政策主体的作用。在我国，有相当数量的公民不关心公共政策的制定与选择，他们通常认为自己并不拥有影响公共政策制定的影响力或是权力。但实际上在中国的政治制度下，中国共产党执政为民，其作为政策制定者在任何政策的制定过程中都必须认真对待普通公民的利益和愿望。

在我国渔业公共政策制定的过程中，渔业相关的公民在渔业公共政策制定过程中发挥的作用相对较小，一方面是由于其自身参与政策制定的积极性相对较小，往往不关心政策的制定，在政策涉及其个人利益时，更多的是妥协。另一方面，渔业相关的公民自身的关于影响政策制定的素质相对较差，不知道该如何影响渔业公共政策的制定过程。在未来渔业发展的过程中，渔业公共政策的制定应更多地发挥渔业相关的公民，特别是渔民等相关群体的作用，以促进渔业公共政策的合理制定。

(3) 大众传媒。现代大众传媒的发展为社会大众提供了借以表达思想、意愿和进行信息传递的舆论工具。在人类历史上，媒体对人类的影响从未像今天这样强大，无论是传统媒体，还是新兴的网络媒体都成为对政府行为进行监督的重要力量，也是影响公共政策制定与选择的重要因素。一方面，大众媒体通过引导舆论，形成对公众、组织乃至政府的行为影响。现代心理学已经证明了，媒体信息在人的行为决策过程中的重要作用。因此大众媒体所引导的舆论对制定公共政策的政府形成压力和影响，有些时候甚至会迫使政府做出其原本不想选择的选项。另一方面，大众媒体也是政府向公众宣传和解释其所制定和选择的公共政策的工具。通过大众媒体的宣传和讲解，可以促进社会公众对公共政策的接受和认可，从而降低公共政策运行的制度成本。

在渔业公共政策的制定过程中，通过大众传媒，使得更多的公众和社会团体参与进来，有利于各方在利益博弈的过程中，更充分进行信息的沟通和交流，从而促进博弈均衡的形成。当然，也有大众传媒被少数人或利益团体利用的可能性，从而误导了社会大众，导致非正确的信息被普遍认可，影响了渔业公共政策的正确制定，或是增加了政策形成的社会交易成本。因此政府有必要对大众媒体的作用进行引导和管理，促进其在渔业公共政策制定过程中发挥其正面作用，起到对政府所制定的渔业公共政策的宣传和解释作用，从而降低制度运行的交易成本。

(4) 思想库。思想库(Thinktank)也称智库，是现代各领域政策进行研究的组织的别称。其通常由一些专业的学者对某些社会问题进行研究，其研究成果往往成为政府进行公关政策方案制定或选择的依据，因此智库成为公共政策的重要参与者。特别是在西方发达国家，一些智库在公共政策制定过程发挥了非常重要的作用，其中有些非常著名，如美国的布鲁金斯学会、胡佛研究所和兰德公司，日本第一个现代"思想库"野村综合研究所等都在其各自国家的公共政策制定过程中发挥着非常大的作用。

思想库是社会化分工的产物。伴随着人类社会的发展，一些事物和问题的复杂程度是前所未有的。要解决这些社会问题，需要大量具有各类专业知识的人进行大量的研究。思想库正是在这种背景下逐步产生，并发展起来的。思想库的优势在于其专业性和协同性。个人很难具备思想库的专业性知识，或者只能具备其中的某一方面，而一个社会问题的解决往往需要具备多方面专业知识，而思想库能将这些知识协同起来。

在我国渔业公共政策制定的过程中，一些专业的渔业研究所，如中国水产科学研究院、各地的海洋水产科学研究所以及各大学的渔业研究机构都属于思想库或是具有思想库的性质。这些思想库多属于官方性质，在现代渔业公共政策的制定和选择过程中发挥着非常重要的作用。

二、渔业公共政策客体

公共政策客体是指公共政策的作用对象与公共政策的影响范围，更具体地说，公共政策客体指的是公共政策要处理并解决的社会问题和这些问题所面对的目标群体。[①] 因此，渔业公共政策的客体也就是其所要处理的渔业领域的社会问题、所发生作用的社会成员（目标团体）。

1. 渔业公共政策中的社会问题

公共政策制定的目的就是为了解决国家机器运行过程中产生的各类社会问题。而要解决社会问题的前提和必要条件是对社会问题进行认知和界定。如果不能很好地认知并界定社会问题，即使制定了相应的公共政策，也不能很好地解决出现的社会问题。人类社会出现的问题是多种多样的，并非所有问题都是公共政策要解决的社会问题。政府的权力有其边界，因此政府通过公共政策解决的社会问题也有确定的范围。一般而言，社会问题应该是一种普遍性的问题，即不是个别人或是组织所面临的问题，而是有较大影响范围的一种普遍性问题；其次，社会问题是那种具有破坏性的问题，即其产生会破坏正常的社会秩序或是破坏社会成员的

① 杨子江，阎彩萍，董烈之. 论现代渔业公共政策客体——基于渔业现代化的公共政策客体分析[J]. 中国渔业经济，2009(6).

正常生活；另外，社会问题应该是一种复合性的问题，有较高的复杂性。除此之外，社会问题具有变异性，即在不同的时间和地点会发生一定形式的变化，而且社会问题往往周期性地出现。

渔业公共政策客体中的社会问题，有其时间和空间属性，即渔业公共政策问题总是存在一定的时空范围；一个渔业领域的社会问题，必然发生在某一特定的空间范围。因此，针对这一问题的公共政策也是针对这一空间范围的问题而制定的，即有其政策的适用范围。任何政策都有自己的使用范围，一旦某一政策的使用超出了这个范围，其有效性将变得不确定。更具体地说，在一个地区使用的政策，在另一个地区不一定同样适用。同样在某一段时间适用的渔业公共政策，在另一个时间不一定适用，因为随着时间的改变，影响政策发挥作用的关键因素可能已经发生改变。因此，不能期望一项渔业政策能解决所有的渔业政策问题，各地渔业的主管部门在制定渔业领域的公共政策时，应考虑其变异性，结合渔业公共政策要解决的社会问题产生的实际原因，制定相应的公共政策。简而言之，公共政策的制定应该考虑政策问题产生的时空背景，不应简单照搬其他地区的相应政策。

（1）渔业政策问题的含义

首先，渔业政策问题不仅是一种主观认知，更是一种真实的客观存在。所谓客观存在是指一种可以通过实证加以认识的情况。只有某些客观存在的事实才有可能成为渔业政策问题。如水产品出口严重受阻，造成很多出口企业和渔民收入下降，致使采取什么样的措施促进水产品出口成为政策制定者关注的政策问题。那些仅在人们脑海中出现的想象而非客观存在的渔业问题，不可能成为渔业政策关注和力图解决的问题。

其次，渔业问题是一种客观存在，但也必须被人们主观认知。渔业政策问题尽管都是客观存在的，但如果问题未被人们所察觉，尤其是未能被政策制定者所察觉、所认知，那么它仍然不能成为渔业政策问题。就这一点而已，相关利益集团如何通过一定的方式和渠道向政策制定者反映客观问题就显得尤为重要。如柴油价格上涨导致沿海捕捞渔船的收益减少甚至亏损这一问题如果不为政策制定者所认知，我国就不可能在2006年出台渔用柴油的补贴政策。另外，一个有关渔业发展的问题需要被大多数人认识，如果大多数人没有认识到这是个有必要解决的问题，即使重要的问题也不能成为渔业政策问题，因而它根本不可能进入政策议程，不能成为有关渔业政策的问题。例如，我国沿海的渔业资源的下降现象从上世纪70年代后期就出现了，此后，各海区的渔业资源快速下降，甚至出现了部分鱼类资源的衰竭，但这一情况一直未得到重视，或者说没有被政府主观认知，直至1990年国家才出台了海洋捕捞零增长的政策。该政策的出台，比问题的产生足足晚了十多年，其原因主要是因为之前海洋渔业资源衰竭与海洋捕捞强度盲目增长的矛盾并未被多数人深刻认识到，特别是没有被政府所深刻认识。

再次，渔业政策问题的普遍性决定了其必然是一个涉及人数众多的普遍性问题，而非仅涉及少数人或组织的个别问题。因为只有涉及面较广，影响到多数人的利益，问题才会得到社会的关注，并在媒体的报道和舆论的影响下成为社会焦点，进而引起各级政府的高度重视。比如，某一个渔业养殖企业因为其自身经营或管理不善而导致其产生亏损甚至倒闭都不能看作是一个社会问题，因为其涉及面较小，仅涉及企业主和其利益相关者，而不是普遍性的，涉及大多数人的。相反，当某一地区出现行业内多数的渔业养殖企业都出现了亏损就很可能形成一个社会问题。因为整个行业出现的问题，其涉及的方面较多，一方面可能影响一部分人的就业进而影响到整个区域的经济增长，另一方面可能对行业的上下游产生冲击，如上游的种苗，饲料和药品相关行业和下游的深加工行业。在这种情况下，这一问题会作为一个社会问题得到政府的关注，政府要解决这一问题，必然以公共政策作为工具，即通过制定公共政策，解决这一普遍性的问题。

第四，渔业公共政策问题的产生多是基于利益冲突或是社会价值观念与规范的不一致。如果社会各方面对这一问题具有一致的价值、规范和认同，那么也不能成为渔业政策问题。只有当一个有关渔业发展的问题存在着利益冲突，如一部分人的获益是建立在另一部分利益损失的基础之上，或者某种行为是与社会大众传统价值观念相违背，遭到社会大众的反对时，这一问题才可能成为公共政策问题。也只有一个问题成为公共政策问题时，才需要政府这一国家机器来解决。政府通过制定相应的公共政策来解决出现的社会问题，且在问题解决的过程中，公共政策必然体现了政府的某些倾向。如渔业权问题不仅涉及部门利益和渔民利益，还涉及地方利益，而且利益的冲突导致各方的价值取向不一致，政府必须通过具体的政策体现其倾向，同时协调相应的矛盾。

最后，渔业政策问题往往是系统性的问题。如同其他公共政策问题一样，任何一个渔业公共政策问题都不会孤立出现。其产生往往是受到众多因素的影响，而且这些因素又相互制约或是相互促进。另外这些影响因素往往也影响其他社会问题的产生。从而让不同的社会问题交织在一起，形成一个社会问题系统。一个渔业公共政策问题往往是一个社会问题系统的一个子系统，是一个局部问题。比如因为渔民的过度捕捞，近海渔业资源快速下降，甚至出现了衰竭的危险。解决这一问题，看似简单，似乎禁止或减少捕捞就可以解决这一问题，但实际上，这一问题是一个系统性问题的一部分，禁止或减少捕捞必然影响渔民的收入，使得本来收入就不高的渔民难以维系生计。因此，解决一个问题不能以另一个新的问题的产生为代价，一方面应该保护渔业资源可持续发展，另一方面也应该考虑到渔民的收入问题。这就要求政府在制定渔业公共政策时必须具有系统的观念，从社会整体利益出发。

(2) 渔业公共政策问题的主要范围

渔业公共政策问题的范围很大，首先要保障渔业市场的正常运行。市场是配置资源的重要手段和方法，但市场的运行需要制度作为保障。渔业公共政策问题中很重要的一部分就是通过制定市场运行所需的各类制度，确保市场机制的合理运行，从而能够高效地配置资源。另外，由于渔业产品生产和供给一方面受到自然因素的影响，如环境、气候等因素；另一方面也受到市场需求波动的影响，这使得渔业产品的供给有较大的波动。例如在气候适宜的年份，产量可能较大，市场的供给量也就较大，而在气候不适宜的年份，某些鱼类产品的产量可能大减。例如，某年每种鱼类产品需求大于供给，价格较高，促使养殖户在接下来的年份中更多地养殖这种鱼类产品，这就导致了该类产品的供给量过剩，价格下跌。渔业产品供给的这种波动给渔业的发展带来了较大的负面影响，同时也给社会带来负面影响，影响了人们的正常需求和社会的稳定。这也体现了通过渔业公共政策对市场进行干预和调控的必要性。世界上所有发达国家的政府几乎都对渔业采取干预的政策。其主要干预范围表现在以下几个方面：对渔业生产过程（包括养殖生产和捕捞生产以及水产品加工）和水产品质量进行管理，保证水产品的有效、安全供给；建立全国性的市场体系，为水产品流通中物流、价值流和信息流方面提供良好的硬件和软件平台；通过适当的补贴、水手和投资政策保护渔民利益，实现整个社会的相对公平；促进渔业产品自由贸易而实行相关贸易保护措施。如欧盟的共同渔业政策就包括对渔业生产、质量、包装和标签的管理，制定最低保护价并为剩余水产品的买断提供财政支持。

其次，提供鱼类产品生产和流通所需要的公共物品。由于公共产品有正的外部性，在公共产品供给的过程中，供给者不能获得提供产品的全部收益，造成公共产品的供给量不足。因此，在大多数情况下，公共物品由各级政府提供。在渔业领域，政府提供的公共产品主要集中在渔业专用码头、渔业生产所需的安全设施和救援服务，鱼类产品交易的场所和一些不由私人提供的职业教育等方面。

最后，保障渔业资源的可持续发展和海洋生态环境的改善保护。近年来，由于对经济利益的过度追求，渔民的过度捕捞行为对渔业资源产生了极其严重的破坏，一些鱼类资源快速下降，甚至在近海消失。因此，对捕捞行为不加限制的作业模式显然是粗放的，不可持续的。为了确保渔业资源的可持续利用，政府必须高度重视这一问题，通过制定渔业公共政策对过度捕捞行为加以限制和规范，从而确保渔业资源的可持续利用。另外，由于环境保护意识的单薄和人类的社会和经济活动的日趋频繁，我国海洋生态环境遭到了严重的破坏。而生态环境是渔业生产和经营不可或缺的基础，因此海洋生态环境的破坏对渔业生产活动带来非常大的负面影响。一方面环境的破坏造成了鱼类资源的下降，使得渔业生产活动的供给量下降或者在提供相同供给量的情况下生产（捕捞）成本增加。另一方面，生态环境的破坏对水产品的质量产生了负面影响。随着人们的生活水平日益提高，人们对水产品的质量提出了越来越高的要求，特别是在水产品的国际贸易中，一些国家和地区制定了较高技术标准，对水产品的养殖环境提出了极高的要求，如果不能达到相应的要求，就不能进行产品的出口，这严重地影响了我国渔业的发展[①]。要促进渔业的健康持续发展，就必须改善海洋生态环境，以满足国内水产品需求者的要求和达到一些发达国家的进口标准。而改善海洋生态环境是一个社会问题，个人或个别组织是解决不了的，必须由政府通过公共政策来解决。因此渔业资源的可持续利用和海洋生态环境的保护也成为渔业公共政策的重要范围之一。

（3）现代渔业公共政策要改变的状态

公共政策制定的目的就是要解决社会运行过程中出现的政策问题或者改变不合理的状态[②]，现代渔业公共政策也不例外，政府通过制定渔业公共政策改变渔业领域的一些符合其所期望的状态，具体来说可以概括为三个方面，分别是改变渔业的发展状态、改变渔民的生活状态和改变渔村的运行状态[③]。这三者之间相互关联，相互影响，一个方面的改善会促进另外两个方面的改善，当然一个方面的问题也会制约其他两个方面的发展。例如渔民素质的提升，显然对渔业的现代化和渔村的现代化有促进作用；渔业发展过程中面临的困境也会制约渔民与渔村的发展。因此要促进渔业经济的整体发展，实现人民的生活改善，就要从以下三个方面综合考虑，系统地对三个方面进行改善和提升。

首先，现代渔业公共政策要改变的状态是渔业现代化。我国虽然拥有 960 万平方公里土地，各类资源总量丰富，但由于人口众多，人均资源占有量很少。同时，

---

① 杨瑾. 科技引领海洋生态环境恢复建设的对策研究[J]. 海洋开发与管理，2013(11).

② 孙雪峰. 公共政策过程中的利益博弈分析[D]. 上海：华东政法大学硕士学位论文，2012.

③ 杨子江，阎彩萍，赵蕾，等. 现代渔业公共政策研究的若干思考[J]. 中国渔业经济，2009，27(4)：13－20.

我国还拥有300万平方公里的海洋面积，有3.2万千米总长度的海岸线，有较为丰富的海洋资源，有相当一部分还没有得到充分的开发和利用。21世纪是海洋的世纪，我国经济的发展应从陆地转向海洋，更多地通过开发和利用海洋资源，来解决目前陆地资源有限的约束。要对海洋资源进行开发与利用，关键是要实现渔业的现代化。只有拥有现代化的渔业，才能更好地开发和利用海洋资源。现代化渔业与传统渔业相对，不同于传统渔业完全依靠气候和自然环境进行作业，现代渔业通过现代化的技术和组织模式来实现对海洋资源的高效利用。例如，现代渔业可以通过现代化种苗的培育，实现现代化的养殖；可以通过渔业产业结构的合理化与高度化来促进渔业的发展。现代渔业公共政策要改变的渔业状态就是实现渔业的现代化。而渔业现代化的实现，需要通过政府制定公共政策来规范人们的行为，引导资源的合理配置，从而促进渔业发展的现代化。

其次，现代渔业公共政策要改变的状态的第二个对象是渔民，即实现渔民的现代化。经济发展的最终目的是要更大程度满足人的欲望，提高人民的生活水平。现代渔业的发展就是要满足人们对于鱼类产品的需求，实现包括渔民在内的人民的生活水平的提高。在这一过程中，渔民具有双重身份，一方面，渔民所具有的劳动力要素是进行渔业生产活动的必要投入之一；另一方面，渔业发展的目的之一是实现渔民生活质量的改善和提升，因此渔民生活质量的提升也是渔业发展的目标之一。但无论渔民以何种身份出现，渔民的现代化都有利于目标的实现。渔民的现代化主要是促进渔民个人的发展，使其具备现代的渔业生产技术和知识，同时具备现代化的观念和视野。这一方面有利于其作为一种劳动力要素的质量的提升，从而促进现代渔业的发展，另一方面这本身就是其生活质量提升和改善的外在表现。现代渔业公共政策就是要通过政策的制定，促进渔民的现代化，以实现政策制定的目的。

最后，现代渔业公共政策要改变的第三个对象是渔村，即要实现渔村的现代化。渔村是渔民生活的地理区域，也是渔民因渔业生产生活等活动而结成的社会公共体。这种社会共同体的紧密程度因地理位置、时间和其他因素的影响有较大差异。但总体而言，大部分渔村都具有较为紧密的成员关系。渔村是渔民和渔业发展的基础，渔村的现代化与渔业现代化与渔民现代化紧密相连。促进渔村现代化的过程，自然就促进渔业现代化和渔民现代化。现代渔业公共政策制定的重要目的之一就是实现渔村的现代化。

2. 现代渔业公共政策的目标群体

现代渔业公共政策中，政策的制定是为了规范一些人的行为，从而解决出现的政策问题。这些因公共政策其行为被规范的人就是公共政策的目标群体。例如，渔民和一些涉渔企业，其行为受到现代渔业公共政策的制约，因此也就成为渔业公共政策的目标群体。

虽然渔业公共政策是由政府制定并实施来规范目标群体的相关行为，形式上看，目标群体在公共政策中的作用似乎不重要，但实际情况却并非如此，渔业公共政策的目标群体对渔业公共政策发挥着非常重要的作用。政府与公共政策的目标群体之间是作用与反作用的关系。中国古人就曾将政府与其管理的民众之间的关系比作“水”与“舟”的关系，水能载舟，也能覆舟。一项好的渔业公共政策，有利于政府与目标群体之间的关系的均衡与稳定，而一项劣的渔业公共政策则会对这种均衡和稳定关系产生破坏，从而需要借助外力来加以维持，这会增加制度运行的交易成本，影响资源的配置效率。一项渔业公共政策的好坏关键在于能否得以落实，从而实现其既定的政策目标，但这很大程度上取决于目标群体对政策的态度①。如果目标群体乐于接受政府制定的渔业公共政策，那么政策的实施就会变得容易，政策目标也容易达成。反之，目标群体对政府制定的公共政策持完全反对的观点，不乐于接受，或者被迫接受，那么政策的执行就会变得困难，政府的政策目标显然也就不容易达成。而目标群体是否接受政府所制定的渔业公共政策，取决于其对公共政策的认知。如果其认为公共政策能够维护其长远或是整体利益，那么目标群体就更易于接受政府制定的公共政策；反之，则不易于接受。而具体来说，又有两个方面的影响因素，一方面是政府制定的公共政策本身是否真的能够维护目标群体的长远和整体利益。如果一项渔业公共政策的制定是为了维护某个利益集团的利益，并以牺牲广大渔民的利益为代价，那么这项政策必然遭到目标群体的反对和不接受。另一方面就是公共政策的制定实质上确实是为了维护目标群体的长远和整体利益，但由于目标群体的认知偏差或是有限理性，出现了对政策的错误理解，而不愿意接受政府制定的公共政策。要确保政府制定的渔业公共政策能够被目标群体接受，一方面政策的制定要从维护目标群体的利益出发，另一方面要在政策制定的过程中，对政策进行宣传和解读，让目标群体能够对政策有较好的认知和了解，从而乐于接受该项政策。

三、渔业公共政策环境

任何事物的产生和发展都离不开特定的环境，公共政策的制定和执行也必然是在一定的政策环境下进行的。② 这种政策环境由各类影响公共政策的外部因素

① 王建．珠三角地方政府政策执行力不足的表现及原因分析[D]．广州：广州大学硕士论文，2012.

② 陈晨．公共政策环境的再认识[J]．法制与经济，2011(12)：20－23.

构成,而这些外部因素可能涉及的方面较多,如自然环境、人文环境和社会环境等。政策环境对渔业公共政策有着重要影响,任何一项政策的制定和执行,必须要考虑到其独特的政策环境,并结合政策环境的特性,做出有针对性的改变。更具体地说,渔业公共政策的制定应因政策环境的差异而所有不同,不照搬在别处取得的成功的公共政策,因为政策有其适用的政策环境,在别处适用的公共政策,在本地可能因为政策环境的改变而不适用。目前人们对公共政策环境的关注,主要集中在两个方面,一是公共政策与政策环境二者之间的关系,即二者是如何交互影响的;二是政策环境的构成,即哪些因素可以归结到政策环境中,从而对其更好的识别和利用。

1. 渔业公共政策与其政策环境之间的关系

同其他类别的公共政策一样,渔业公共政策是在一定的政策环境中产生的。政策环境与渔业公共政策二者之间存在着较为复杂的关系。

首先,渔业公共政策的产生是其所面临的外部环境的一种需要。外部环境在发展的过程中产生了某些问题,而这些问题的解决需要通过渔业公共政策来实现,因此可以说渔业公共政策的产生其所面临的政策环境的需要。例如,随着社会的发展,海洋环境遭到破坏,这本身就是一种环境的改变,而这种环境改变影响了人类的可持续发展,变成了一种政策问题,而要解决这种政策问题,就产生了对渔业公共政策的需要。再例如,伴随着社会的发展,渔民的收入虽然从量上有所增加,但相对于其他行业,其收入是较低的,这就形成了收入分配的不均衡,也制约了渔民生活水平的进一步提高。而要解决这一由社会环境改变带来的问题,也需要制定相应的渔业公共政策,进行收入的再分配。可见,政策环境的变化产生了制定渔业公共政策的需要,没有一定的政策环境,也就没有制定渔业公共政策的需要。

其次,渔业公共政策必须适应政策环境。渔业公共政策的产生是政策环境的需要,因此渔业公共政策必须与需要其产生的政策环境相适应,符合政策环境特点与需要。如果渔业公共政策不能与政策环境相适应,符合其特点或需要,就会产生公共政策与政策环境之间的摩擦,造成公共政策执行过程中产生较大的交易成本,同时,政策目标也不容易达成。例如,在制定我国经济发展的公共政策时,我们没有照抄西方发达国家成功的经验,而是结合我国的政策环境,制定了适合我国经济发展的公共政策。与此相对应,俄罗斯对西方的成功经验全盘照抄,实行了所谓的"休克疗法"。实践证明,中国的做法是正确的,中国也因此取得了经济增长的"奇迹"。而俄罗斯的经济发展产生了较多的问题,这正是因为其所制定的公共政策与其政策环境不相适应的原因。渔业公共政策的制定也是如此,要与政策环境相适应，在南方省份取得成功的公共政策，在北方省份未必适用，因为政策环境存在一定的差异。

再次，因为政策环境总是处于不断变化之中的，因此渔业公共政策也应随着政策环境的变化而随之调整。历史唯物主义哲学观告诉我们，一些事物都是出于变化之中的，政策环境也是如此，其总是处于不断的变化之中，而政策环境的变化产生了对渔业公共政策的新的需求，如果渔业公共政策不进行调整，就会形成其与政策环境的不相适应，因此也就不可能成为一项好的渔业公共政策。为了确保渔业公共政策与政策环境相适应，应随着政策环境的变化，而对公共政策进行相应的调整。当然，任何事情都是相对的，对公共政策的调整是有成本的，因此公共政策调整与否，取决于成本与收益的比较。当对一项渔业公共政策调整的成本小于该项调整带来的收益时，调整就是可行的；反之继续执行原有的公共政策就是理性选择。比如在我国经济发展的过程中，我国的经济发展政策先是以计划经济为主，市场经济为辅，逐步过渡到计划经济与市场经济并行，接着又过渡到市场经济为主，计划经济为辅。这就是结合政策环境变化而进行的政策调整。在渔业发展过程，也是如此，例如对渔船的燃油补贴是对渔民收入再分配的一项公共政策，该项政策的制定是为了降低渔民的生产成本，增加渔民的收入，但当政策环境发生变化，渔民的收入增加了，该项补贴造成了鱼类产品的过度供给时，就应对该项政策进行调整。

最后，渔业公共政策也会对需要其产生的政策环境产生影响，促进政策环境的改变。渔业公共政策的产生虽然是政策环境改变的需要，但公共政策产生之后又会作用于政策环境。公共政策本身是对人的行为的约束，这种约束影响人的行为选择。而人的行为作用于政策环境，当人的行为选择被公共政策影响时，政策环境也就被公共政策间接地影响了。以政策环境的中的人文环境为例，文化习俗对人的行为也会产生类似于正式制度的约束作用，而且其约束范围更大，但当正式制度被制定并约束人的行为之后，某些文化习俗可能就会发生改变，因此也就改变了政策环境。以妈祖文化为例，妈祖文化是我国重要的海洋文化，也是中华传统文化的一部分，妈祖文化对渔民的影响是深远的。一些地区的渔民在出海之前，有祭祀妈祖，求妈祖保佑平安的习惯。当社会逐步发展，特别是一些保障渔民生产过程中产生风险的公共政策经过长时间的执行时候，一些传统的在出海之前祭祀妈祖的习惯逐步被淡漠，甚至遗忘。

2. 渔业公共政策环境的构成因素

渔业公共政策的产生是政策环境变化的需求，同时又影响政策环境，那么什么因素构成政策环境呢？一般认为政策环境是影响公共政策作用的外部条件总和，而能够影响公共政策作用的外部条件其实是众多的,因此政策环境的构成因素也是众多的。通常,政策环境总结起来可以分成五个主要的方面,即公共政策实施的地理环境、经济环境、政治环境、社会习俗与文化和更大层次的国际环境等。

(1) 地理环境的影响

地理环境是影响渔业公共政策的重要外部环境之一,渔业的发展对地理环境有很强的依赖性。具体来说,影响渔业公共政策的地理环境是指实施政策的区域所处的地理区位和自然资源和自然环境等情况。一般认为,好的地理环境有利于促进渔业的发展,例如地理区位好可以方便鱼类产品的运输和销售,而鱼类资源丰富更是发展渔业的重要因素之一。但地理环境的重要性不应被过度高估,或是过分地夸大。在经济学的研究中人们发现了“资源诅咒”现象,即丰富的自然资源并非像人们想象的那样会促进经济的发展,反而会成为经济发展的阻碍。之所以产生这种现象其原因就是对资源的过度重视和依赖,导致忽略了其他要素的利用和其他方面的发展,从而对经济整体发展产生了一种阻碍。而地理环境不具有优势,却取得经济成功的例子也并不鲜见,其中日本就是一个资源禀赋较差的国家,但二战之后日本的经济通过参与到国际经济中,弥补自身的缺陷取得了经济的快速发展。因此在渔业公共政策制定的过程中不应过度依赖地理环境,但应与其相适应。

(2) 经济环境的影响

渔业的生产、销售等活动本身就是一种经济活动,但这种经济活动又受到其他经济活动的影响。其他经济活动构成了渔业经济活动的外部环境,且是对渔业公共政策有着重要影响的政策环境之一。渔业活动的经济环境对渔业活动的影响可以通过产业关联来进行解释。一方面,外部经济环境的变动影响渔业的上游行业,进而影响到渔业生产活动的投入。另一方面,外部经济环境的变化也影响到渔业生产活动的下游行业,进而影响到渔业生产活动的需求。同时,经济环境的变化还直接对渔业生产活动产生影响,例如物价水平的变动,直接影响渔业产品价格的变动,劳动力成本的变化也直接影响渔业生产活动中成本的变化。渔业公共政策的制定和选择必须与经济环境相适应,例如在区域经济发展乏力时,一般需要扩展性的经济政策来配合这种经济环境,而此时的渔业公共政策也应与扩展性的经济政策相一致。举例来说,近年来,辽宁省经济的增速不断放缓,2016 年第一季度的经济增速甚至是负增长,达到了－1.3%,在这种情况下,当地政府必须要通过其可以采取的扩展性经济政策促进经济的增长,而辽宁省拥有较长的海岸线和较为丰富的海洋资源,此时制定的公共政策就应与扩展性的经济政策相一致,通过相关政策促进辽宁省渔业经济的发展,为辽宁省经济发展寻找新的增长点。

(3) 政治环境的影响

政治环境也是影响渔业公共政策的一个重要方面,由于我国不存在政党轮替,政治环境相对稳定,政策的连续性也相对较好。但区域之间的竞争、中央政府对官员的考核和官员的晋升还是在一定程度上影响了渔业公共政策的执行。一些官员基于自身任期和政绩等方面的考量,倾向于制定符合自身利益的公共政策,而在一些情况下,这些公共政策可能从长期的角度来看与社会整体利益相违背。近年来,我国的一些行业出现了产能过剩,在这些产能过剩的行业中,大部分都是具有较高固定资产投入的行业,典型的就是钢铁行业,之所以会出现这种现象,与我国现行的政治环境有一定关系。一些官员不考虑长期经济利益,仅从短期利益出发,引入项目。项目的固定资产投入会在其任期内促进当地的国内生产总值快速增长(GDP),而当其任期届满之后,项目是否能够盈利,是否对区域经济发展有促进作用,已经不在其考虑范围之内。因此,中央政府应该促进地方政府对制定的渔业公共政策能够考虑得更长远些。

(4) 社会习俗和文化的影响

社会习俗和文化在新制度经济的研究中,作为一种非正式制度,与正式制度的作用一样,都是为人的日常行为提供准绳。一般认为社会习俗和文化的影响范围更大,习俗和文化的形成是在漫长的历史演进过程中形成的,因此其变迁也是渐进的,需要较长的时间。也正是因为其变化较慢,一般在制定公共政策的过程中假定其是稳定的、不变的。公共政策的制定必须与社会习俗和文化相适应,如果公共政策与习俗文化相应,则符合人们的价值观,在政策执行的过程中较为容易,政策的政策目标也较易达成。反之,公共政策与习俗和文化不相适应,则政策的执行难度较大,需要较高的交易成本。以河南周口地区因殡葬改革而制定的公共政策为例,其强制平坟地的公共政策与人们的习俗文化直接相悖,不符合人们的价值观,因此该项政策在实施的过程中遭到了广大群众的质疑,推行起来也困难重重,政府的政策目标也很难实现。在渔业领域中,一些地区制定了通过弘扬妈祖文化促进区域渔业和海洋经济发展的公共政策,妈祖文化作为一种习俗根植于广大渔民的日常生活之中,因此该种政策与人们的价值观相符,政策的执行也就相对容易,政府的政策目标也容易达成。总之,在渔业公共政策制定的过程中,应使公共政策与习俗和文化环境相一致。

(5) 国际环境与公共政策

随着经济全球化和一体化的推进,我国的经济越来越融入世界经济,与此同时国际环境的波动对我国经济会产生比较明显的影响。例如 2008 年美国华尔街爆发金融危机，这场危机迅速扩散，对世界产生了自20世纪30年代经济大危机以来最为严重的破坏。我国也受到了很严重的影响，为了应对国际环境变化产生的冲击，中国制定了扩展性的经济政策，保证经济的持续稳定增长。渔业公共政策的制定也应考虑国际环境，例如针对欧盟制定的海产品的进口技术标准的变化，我国一些渔业大省应该制定相应的渔业公共政策保证渔业产品的出口不受阻碍。

四、渔业公共政策的政策工具

渔业公共政策的制定是为了解决渔业领域中出现的各类政策问题，而问题的解决必须通过政策工具予以配合[①]。政策工具是指实现政府制定渔业公共政策所需的各类措施。不同的政策工具对渔业经济活动的干预程度有所差异，根据这种差异，可以把政策工具分成如下几个类别：

第一类，自愿性工具。自愿性工具是各类政策工具中政府的干预程度最低的一种。在该类政策工具中，政府选择较少干预，而是希望通过政策群体自主的选择来解决问题。例如，渔民之间存在一些户主行为，而政府在需要达成某些政策目标时，就可以利用这些互助行为实现政策目标。以安全目标为例，政府为了减少渔民作业的安全事故，就会通过鼓励这种互助行为，来实现这一政策目标。

第二类，强制性工具。强制性工具的特点正好与自愿性工具相反，它是各类公共政策工具中政府干预程度最高的一类。在该类政策工具中，政府不是把希望放在政策的目标群体自身，而是要动用强制性工具迫使政策的目标群体按照政府所希望的那样去行事和选择。例如，一些区域在休渔期，就捕捞行为进行的管制就属于强制性公共政策工具，它通过强制性手段来实现政策目的，对违反政策规定的行为进行惩罚，从而杜绝了政策制定者不希望发生的某些行为。

第三类，混合型工具。混合型工具介于前述两种政策工具之间的一种政策工具，其干预程度处于中间地带。例如，政府在促进渔船更新改造过程中所使用的补贴就属于混合型工具，该类工具通过引导和鼓励政策对象按照政策制定者期望的那样来实现政策目的。

在解决渔业领域中的具体政策问题时，选用何种政策工具，取决于问题自身的特性和政策环境等因素。因政策问题自身特性和政策环境等因素的差异，选择不同的政策工具可能带来不一样的效率和结果。不同的政策工具可以单独使用，也可以混合使用以解决某一具体的政策问题。

① 吕志奎.公共政策工具的选择——政策执行研究的新视角[J].太平洋学报，2006(5).

✣ 第三节 渔业公共政策的运行过程(制定、执行、评估、调整)

为了方便对渔业公共政策的考查,我们将政策从问题进入政策制定者的视野到政策制定,再到政策实施,再到政策实施后的政策评估的顺序发生的过程称作政策过程。通常可以将渔业公共政策过程划分为政策制定、政策实施和政策评估等几个主要阶段[①]。渔业公共政策过程中的不同阶段之间可能相互影响,因此政策过程的不同阶段之间的关系不是简单地从前到后进行的直线关系,通常政策过程中会不断发生反馈。

一、渔业公共政策制定

渔业公共政策制定是政策运行过程的第一个阶段,通常被认为是整个渔业公共政策运行过程的起点。一般可以将其细分成三个阶段,即渔业公共政策议程建立阶段、渔业公共政策规划阶段以及渔业公共政策合法化阶段。建立政策议程是指将渔业的相关问题纳入渔业政策机构的行动计划的过程;政策规划是指对存在的渔业问题进行分析,提出解决方案的过程;而政策合法化则是通过法定程序使政策具有法律效力的过程。[②]

1. 建立渔业公共政策议程

政策议程形成的过程是一个由“问题”到“议题”再到“议程”的过程,简单地来说,该阶段实质上是一个关于政策问题认定的过程。社会运行过程中,每天发生的问题很多,其中一些问题会逐渐演变成为社会普遍关注的,有共性的问题,且涉及一些群体的利益时,它就有可能变成政府的一个“议题”,各级政府或主管部门就会将其纳入议事日程,并寻求开始解决问题的方法和对策。例如在我国,各级人大代表所提出的议案都是在一定程度上得到社会关注的问题,但在这些问题之中,有一些是符合政策问题的特点的,需要迫切解决的政策问题,它就会被相应级别的政府和主管部门认定为政策问题,并纳入议事日程,而另外一些则不会被纳入议程。一个问题能否被政府认定为政策问题取决于两个较为重要的环节,即社会大众的关注程度和政府议程中的讨论。社会大众对问题的关注程度越高,则该问题有可能在政府议程的讨论过程中变成政策问题。当然,由于社会大众群体的非理性,一些

---

① 黄璜.政策科学再思考:学科使命、政策过程与分析方法[J].中国行政管理,2015(1):111-118.

② 查尔斯·林德布洛姆.政策制定过程[M].北京:华夏出版社,1988.

得到广泛关注的问题，其实质并不会产生很大的利益冲动或是产生对社会运行不利的结果，因此也就不可能成为政策问题。

2. 渔业公共政策规划

政策制定中的第二阶段是政策规划，该阶段是政策方案形成过程中非常重要的一个环节，是政策具有科学性，能够解决政策问题，实现政策目标的基础。现代政策科学给予了政策规划较高的重视，但从实践来看，一些地区在制定区域性渔业公共政策时，往往未能做到科学的政策规划。可以从两个角度理解政策规划的涵义。从静态的角度看，政策规划指导是政府为解决政策问题而制定的政策方案的具体内容，更具体地说，其中包括行动目标、行动的计划和行动的具体要求等；从动态角度看，政策规划则是一个政策方案的制定过程，该过程依据科学的方法对政策方案的目标、执行具体步骤和相关要求进行了详尽的设计①。政策规划过程应明确政策规划的原则与政策规划的标准，在此基础之上明确政策目标并进行细节方面的设计。除此以外还对可能出现的各种结果进行预测，在各种备选方案进行最优方案的选择。

（1）确定规划原则

政策规划原则实质上是规范政策规划行为的一系列原则，为规划过程中的行为指明了方向，明确了哪些行为是可取的，哪些行为是不可取的。通过这些原则的规范，有利于确保政策规划过程以及政策执行的结果都能够符合广大人民群众的利益和要求，体现人民大众的意愿。不以规矩，不能成方圆。行动实施之前，规则的制定是必要前提，因此在政策规划活动中，规划原则的确定排在了首要的位置。一般政策规划的原则因时空差异而有所不同，但有些原则是多数政策规划都要遵守的，具体来说，包括公正原则、效益原则、可行原则和创新原则②。

首先是公正原则。公正原则可以从政治和分配两个角度进行解释。从政治角度而言，一项公共政策如果要被顺利执行，并实现政策目标，从政策制定过程到政策执行过程必须都能体现出客观的公正，即对政策可能影响的各方不存在主观的偏袒，保持一种客观中立的地位平等地对待各利益方。从分配角度而言，一项公共政策的制定是为了解决某一具体的政策问题，而政策问题的解决必然涉及公共政策可能影响的各方的利益分配，因此在公共政策规划的过程中，从利益分配的角度，应对各方的利益进行权衡，力求公正。但实际上，绝对的公正是不存在的，现实

---

① 威廉·邓恩. 公共政策分析导论[M]. 北京：中国人民大学出版社，2002.

② 张金马. 政策科学导论[M]. 北京：中国人民大学出版社，1992.

中，一部分人的利益往往是建立在另一部分人的利益基础之上。此时，应更多地考量社会整体利益去兼顾公平，即在保证社会整体利益最大化的情况下，兼顾公平。利益取舍的过程，实质上也是各方角力和博弈的过程，这种博弈往往会带来较大的社会交易成本。由于群体的非理性，博弈的各方可能更多地关注自身短期利益，而忽视了整个社会的长远利益，最终使得博弈的结果陷入了一种对各方都不利的局面，即一种囚徒困境。制定公共政策的政府，应在基于社会整体利益和长远利益基础上，兼顾各方的利益公平，对各方进行必要的政策解释，确保政策的激励性，能够以较低的社会交易成本实现政策的实施。例如我国一些地区限制近海捕捞的公共政策从短期来看就是影响了一部分渔民的利益，特别是不具备远洋捕捞能力和养殖能力的渔民的利益，但从长期来看，这有助于社会整体和长远利益的保护，因此也就满足了公正的原则。

其次是效益原则。效益原则是指政策规划过程中需要考虑政策带来的收益与政策执行过程中的成本，对二者进行比较，应选择那些收益大于成本的备选方案。效益原则的执行看似简单，其实也是有很大难度的。一方面，由于政策执行的过程中存在不确定性，很难对其成本进行精确的估计。例如政府很难精确把握政策群体对政策的理解和接受程度，如果目标群体乐于接受政策制定的政策，则政策的执行就会较为顺畅，节省人力物力和财力；反之，目标群体对政策有抵触，则政策的执行就会有较大的成本。另一方面，政策执行的收益也是很难精确衡量的，这是因为受一些随机因素的影响，但更重要的是政策执行过程中的收益不单单是经济收益，还有社会收益，其中社会收益是很难量化的，而且衡量的时间范围也很难确定，因为有一些政策的效果需要比较长的时间才能显现，如果在较短的时间内进行评价，很显然其符合经济原则。尽管在政策规划过程中效益原则的执行有一定的难度，但政府在政策规划的过程中，必须有量化标准去衡量政策执行的收益和成本，否则政策规划就缺乏科学性，导致在未来的执行过程中产生不可预期的问题。

再次是可行原则。政策的制定是为了解决客观存在的政策问题，因此其必须具有可行性，在政策规划的过程中应考量可行原则。政策的可行性源于其与实际需求的相符程度，其影响因素较多，一般而言比较重要的是经济因素、文化因素、技术因素和自然环境因素等等。经济因素主要是考虑政策执行的成本和政府的财政负担能力，如果一项政策满足经济原则，但其成本远高于政府的财政负担能力，那么它也是不可行的。文化因素是考虑政策执行与习俗和传统的适应性，如果其与地区的传统文化或是习俗相悖，则执行的成本必然较大；反之，如果政策与地区的传统文化或是习俗相容，则政策的执行就会较为容易，成本较低。技术因素考虑的是政策执行的过程中所需的技术条件能否满足，如果以现有的技术条件可以解决政策执行过程中需要的技术，就不存在技术因素的约束。另外政策规划的过程中还应考虑政策执行的过程中对环境的影响。近年来，人们对环境的重视程度越来越高，因此也对政策规划提出了更高的环境因素方面的要求。

最后是创新原则。一个政策问题的产生有其时空背景，影响其产生的因素很多，因此不同问题的时空背景有差异，影响因素也有较大差异。这就需要在政策规划的过程中能够考虑不同政策问题的差异，在政策规划的过程中进行相应的创新，不是照抄已有的政策。一个问题产生于不同的地区，其解决方案可能是不一样的，因为地区的差异，必然使得文化和自然条件存在差异，在一处可行的政策，在另一处可能就变得不可行。在同一地区，以前可行的政策，现在不一定可行，因为时间已经发生变化，人们面临的社会环境也发生了变化。网络的发展带来了人们交往的新模式，信息在瞬间可以在范围很广的人群中传播，并产生较大的影响，这就给政策规划提出了不同于以往的要求。比如以前一项政策的制定，可能只有少数人不理解，有抵触情绪，政府不需耗费成本去解释该项政策就可以较好地执行该项政策。但在互联网环境下，如果开始有少数人对政策有不理解和抵触，其会通过互联网迅速传播，使得越来越多的人对政策产生质疑，当质疑的人群积累到了一定程度，就会对政策的执行产生非常大的负面影响。在这种情况下，政府在政策规划的过程中就需要做出改变，要重视少数抵触和不理解政策的人群，并在这种抵触政策的言论出现时，及时对其引导，避免发生不良言论的快速传播，以及由此而产生的对政策执行的负面影响。另外，由于技术等因素的发展，政策环境的变化速度要远快于以往，这就要求在政策规划的过程中能够考虑得足够长远，在政策规划的过程中，能对未来可能出现的情况有所预估，并留有空间，这就需要有一定的创新性。否则，就需要不断地更新政策或重新制定政策，产生更大的社会成本。

(2) 确定规划标准

政策规划除了要明确政策的规划原则之外，还应确定规划标准。规划原则与规划标准相互影响，政策的规划标准可以看成政策规划原则的细化，是为了执行规划原则而设定的相应指标。通过规划标准的设立，使得政策在执行的过程中满足规划原则的要求，实现社会要求的最低标准。如果说规划原则主要体现在政策目标的确定过程中，那么规划标准则主要体现在决策建议的提出和最终决策过程中。

政策规划的标准通常可以分成经济标准与非经济标准两种类别，其中政策规划的经济标准是在政策规划的过程中设立的政策执行应满足的一些经济效益指标；而除了经济效益指标以外的其他指标均可以归类为非经济标准，例如精神文明的提升、社会的和谐稳定等方面的指标均属于非经济效益指标①。在社会发展的不同阶段，政策规划在标准的设立上会有一定的倾向，例如在经济落后的情况下，政府往往更多地看中经济效益指标，通过满足经济效益指标，实现经济效益，以满足社会大众基本的物质需求和温饱问题。而在经济发展到一定程度之后，非经济效益指标则会越来越受到重视，因为人们的物质需求已经得到了一定程度的满足，并对非物质的精神方面的需求提出了更高的要求，这就要求政策规划的过程中制定更高的非经济效益指标。由此可见，非经济效益指标和经济效益指标二者不是孤立的，非经济效益指标的设立往往是建立在经济效益指标的基础之上的。从长期来看，只有实现了经济效益指标，才能实现非经济效益指标。例如，在改革开放之初的很长时间里，我国的渔业公共政策在规划过程中所设立的标准更多地是关注经济效益指标，以满足人们基本物质需求，确保人民群众能够吃上鱼。但随着人们生活水平的提高，基本物质需求得到了满足，吃鱼难的问题已经解决，现阶段我国渔业公共政策规划过程中所设立的标准则对非经济效益指标越来越看重，例如环境的改善、水产品质量的提高等等。

(3) 确定政策目标

渔业公共政策的制定是为了解决出现的政策问题，因此渔业公共政策在规划的过程中必须明确相应的渔业政策目标。渔业政策目标的确立有利于促进政策问题解决的具体化。一个政策问题解决与否，或者解决的程度如何可以通过政策目标和相应的指标来进行检验，因此在政策规划的过程中必须确定政策目标。例如，近年来我国近海海域因为过度捕捞出现了渔类资源的衰减，为了解决这一问题，一些地区的政府制定了相应的“增殖放流”的政策。在该政策的规划过程中就需要设立相应的政策目标，即在什么时间对何种渔类产品进行增殖放流，增殖放流的数量是多少，后期的效果要到何种程度。只有将这些目标具体化，才能依据行动规划执行方案，并检验方案的执行效果，为后续政策的修正方案提供依据。

(4) 设计行动方案

在明确了渔业政策规划的原则、标准和政策目标以后，就需要根据渔业政策规划的原则和标准，通过设计具体的行动方案来实现政策目标。设计行动方案具体包括设计行动计划、效果的预测分析、选择备选方案等环节。

设计渔业公共政策的行动方案首先应制订行动计划。一般而言，渔业公共政策行动计划的内容主要有两个组成部分：为了解决政策问题实现政策目标而实施

---

① 张国庆. 现代公共政策导论[M]. 北京：北京大学出版社，1997.

行动的具体步骤，具体来说就是告诉渔业政策的相关执行者，首先应该做什么，其次应该做什么，最后应该做什么，明确行动的逻辑和顺序；政策执行过程中的行为准则或标准。不同的政策在这两方面内容上有不同的倾向，例如，对战略性的公共政策而言，行动方案中的主要内容是关于行动的步骤，涉及行为准则方面的内容则较少；而行为规范性的公共政策的行动方案中则更多的是关于该项政策所涉及的相关主体的行为准则。由此可见，不同类型的政策在行动方案的设计上有一定的差异，具体倾向什么内容，取决于公共政策所属的类型。

制订了行动计划之后，还应对渔业公共政策的执行效果进行预测和分析。对政策的执行效果进行预测是设计行动方案中关键的一个环节。之所以要对政策执行的效果进行预测，是因为一方面预测的结果有利于政策的制定者更好地把握未来，另一方面政策执行效果的预测有利于政策方案的修订和选择，即通过效果的预测，可以对政策中不完善的地方进行调整和根据预测效果的对比，选择效果较好的方案。应该强调的是预测结果只能作为参考的依据，而不是绝对的标准，还应结合具体情况做出决策。因为人的理性是有限的，其在对结果预测的过程中很难穷尽所有的印象因素；另外政策环境的不确定性也给效果的预测带来不利的影响，一些概率极低的事件并非完全不可能发生，“黑天鹅”事件的发生频率正变得越来越高，这都对效果的预测带来很大的挑战。因此在根据效果预测进行方案修订和方案选择的过程中，还应结合以往的经验和具体的政策环境，不应仅仅根据量化模型得出的预测结果做出简单的决策。

完整的行动方案设计还应包括备选政策方案的选择，即从多项渔业公共政策的备选方案中，选择最优方案。一般来说，为了解决某一特定的政策问题，在政策规划过程中，往往会基于不同的角度设计多套解决方案，这些方案可能各有侧重，最终实施哪一套方案则需要进行选择。对政策方案的选择通常先由相关的政策分析者提出采纳何种方案的政策建议，再由决策者做出采纳方案的最终决策。

3. 渔业公共政策合法化

政策规划制定完毕时候，其还不成为一项政策，只有取得了相应的法律地位，才能成为一项合法化的政策，否则它只能是一种方案，落实在纸面，而非政策。要实现渔业公共政策的合法化要经过一系列的过程，这一过程在不同的政治环境中有所差异，但一般来说可以将其分成两个层次。第一个层次是政策方案在政治系统被认为具有正当性，或者说政策方案在各方政治势力的角逐过程中得到了认可，成为各方同意的一种方案，简单来说就是一种方案的政治合法化。一项政策方案只有满足了第一个层次的合法化才有可能进入第二个层次。第二个层次的合法化是指政策方案通过了立法机关的认可,取得了作为公共政策的法定地位。满足了第二个层次的合法化之后,政策合法化的过程才得以完成。在我国,由于政治体制的优势,政策合法化的两个层次中,更重要的是第二个层次,这也减少了政策规划过程中的交易成本,有利于政策的高效制定和执行。①

同其他公共政策合法化类似,渔业公共政策的合法化有两个要点:第一,渔业公共政策的制定主体必须是合法的主体。任何主体不能超越自己的权限来制定政策。困难恰恰在于,在一个转型社会中,政策主体的权限并没有被完全界定清楚。第二,政策合法化必须严格地按照法定的程序来进行,这是政策合法化的第二个涵义。一般程序包括审查、通过、批准、签署和颁布相关法律或规定。

一般情况下,能将政策合法的主体主要有两个:一是与渔业公共政策执行相关的行政机关,在我国各级政府都是相应渔业公共政策合法化的行政机关。二是立法机关,例如一些西方国家的议会和国会、我国的人民代表大会都属于有资格将政策合法化的立法机关。

二、渔业公共政策执行

公共政策的制定是为了解决公共政策问题,但问题的解决需要公共政策得到良好的执行才能实现,仅仅有政策,距离问题的解决还有很大的距离,因此政策的执行是一个非常重要的环节。政策执行水平的差异会影响到公共政策执行的效果,政策执行的好坏体现了政府的公共管理水平和能力。在早期的公共政策实践过程中,人们对政策制定给予了更多的重视,而较少重视政策的执行,但后来发现许多政策的执行结果不理想,甚至根本未被执行,其根本原因是对政策执行的忽视,有政策不执行与没有制定政策一样,都解决不了问题。著名经济学家道格拉斯·C. 诺斯在对制度进行定义时,认为制度包含正式制度、非正式制度和制度的执行。② 可见,诺斯实际上是强调了制度执行的作用。实际上,对普通渔民和渔业领域的生存者而言,他们所能看到的相关的渔业公共政策是实际发挥作用的政策而非那些未达到执行的公共政策。因此我们需要对政策执行进行分析以确保政策目标的实现。

1. 渔业公共政策的执行主体

渔业公共政策执行是执行主体在众多因素影响制约下,充分发挥能动作用的

---

① 张慧芳. 地方政府公共政策合法化程序研究[J]. 中共贵州省委党校学报,2015(1).

② 道格拉斯·C. 诺斯. 制度、制度变迁与经济绩效[M]. 上海:格致出版社,2008.

组织运作过程，也是执行主体与政策对象的互动过程[①]。如果说政策执行是在社会综合条件影响下组织系统为了实现政策目标的行动过程，那么有必要首先对执行组织和行动过程加以认识。

在我国，渔业公共政策执行主体，是各级政策与渔业相关行政机关、司法机关和其他有执行资格的机关。公共政策的执行主体是渔业公共政策得到执行的关键，政策执行的好坏反映了政府的行政管理水平和执政能力。现阶段，我国渔业公共政策的执行主体在人员构成和素质方面有较大差异，特别是在一些经济欠发达地区，执行主体的公共政策的执行能力较差，缺乏法律意识，政策执行过程不遵守政策要求的现象很多[②]。这就要求各级政府，在科学制定渔业公共政策的同时，也不断提升政策的执行能力，提升执行主体人员的基本素质。

2. 渔业公共政策执行过程的环节

(1) 渔业公共政策宣传

渔业公共政策宣传是整个渔业公共政策执行过程的第一个环节，也是一个非常重要的环节，随着社会环境的变化，公共政策宣传的重要程度已经远超以往[③]。公共政策宣传有利于人们更好地理解公共政策，有利于人们接受公共政策，从而为政策的顺利执行，以及降低政策执行的社会交易成本打好基础。

(2) 渔业公共政策分解

公共政策要解决的政策问题一般都是系统性的问题，较为复杂。因此为解决复杂政策问题的渔业公共政策本身也是一个体系，为了使其便于执行，应将渔业公共政策按照其政策目的或是政策功能进行分解，从而形成一些相对独立的单元，使政策根据这些单元在进行执行的过程中方向更为明确，更易于开展。分解之后的各个部分构成了整个政策体系，通过这种分解形成了政策执行的总体计划或是“路线图”。

(3) 渔业公共政策执行的物质准备

公共政策的执行往往需要一定的物质基础，缺少物质基础可能会造成政策无法得到执行或者执行不到位。例如在各地出台的杜绝过度捕捞的渔业公共政策中，要求在禁渔期对渔民的非法捕捞行为进行打击，这就需要执法部门有相应的监控设备，能够发现非法捕捞行为，如果没有相应的监控设备，对非法行为的打击就成为一句空话，该项政策也就是一项无法得到执行的政策。

---

① 王骚. 论综合因素影响下的政策执行[J]. 南开大学法政学院学术论丛，2001(11).

② 何东平. 关于近年来政策执行偏差问题研究述要[J]. 行政论坛，2006(5).

③ 周向红，徐翔. 意见领袖：现阶段农村公共政策宣传的重要变量[J]. 同济大学学报(社会科学版)，2005(2).

(4) 渔业公共政策的组织准备

除了有相应的物质准备以外，要使渔业公共政策得到较好执行还应有相应的执行保障机制。例如，一项具体的渔业公共政策应该由哪一个政策执行细节来执行，执行政策的机构是否具有可以胜任政策执行任务的相关人员，是否设立确保政策得到正确执行的相关工作规范等等。

(5) 政策实验

公共政策在全面实施之前，还应在局部展开政策实验。政策实验是在局部对政策实施效果的一种考查和对政策执行过程中可能出现的情况的一种检验。在我国，一些重大的政策在全面实施之前，通常要在某些地方进行试点，这本身就是一种政策实验。实施政策实验一方面有利于对前期预期的政策效果进行验证，另一方面有利于为政策的全面执行总结经验。在政策效果验证方面可能出现政策的执行效果不如预期，存在偏差，这时应及时总结相关数据，分析导致偏差的原因，并找出解决问题的相应对策。如果政策的效果得到验证，基本符合预期，那么就可以进入到全面实施的阶段。

(6) 全面实施

如上所述，完成了政策实验之后，政策可以进入到全面实施的阶段。在全面实施政策的过程中，应按照政策执行的相关原则，使政策得到充分执行，从而真正解决相应的问题，实现既定的政策目标。在政策全面实施的过程中还应做好协调与监控工作，及时对出现的分歧和不一致进行协调，并对政策实施的过程和效果进行监控，做好过程控制。

3. 影响政策有效执行的因素

很多学者就政策执行提出了多种理论模式，这些理论模式总结了不同的影响政策有效执行的因素。例如学者史密斯(T. B. Smith)在提出的过程模式中，认为影响政策执行的关键因素主要是公共政策本身、政策的执行者、政策所针对的目标群体和政策实施的环境四个方面。[①] 而在麦克拉夫林(M. Mclaughlin)提出的互动模式中，他更关注史密斯所提出的四个因素中的执行者和政策的目标群体这两个要素，因为他认为政策执行的本身是一个互动过程。[②] 除此以外，还有一些学者提出了其他的关于政策执行的理论模型，如政策执行的博弈模式、循环模式和系统模式等，这些模式都提出了相应的影响公共政策执行的因素。

---

① 谢菲，管婷. 广东省生态公益林补偿制度——基于 T. B. Smith 的政策执行过程模型[J]. 法制与社会，2010(10).

② 仲艳君. 我国公共政策执行中的问题与对策研究[J]. 大连海事大学学报，2009(04).

实际上，影响公共政策执行的因素有很多，如果对这些政策执行的理论模式进行总结，可以发现，其中有些影响因素是有代表性的。

（1）渔业政策问题的特性

政策问题的产生有其特定的原因和背景，不同的政策问题有不同的特性，政策问题的特性成为影响政策执行的非常关键的因素之一。具体来说政策问题自身的复杂程度、政策对象行为的多样性、政策对象人口数目的多寡和政策对象行为的调适性等因素都影响政策执行的效果。

（2）渔业政策本身的因素

渔业公共政策本身显然也是影响政策执行的因素。例如科学制定的渔业公共政策，有利于政策的执行；反之，本身就有欠缺或是存在不足的公共政策，在执行的过程中，必然会影响政策的执行效果，不利于政策问题的解决。

（3）政策执行系统的外部因素

政策执行系统的外部因素具体来说包括政策目标团体的顺服程度和政策的执行环境。当目标群体有较高的顺服程度，则政策执行起来较为容易；反之，则很难实现既定的政策目标。同样，政策的执行环境是否有利于政策执行也会影响到政策的执行效果。

（4）政策执行系统的内部因素

除了上述因素之外，政策执行系统的内部因素也是影响政策执行效果的主要变量，具体来说包括公共政策执行的资源，如负责具体执行的相关人员、执行政策所必需的信息、执行政策所需的物质基础；公共政策执行的计划；政策执行组织的结构，如层级与幅度、执行权责分散程度；政策执行人员的态度和政策执行的沟通程度等，这些因素均可能在一定背景下对政策执行效果产生一定程度的影响。

三、政策评估与终结

随着政策科学的逐步完善，人们在政策执行完成之后，产生了对政策评估与终结的要求。具体来说就是在政策执行完成之后，对政策的执行过程和执行效果进行科学客观的评价，总结其中的成功与不足，为进一步调整或是终结政策找出依据。现实的政策实际对政策评估有着客观的需求，这一方面是因为通过政策评估可以不断优化现有的政策，使其更有利于解决政策问题，达成政策目标。另一方面是因为政策实施的环境总在变化，实施的对象也在变化，而且变化的速度要快于以往，这就使得原本效果较好的政策在执行的过程中由于这些变化而影响了执行的效果，因此有必要对其评估，并结合评估结果进行修正。①

① 高兴武. 公共政策评估：体系与过程[J]. 中国行政管理，2008(2).

如果一项公共政策完成了既定的政策目标,解决了政策问题,则该项政策可以终结,抑或是一项政策及时经过修正和调整,仍很难达到较好的政策效果,那么该项政策也需要终结,重新制定相应的公共政策。

对于渔业公共政策的评估和终结应该有其客观标准,一般来说这些标准可以分成技术性标准和社会政治标准,在对渔业公共政策的评估和终结过程中而将二者结合起来使用。例如一些地区执行的"增殖放流"的渔业公共政策,在对其评估的过程中结合相应技术标准,判断该项政策实施政策效果,同时还应注意到运用相应的社会政治标准对该项政策进行评价,如生态环境改善带来的社会效应等。如果区域的渔业资源得到很好恢复,而且在不进行增殖放流的情况下可以自我维系,那么该项政策可以终结。

四、渔业公共政策调整

由于政策自身的问题,或是政策的目标群体、政策环境等相关因素不断发生的变化对政策调整产生了客观的需求,具体来说就是对已有的公共政策进行部分或全部的修正,从而使政策方案更有利于政策问题的执行和政策目标的达成,甚至是政策的终止。

一般认为对公共政策的调整可以分成三种情况:第一种情况是对在执行过程中发现有考虑不全面的公共政策进行补充,该类公共政策在执行过程中发现其考虑的问题不够全面可能是因为在政策制定过程中存在不足,也可能是因为政策环境、政策对象等因素变化带来公共政策新的需求,需要对公共政策进行相应的补充,这是原本考虑上欠缺或是其他因素变化带来的欠缺。第二种情况是对公共政策进行修改。该类公共政策在执行的过程发现了其部分内容不能很好地解决政策问题,是错误的,需要对其修改,以使政策适应实际需求,更好地解决政策问题,实现政策目标。与第一种情况类似,政策中的错误内容可能是因为政策制定过程中的错误导致,也可能是因为政策环境、对象等因素的变化所致,但无论是何种原因,都必须对政策进行修改。第三种情况是公共政策的终止,即政策存在的问题较大,对其补充或是修改已经无法解决政策存在的问题,或是补充或修改带来的成本高于重新制定新的公共政策,这时就应该对原有的公共政策进行终止。

对公共政策的调整有其应遵守的程序。一般来说应该首先获取公共政策实施的反馈信息,只有获取了相应的信息,才有可能发现问题,并提出问题的解决方案。其次,应结合获取的信息发现公共政策存在的不足或是错误,并针对这些不足或错误制定政策的补充或修改内容。再次,就是将新制定的政策修改或补充方案付诸实施,并获取其反馈信息,如果存在问题,则重新进行分析,并再次修正或补充,即重复上述过程。

第三章 WTO 框架下的渔业公共政策取向

世界贸易组织(World Trade Organization,WTO)是世界上最具影响力的国际经济组织之一,其前身是 1947 年签订的“关贸总协定”。目前,世界贸易组织的成员国之间的贸易总额占全球贸易总额的 98%,可见其影响之大①。

1986 年中国申请恢复“关贸总协定”的缔约国地位,经过 15 年的谈判,终于在 2001 年 12 月 1 日正式成为世界贸易组织(WTO)的成员国。加入 WTO 对中国的经济发展有着重大影响,一方面为一些行业的发展提供了前所未有的机遇,另一方面也对一些弱势行业带来了挑战。其中农业或者更具体地说渔业就属于既面临机遇也面临挑战的行业,特别是 2015 年中国 WTO 的保护期到期以后,中国在一些行业的补贴上受到限制。因此本章在分析 WTO 的渔业规则框架的主要内容的基础上,根据我国加入 WTO 的谈判和承诺,给出 WTO 规则下我国渔业公共政策的调整取向。

第一节 WTO 的基本原则和重要概念

一、WTO 的基本原则

为了促进成员国之间贸易的发展,保证贸易的公平,WTO 作为一个世界性的经济组织,确立了一些基本原则,分别是无歧视待遇原则、最惠国待遇原则、国民待遇原则、透明度原则和市场准入原则等共计九项②:

---

① https://www.wto.org/

② 朱晓波. WTO 的基本原则和我国税收政策的调整[J]. 财经问题研究,2000(7).

1. 无歧视待遇原则

无歧视待遇原则是 WTO 基本法律原则之一。具体来说，这一原则是指 WTO 成员在贸易政策的实施上不得带有任何偏见和歧视，对组织内的其他成员不论在贸易的优惠还是贸易限制方面都应一视同仁。例如如果 WTO 的成员在渔类产品的进口过程中设定了非关税的标准或是壁垒，那么这一标准对所有的其他成员国均适用，如果对一些不适用，或是对不同的国家采用了不同的标准，则是对无歧视待遇原则的违反。

2. 最惠国待遇原则

最惠国待遇原则是无歧视原则的具体体现之一，它是指如果一国作为 WTO 的缔约成员，其给了 WTO 组织内任何一个成员国某些贸易上的优惠或是豁免，那么 WTO 的其他缔约成员国也将自动获得同样的优惠或是豁免。例如，某国作为 WTO 的缔约国，对从 WTO 的另一个缔约国进口的水产品的关税进行了下调，那么 WTO 的其他成员国的符合其他标准的水产品出口到该国时，也同样享受这一优惠关税。最惠国待遇原则并非如其字面含义那样是一种最优惠的待遇，它在一定程度上体现了普遍性、互惠性等特点，同时也具有自动性和同一性的特点。

3. 国民待遇原则

国民待遇原则是 WTO 的另一基本法律原则，该原则要求 WTO 组织的成员国在一定范围内，给予其他成员的个人、企业等法人组织以及从事运输的商船在其国境内与其本国的民众、企业和运输商船享有一样的税收和规章制度等方面的待遇。该原则实质上是要求 WTO 的成员国不能在其本国境内对其他成员的个人或企业进行歧视，以保证贸易的顺利进行。

4. 透明度原则

透明度原则是指在 WTO 组织内，各成员所制定的与贸易相关的法律和原则应保持公开和透明，以使其他成员对这些法律和规章能够明确。另外成员国之间所缔结的关于贸易方面的协议也应对其他成员国进行公布。透明度原则的本质是将有关法律法规进行明确，以减少因规则不明确带来的歧视和非公平的交易行为，也减少由此而产生的贸易摩擦。

5. 贸易自由化原则

WTO 的宗旨是通过促进产品和服务的贸易，实现更大范围内资源的优化配置，提高全世界范围的福利水平。而要促进产品和服务的贸易，就必须实现贸易的自由化，由此产生了对贸易自由化原则的客观需要。该原则要求 WTO 成员国取消各种限制或是阻碍贸易自由进行的结构性壁垒和策略性壁垒。目前，WTO 的成员国在关税方面设置的壁垒已经逐步消除，但越来越多的国家会通过很多非关税壁垒的设定以实现对进口的限制和阻碍。例如一些发达国家以产品质量为由，在对渔类产品进口的过程中设定了很多非关税壁垒，这阻碍了其他国家对该国的渔类产品的出口，实际上这一方面对出口国产生影响，另一方面也使得其本国居民在福利上遭受损失，因为在进口量较少的情况下，不得不对本国生产的渔类产品支付更高的价格。

6. 市场准入原则

市场准入原则是指 WTO 成员国在一定程度上，允许其他成员国的产品、劳务与资本进入到本国市场。一般情况下，在加入 WTO 之前，多数国家和地区都设置了产品、劳务和资本进入本国市场的壁垒，在加入 WTO 之后，这些壁垒应逐步取消，以实现市场准入。但一般有个过程，需要一定的时间作为缓冲，以保护国内的一些幼稚产业，以免因市场的快速放开对其产生较大冲击。例如我国的农业在加入 WTO 时就属于需要保护的幼稚产业，不能对农产品市场完全放开。按照 WTO 的规定，这类幼稚产业有 15 年的保护期限，保护期满则需要大幅度的开放。

7. 互惠原则

互惠原则是 WTO 的又一基础性法律原则。该原则是指 WTO 组织内部的两个成员之间关于贸易上优惠的协定是相互的，即一方给另一方面贸易上的优惠政策，另一方也需要给本方相应的优惠政策。互惠原则是贸易双方开展协商的基础，只有在互惠的原则上，双方才有足够的积极性去开展贸易上的谈判，以促进贸易的顺利开展。

8. 对发展中国家和欠发达国家优惠待遇原则

为了促进发展中国家和欠发达国家经济的发展，WTO 还制定了针对发展中国家和欠发达国家的优惠待遇原则。具体来说，由发达国家在贸易的过程中给予发展中国家和欠发达国家一些贸易上的优惠，这些优惠政策是单方面的、非互惠的。该项原则由发展中国家和欠发达国家在不对等的情况下同发达国家展开竞争，从而有利于其经济的发展。作为发展中国家，我国在加入 WTO 以后，该项原则对我们是有利的。应该看到，虽然我国的经济总量位居世界第二，但是我国经济的发展仍有较长的路要走。一方面，我国人口众多，人均经济总量远低于发达国家，另一方面，我国还有很多产业的发展相对落后，在世界市场上不具有竞争力，因此我们应该利用该项原则，更好地促进我国经济的发展。

9. 公正、平等处理贸易争端原则

在贸易开展的过程中，贸易的摩擦和争端总是存在的，一个好的贸易组织就是要解决这些贸易的摩擦和争端，从而促进贸易的发展。WTO 为了解决贸易争端，设定了公平公正原则，即在对贸易争端进行调解时，调解人应保持客观公立公正的态度，不能偏袒任何一方，保证争议的双方地位和权力上的对等。

二、WTO 争端解决机制的内容

国际贸易涉及不同的语言、文化和法律制度，因此国际贸易的纠纷和摩擦不可避免，特别是一些国家主观上为了维护自身利益而采取相应的政策之后，摩擦发生的可能性就变得更高。WTO 作为一个国际经济组织，其宗旨是要促进贸易的进行，在更大范围内优化资源的配置，而要实现这一宗旨，重要的就是应对贸易争端的解决。为了解决成员内部的贸易争端，WTO 设立争端的解决机制，在这一解决机制中一个核心的文件是在乌拉圭回合谈判中通过的一项协议，即《关于争端解决的规章和程序的谅解协议》(Understanding on Rules and Procedures the Governing Settlement of Disputes，简称 DSU)[①]。

DSU 共有 27 个条款和 4 个附件，主要内容涉及 WTO 争端机制的作用、成员方的一般义务、适用的范围、管理机构、一般原则、基本程序和特殊程序等。下面简单介绍该协议规定的解决贸易争端的基本程序。

磋商 → 专家组程序 → 上诉 → 执行　不执行

图 3.1　解决贸易争端的一般程序

首先，贸易争端产生之后，争端的双方可以进行磋商，根据 WTO 争端解决的基本原则，这种磋商是被鼓励的。如果双方能够通过磋商达成一致，那么贸易的争端就可以解决。

其次，如果磋商不能解决争端，一定期限后(磋商提出之日算起 60 天)申诉方可以申请为解决贸易争端设立专家组。专家组通常由 3 位专家组成，专家组经过对贸易争端的了解，材料的收集和审理之后，形成书面报告。

争端双方在得到报告的 60 天内可以进行上诉，如果不上诉，该报告就会被作为最终决议被执行(某些情况下可能被决议机构否决)。

除了上述办法之外，还可以通过仲裁、斡旋、调解和调停的途径解决贸易纷争。

---

① 辛宪章. WTO 争端解决机制问题研究[J]. 财经问题研究，2013(6).

三、WTO 农业规则

WTO 中农业规则的有关内容主要是依据乌拉圭回合谈判达成的《农产品协议》,该协议对 WTO 成员之间的农产品贸易制定了市场准入、国内补贴和出口补贴等有关规定,规范了成员之间的农产品贸易行为①。

1. 农产品市场准入规定

世界范围的农产品贸易有利于促进资源的合理分配,改善人们的生活福利。但在《农产品协议》制定之前,一些国家为了保护本国农业相关人员的利益,在农产品的市场准入方面制定了一些规定,设置了外国产品进入本国市场的障碍。一方面,通过对一些农产品征收较高的关税,使其在国内销售的价格高于本国产品的价格,降低其市场竞争力;另一方面,限制一些商品的进口,不准许该类产品进入到本国市场。为了解决这一问题,乌拉圭回合达成的《农业产品协议》要求 WTO 的成员在市场准入方面做出承诺。具体来说一方面通过降低进口农产品的关税,从而使进口农产品在本国销售的价格降低,能够与本国农产品更公平地竞争;另一方面,该协议要求 WTO 的成员对其过去限制进口或是很少进口的商品做出一个最低市场准入的承诺,即承诺准许该类产品进入本国市场的最低数量。最低准入的控制可以通过关税和进口配额的形式来实现,规则对配额内进口的农产品的关税做出了具体的规定,要求对其征收的关税应低于该国对配额以外的该类产品征收的关税的 32%。举例来说,在该农产品协议达成以前,WTO 的某一成员国对其他成员国的某类水产品限制进口,那么在该协议达成之后,该国做出该类水产品的市场准入的最低承诺,对在承诺范围内的该类水产品征收的最低关税,不应该高于承诺之外的该类水产品的关税的 32%。

2. 农产品的国内补贴的规定

针对农产品的国内补贴改变了农产品生产的生产成本,对资源配置产生了不同于无补贴时的激励,使得资源更多地流向有补贴的领域。由此带来的影响有正反两个方面,从正面来看,资源的流入有利于那些本身处于弱势的农业的发展;从负面效应来看,长期的政府补贴行为是不利于资源的优化配置的,会影响资源的配置效率。现实中,很多国家热衷于对一些行业进行国内补贴,特别是针对农业,很多国家都有不同程度的补贴。在这些政府补贴行为中,一些是为了处于弱势地位的农业的发展,而另一些动机则是为了增加本国产品在国际市场上的竞争力,因为

---

① 韩梅.积极利用 WTO 农业规则保护我国农业[J].河南农业,2006(12).

这种对农产品的补贴使得本国产品在国际市场上更有竞争力，在一定程度上促进了本国产品的出口。但这种补贴也带来了农产品市场竞争的不公平性，不利于贸易的持续进行。为了解决这一问题，乌拉圭回合达成的《农产品协议》对其成员国的农产品生产的国内补贴做出了有区别的规定。对那些原本实施较高农产品国内补贴的发达国家，要求其在一定时间内(6 年)削减补贴总量的 20%，而发展中国家则削减较少，为其补贴总量的 13.33%。对那些原本补贴较少的发达国家和发展中国家，如发达国家未超过其农业产值的 5%，发展中国家未超过 10%，可以不削减其补贴①。

3. 农产品的出口补贴

相对于农产品的国内补贴，出口补贴的负面效应更大，其带来农产品国际贸易当中的不公平性，使得农产品市场更多地被那些有能力进行高额出口补贴的国家所控制，而发展中国家更多地成为发达国家农产品销售地。为了解决这一问题，保证农产品贸易的公平性，促进农产品贸易的进行，协议规定各国应在 6 年内分期减少对农产品出口的补贴。实际上，2015 年 12 月进行的 WTO 部长级会议在多哈回合谈判的基础上，就达成新的一致，即取消对农产品的出口补贴。

第二节　加入 WTO 对我国渔业发展的影响

加入 WTO，为我国渔业发展带来新的发展环境，对于中国渔业来说既面临机遇，也面临挑战，总的来说机遇大于挑战。但为了更好地抓住中国渔业发展的机遇，应对中国渔业在加入 WTO 之后面临的挑战，政府需要对我国渔业的公共政策进行相应的调整。

一、加入 WTO 后我国渔业面临的机遇

自加入 WTO 以来，我国渔业快速发展，渔业产量快速增加，水产品生产总量由 2001 年的 4 382.09 万吨增加至 2013 年的 6 172.00 万吨，其中出口总量由 2001 年的 195.3 万吨增加至 2013 年的 395.91 万吨②。我国渔业的快速发展一定程度上得益于我国加入 WTO 所带来的机遇，这些机遇可以总结成如下几个方面。

① 李思恒. 从乌拉圭回合《农业协议》到多哈回合《农产品框架协议》[J]. 中国粮食经济，2007(6).
② 尹金辉. WTO 框架下我国渔业补贴的制度选择[J]. 中国渔业经济，2007(1).

1. 加入 WTO 扩大了我国水产品的出口市场

加入 WTO 之前，我国水产品的出口市场相对较小，因为一些国家的关税壁垒和非关税壁垒较高，降低了我国水产品在国内市场的竞争力，阻碍了我国水产品的出口。加入 WTO 之后，根据 WTO 的相关原则，那些原本针对我国水产出口设定的关税和非关税壁垒大大降低，对我国水产品的歧视行为也会减少，这都使得我国的水产品有机会同国外产品进行公平竞争，扩大出口的市场规模。而水产品市场的扩大无疑有利于整个渔业生产利润的提升，从而引导更多的资源流向渔业，这就大大促进了渔业的发展，优化了整个社会的资源配置。入市以来，我国水产品出口的快速增加和水产品生产总量的快速增加在一定程度上证明了市场规模扩大带来的资源配置的优化。

2. 我国渔业产业结构的调整加速

加入 WTO 之后，我国渔业产业结构的调整加速了，渔业中的第二产业和第三产业的比重不断增加，渔业产业结构向服务化和合理化迈进。同时渔业装备不断升级，出现了一些科技含量较高的产品，促进了渔业产业结构的高度化。渔业产业结构的调整一方面得益于加入 WTO 之后我国渔业面临的市场的扩大，这使得更多的资源流向渔业，从而加速了渔业产业结构的调整；另一方面也得益于加入 WTO 之后，我国渔业更多地参与到了国际市场，受到国外渔业发达国家的影响，在渔业产业结构的调整上更多地向其学习，因此产业结构优化过程中步伐加快。

3. 我国国内水产品市场趋于多元化和市场行为趋于规范

加入 WTO 后，由于乌拉圭回合谈判达成的《农产品协议》对农产品的市场准入做出了规定，我国在水产品的市场准入方面要做出承诺，一方面要降低一些产品的关税，另一方面要对一些过去限制进口的水产品做出最低市场准入承诺。国外水产品进入到我国的水产品市场具有正反两方面的效应。就正面效应来看，国外水产品的进入，实现了市场的多元化，促进市场的竞争和效率的提升；就负面效应来看，国外水产品进入我国市场对我国水产品企业有一定的冲击，使得其在成长的过程中面临了更激烈的竞争。总的来看，正面效应要大于负面效应，从长期来看，企业面临更激烈的竞争有利于其快速成长，也有利于资源向更具效率的企业流动，从而优化整个社会的资源配置。另外，WTO 作为世界上最具影响力的经济组织，有着自身的规则和制度。加入 WTO 之后，要参与到国际市场，就必须遵守这些规则和制度。这些规则和制度对企业和个人的行为做出了规范，明确了哪些行为是可行的，哪些行为是被禁止的，哪些行为是被鼓励的，这都使得我国渔业企业的市场行为更加规范。

4. 加速外资流入

加入 WTO 后，我国实际利益外资的数量不断上升，2014 年我国利用外资的规模为 1 196 亿美元，首次超越美国，成为世界上最大的外资流入国家。这得益于我国加入 WTO 之后，外国企业享有了国民待遇，资本在经常项目下流入中国更为便捷。当然，外资之所以愿意流向中国，是因为中国经济的快速发展为其带来了较高的投资回报，另外中国的政治局势稳定，降低了投资的政治风险。大量的外国资本进入中国之后，一部分会流向渔业，特别是在我国制定了海洋兴国战略之后，渔业的发展得到政策的支持，渔业的发展面临前所未有的机遇，在这种情况下，就会吸引更多的国外资金流向渔业，从而促进渔业的发展。这一方面使得渔业的产值不断增加，生产规模不断扩大，生产效率不断提升，另一方面也促使渔业的产业结构不断优化升级，向服务化、高度化迈进。

5. 渔业技术水平快速提高

伴随着社会的进步和发展，人们不仅对水产品的数量提出了要求，希望获得更多数量的水产品，也对水产品的质量提出了要求，因为只有不断提升水产品的质量才能满足消费升级的目的。而不论生产的数量的提升还是质量的提升都依赖于渔业技术水平的提升。渔业技术水平的提升有利于生产效率的提升、产品质量的提升和产品品类的更新。加入 WTO 以后，我国渔业企业更多的参与到国际市场，这一方面有利于企业认识到自身在渔业技术水平方面的差距，通过技术的研发或是引进国外的先进技术来提升自身的技术水平，缩小差距，而 WTO 的加入也为引进先进技术提供了便利；另一方面，要参与到国际市场，必然面临更大的市场竞争，这种竞争也促使企业自身有提升渔业技术水平的动机，主动地去提升技术水平，通过更低的生产成本，或是更高质量的水产品来获得市场竞争优势。

6. 扩大了渔民的就业渠道

加入 WTO 后，我国经济得到了快速发展。经济发展为渔民提供了更多的就业渠道和选择，也为渔民的转产转业提供了便利。就经济总量来说，生产规模的扩大，必然需要更多劳动投入，因此也就能更多地吸纳渔民就业。吸纳渔民就业的行业可能是渔业，也可能是渔业以外的其他行业，因为不同的行业在经济发展的大环境下，其生产规模都处于不断扩大的过程之中。渔业以外的行业吸纳渔民就业就在一定程度上促进了渔民的转产转业。随着生产效率的不断提升和生产的集约化经营，渔民转产转业是一个迫切需要解决的现实问题，而加入 WTO 促进了我国经济的快速发展，为解决这一问题提供了条件。

7. 渔业企业管理水平和产品质量快速提高

加入 WTO 之后，我国渔业企业更多地参与到了国际市场当中，要在国际市场的环境下具有竞争的优势，获取较高的利润就需要对自身进行全方位的提升。除了上述谈到的技术水平的提升之外，还应不断提升自身的管理水平，以提高生产效率，降低生产成本。在一些情况下，企业管理的规范和管理水平的提升甚至是进入国际市场的必要条件，例如有些国家要求进口产品的生产企业必须通过 ISO 的相关认证，才能将产品出口到本国。而 ISO 的认证，本身就是企业管理规范化和管理水平提升的过程。除此以外，还应注重产品质量的提升。伴随着社会的发展，人们对产品质量的注重程度越来越高，只有高质量的产品才能满足客户的需求，在国际市场的竞争当中获得优势。渔业企业管理水平的提升和产品质量的提升是相互促进的，管理水平的提升有利于管理的规范，从而在生产过程中保证产品质量的提升。产品质量的提升促进了管理行为的规范，进而提升了整个企业的管理水平。

8. 我国渔业现代化和产业化的进程加快

我国加入 WTO 后，渔业的机遇和发展实际上最终都促进了我国渔业的现代化和产业化的进程。例如，渔业生产技术的提升和渔业管理水平的提升都在一定程度上促进了我国渔业现代化，而资本流向渔业，也有利于推动渔业的产业化。渔业的现代化和产业化相互影响、相互促进，实现渔业现代化的同时也促进了渔业的产业化；反过来说，实现渔业产业化的过程中也促进了渔业的现代化。

二、加入 WTO 后我国渔业面临的挑战

尽管加入 WTO 之后，我国渔业的发展面临了新的机遇，而且入世十多年来，渔业的发展也确实证明了这种机遇的存在。我国渔业在加入 WTO 之后也面临一些挑战和威胁，对这些新环境下产生的危险与挑战的分析，有利于更好地制定现代渔业公共政策，从而促进我国渔业的发展，使渔业在国际水产品市场的竞争中，具有更大的竞争优势。总结起来，加入 WTO 给我国渔业企业带来的挑战主要如下几个方面。

1. 面临更激烈的竞争

加入 WTO 后，由于实行市场准入原则和国民待遇等原则，我国水产品市场逐步对外开放，国外的产品逐步进入我国，加剧了市场的竞争。从竞争的公平性来看，我国渔业企业同国外发达国家的渔业企业相比并不是站在同一个起跑线上，有诸多的不利因素。首先，渔业企业的规模普遍偏小，经营管理水平较低，这就使得产品的生产成本较高，很难同国外先进的渔业企业的水产品进行竞争。其次，我国

渔业的生产装备和生产技术都整体落后于国外发达国家的渔业企业，这也使得渔业产品很难在价格竞争和产品质量竞争的过程中具有优势。再次，由于历史原因，我国渔业的发展没有得到足够的政府支持，整个社会的资源更多地是配置在陆地经济上，在海洋经济领域配置的资源相对较少。这些都使得我国的渔业发展，整体处于落后状态。在开发的市场环境下，弱小企业与大企业的竞争本身就欠缺公平，大企业对市场有更大的影响力。

2. 贸易摩擦加剧

随着我国企业越来越多地参与到国际市场，与 WTO 其他成员之间的摩擦也随之增多，针对我国水产品的反倾销诉讼也越来越多。这些摩擦当中一部分是因为交流的不充分，对实际情况的了解存在偏差。例如由于劳动力等成本相对较低而导致我国一些水产品的价格较低，而进口国可能认为这种低价格的销售是一种倾销行为，因此提起了反倾销诉讼。这些摩擦当中还有部分是一些 WTO 成员主观上为了保护本国的渔业企业而提起的，一些国家利用 WTO 的相关规则，不是促进水产品贸易的发展，而是保护自身利益。在这些贸易的摩擦当中，一方面我们需要对 WTO 的规则有更好的了解和把握，运用相关规程保护自身利益。另一方面，我们也需要有相应的行业协会或组织协调国内的涉案企业，为了集体利益的最优化而采取相应的策略。以我国与美国的水产品贸易摩擦为例，2004 年美国对我国生产的暖水虾进行反倾销调查，后经美国国际贸易委员会的裁定，对我国相关企业征收了反倾销关税。后来部分企业对这一诉讼进行了应诉，但应诉企业仅占出口企业的 51%，也就是说 49%的企业主动放弃了应诉。此案最后的结果虽然是中国企业全面胜诉，但可以看出其中一些企业有搭便车的行为，如果能够集体行动，并协调一致，减少这种搭便车的行为，会在应诉效率上有所提升。[①]

3. 环境恶化影响水产品质量

近年来，由于人们过度追求经济增长，忽视了对海洋环境的保护。渔业的生产活动对海洋环境有较大的依赖，没有好的海洋环境作为基础，就很难生产出高品质的水产品。另外，随着社会的发展，人们对水产品的质量提出了越来越高的要求，一些国家也因此制定了较高的绿色壁垒，以限制那些生长环境较差的水产品进入到本国市场。以我国水产品出口的主要对象为例，美国、日本、欧盟和韩国，都设置了较高的绿色壁垒。绿色壁垒作为一种非关税壁垒，不同于关税壁垒，不违反 WTO 的基本原则，有其正当性，而且比较隐蔽，通过绿色壁垒的实施可以实现对不同进口国的差别

① 孙琛. 渔业政策学[M]. 咸阳：西北农林科技大学出版社，2011.

化，具有一定的歧视性。由于我国自身的海洋环境条件限制，我国水产品很难突破进口国所设置的绿色壁垒，这就使得我国渔业的市场范围变小，整个产业的竞争力下降。

第三节　WTO规则下中国渔业公共政策的完善与创新机制

我国加入WTO以来，渔业取得了快速发展，在这一过程中，我们看到了渔业面临的机遇，也发现了渔业今后面临的主要挑战。要更好地利用渔业发展过程中面临的机会，并应对存在的挑战，一方面需要对现有的渔业公共政策进行完善，另一方面，要形成渔业公共政策的创新机制。渔业公共政策的完善，有利于短期内解决渔业中存在的问题，更好地利用机遇，应对挑战，保证我国渔业与国外发达国家的渔业处在同一竞争的起跑线上。而渔业公共政策的创新机制，有利于通过政策创新促进渔业创新，进而促进渔业的快速发展。只有通过创新，才能保证我国渔业企业在国际水产品市场的竞争过程中处于优势地位。

一、完善渔业公共政策的建议

基于前述分析，我国加入WTO以来渔业发展过程中面临的机遇与挑战，我们可以通过对渔业的公共政策进行调整和完善来更好地利用这些机遇，并化解目前出现的威胁和挑战，以更好地促进我国渔业的发展。

1. 在WTO原则的框架下对目前现有的国内渔业公共政策进行调整

近年来，针对我国水产品的"反补贴"诉讼日益增多，其中很重要的原因是我们在对水产品补贴的过程中未能很好地按照WTO规则的要求去做。根据WTO原则的框架对目前的国内政策的调整，有利于我们的补贴行为符合WTO的原则，减少贸易的摩擦。从实际情况来看，我国对渔业的补贴并未超出WTO的要求，远低于一些发达国家。但实际过程中摩擦的产生主要是因为，我们在制度实施的过程中透明度不高，使得进口国产生了相应的误解。而根据WTO原则的框架调整国内政策之后，有利于政策执行透明度的提升，减少此类摩擦。

2. 完善激励水产品品质提升的公共政策

在目前的国际市场上，我国水产品品质亟待提升。这需要从生态环境保护政策和产品质量监督管理政策两方面入手。[①] 在生态环境保护方面，应加大对破坏

① 刘建君，高斌，申海鹏. 从"海洋到餐桌"——Intertek助力辽渔提升产品品质及管理水平[J]. 食品安全导刊，2012(8).

生态环境行为的处罚力度,杜绝此类行为的发生。另外在生产模式上,应通过"绿色补贴"等形式鼓励那些与生态环境友好的生产行为,逐步淘汰那些对生态环境有负面影响的生产模式。在对水产品质量的监督管理政策方面,一方面要完善监督管理的办法,明确质量检测的指标体系。另一方面应加大对水产品生产过程的监督,确保水产品的生产过程符合相关要求。例如近年来广泛报道的水产品养殖过程中的抗生素乱用现象,其实质就是生产养殖过程的不规范,这种不规范必然影响产品的质量,导致农药残留过多等质量问题的出现。

3. 完善促进渔业产业的现代化与产业化的渔业公共政策

我国虽然是渔业大国,但相对于国外渔业发达的国家,仍存在较大差距,要更好地参与国际市场,在国际市场的竞争中具有竞争优势,就要通过渔业产业的现代化与产业化来实现。具体来说,既要有鼓励资金流向渔业的公共政策,又要有鼓励行业集中度提升的相关政策。资金的流入有利于渔业生产规模的扩大和生产技术的提升,从而实现渔业的现代化。行业集中度的提升有利于通过行业资源的集中形成能够达到最小有效生产规模的渔业企业,从而有利于其生产成本的降低,也有利于整个渔业的产业化。

4. 出台鼓励科技创新的渔业公共政策

创新是经济发展的重要驱动力,但由于创新活动本身有很大的确定性,而且投入较大,因此企业缺乏创新的动力,在渔业领域更是如此,技术升级更新的速度相对较慢。因此政府有必要通过制定相应的公共政策,如财政补贴、税费减免和抵扣等办法,鼓励渔业企业更多地把资源投入到渔业技术的研发当中,通过渔业技术的研发和升级,促进渔业的发展,提升我国渔业在国际市场上的竞争力。

5. 制定培养渔业领域人才的公共政策

无论渔业产业的现代化、产业化,还是渔业技术的研发都离不开人才,参与国际市场也需要懂水产品国际贸易知识的相关人才。目前我国在渔业发展的过程中,从业人员的整体素质偏低,缺乏高端的技术研发人才,也缺少高水平的管理人才。这都制约了我国渔业的发展,影响其在国际市场的竞争力。因此政府应该出台政策,对相关的人才培育机构进行扶持和支持。

6. 完善相关制度,支持渔业的可持续发展

近年来,我国近海由于过度捕捞,造成了渔业资源的破坏,对渔业的可持续发展带来了负面影响。虽然一些地方政府制定了限制过度捕捞行为的制度,实施禁渔期,并通过增值放流修复生态系统,但这些政策的效果相对有限,没有很好地解

决问题。因此有必要对这方面的政策进一步完善，对那些存在缺陷和不足的政策进行修正，对那些只有条文，无法实施的政策进行终止，通过政策的调整，形成一个政策体系，从而更好地解决目前渔业资源修复缓慢的问题，促进我国渔业的可持续发展。

7. 制定促进渔民和渔村发展的公共政策

渔业的发展最终要改善人们的生活福利，而渔民作为一个重要群体，其生活水平的提升和福利的改善也应该是渔业公共政策的主要目标之一。现阶段，渔船老旧，生产效率低下，渔民的收入较低，生活水平亟待改善。整个渔村的发展也较为落后，需要发展。随着我国渔业的发展，渔业的现代化和产业化不断推进，资源越来越多地集中到一些大企业，渔民和渔村的发展也因此受限。要促进渔民和渔村的发展要从两方面入手：一方面，一些渔民很难适应新环境下渔业发展的需要，如果不转产转业，其生活水平很难改善，因此应完善相应的政策，帮助这部分渔民和渔村实现转产转业；另一方面，一些渔民可以继续留在渔业行业中，成为渔业发展必要的劳动力资源，但需要对其进行再培训和教育，以促使这部分人更好地适应新环境下渔业的发展，这也需要政府出台相应的公共政策来推进。

8. 完善渔业公共政策的实施

根据新制度经济学派的代表人物道格拉斯·C.诺斯的观点，制度可以分成正式制度、非正式制度。因此，要完成渔业公共政策的目标，解决公共政策问题，仅仅制定了公共政策是不够的，还需要能够严格地实施既定的公共政策。在我国，由于传统文化的影响，重人情、轻法治，一些地方政府和相关的行政管理机构在政策实施的过程中，加入了过多的人情因素，导致政策不能很好地得到执行，甚至是偏离了既定的目标，不利于解决存在的政策问题。因此，有必要进一步完善渔业公共政策的实施，力保制定的公共政策能够得到严格的执行。

二、形成渔业公共政策创新的机制

渔业公共政策的完善有利于解决目前已经出现的政策问题，但加入WTO这一世界性的经济组织以后，我国渔业面临了更大的市场环境，因此发展过程中新的问题的产生频率远高于以往，要应对这些新产生的渔业问题，就需要形成渔业公共政策创新的机制，以政策创新解决不断产生的新问题，从而更长远地促进我国渔业的发展。

1. 渔业公共政策创新的必要性

一项政策的制定有其成本，该项成本的产生主要来源于前期对实际情况的调研和考察以及进行分析和政策的制定。政策实施的过程中也会因实施过程的投入而产生政策的实施成本。政策实施之后正常情况下会产生相应的收益，这种收益可能是经济收益，也可能是社会收益。如果不存在不确定性，或者不确定性比较小，那么政策的实施成本和政策实施之后带来的收益都是确定的，不存在波动。但实际情况并不是不存在波动的，特别是我国加入WTO以后，企业面临更大范围的市场，而且由于经济的快速发展，技术的不断升级，都给政策环境带来了很大的波动性。因此政策的实施成本，特别是政策的收益有很大的波动。如果不对政策进行创新，继续按照原有的模式制定政策，那么就很难使政策适应环境的波动，更不可能从政策环境的波动中获益。因此，有必要对渔业公共政策进行创新，以使渔业公共政策能够更好地适应目前政策环境的快速波动。

从本质上来说，这种政策创新实质上相当于购买了一种实物期权。实物期权最早由哈佛大学的梅耶教授提出，不同于金融期权，对其行权的成本和收益都是波动的，但实物期权的获得本质上是获得了一种选择的机会，即当环境变化时，拥有实物期权的人有权利做出选择，而那些没有实物期权的人，则没有办法做出选择，只能承受因环境变化而带来的损失或不利。以渔业技术的研发为例，技术研发的投入，相当于购买了一个实物期权，当环境变化，通过将该技术投入到实际应用可以获得较高收益时，技术的拥有者就会行权，即将技术投入到实际运用，他也可以选择不使用该技术，但那样不是一个理性选择。而那些没有进行技术研发的企业，就丧失了在环境变化时候，使用该技术的权利，即丧失了选择权，因为其没有因技术研发而产生的实物期权。渔业公共政策的创新使得公共政策在政策环境变化的过程中多了选择权，能够更好地适应政策环境的变化，因此具有重要意义。由此可见，在目前政策环境波动较大的情况下，对渔业公共政策创新就显得非常重要了。

2. 现代渔业公共政策创新的机制

要促进渔业公共政策的创新，需要系统化地形成机制。具体来说，政府应该从如下几个方面促进渔业公共政策创新机制的形成。

(1) 培育创新观念，转变求稳作风。在我国现行的政治体系中，政府的行政机关负责人基于自身仕途的考虑，往往追求政策效果稳定的公共政策，而不愿意在公共政策制定的过程中选择那些实施效果可能有较大波动的创新型的公共政策。这种观念严重阻碍了渔业公共政策的创新，要形成渔业公共政策的创新机制，首先就应该培养创新的观念，扭转以往求稳的作风。

(2) 改变官员的考核办法,鼓励政策创新。目前对官员的考核更多地是看中其带来的短期经济绩效,而忽略了对长远利益的考查。例如,第一位官员注重短期GDP的增加,而第二位官员看中环境的改善,那么按照现行的考核制度,前者得到晋升的机会更大,这就对官员产生了追求短期绩效的激励,在渔业公共政策制定的过程中,也会更看重政策的短期利益。实际上第二位官员的公共政策会在更长的时间给整个社会带来利益,当社会更看重水产品的品质时,对生态环境改善的作用就会体现出来,获得了一种选择生产高品质水产品的权利,因此获益。如果政府在对官员考核的过程中,更多地看其政策的制定过程是否存在失误,从更长远的角度衡量其所制定的公共政策的政策效果,就会在一定程度上鼓励政策的制定者进行政策创新。

(3) 密切联系实际,把握政策环境的变化趋势。政策创新所获得的实物期权的价值取决于政策环境的波动,如果能够对环境的变化趋势有较好的把握,则会更好地进行政策创新,获得更有价值的实物期权。举例来说,如果我们能够把握渔业市场中需求的变化需求,就会尽早结合这种趋势,对政策进行创新或调整,当这种变化积累到一定程度时,政策的效果就会明显地体现出来。

(4) 运用科学的政策规划方法,尽量减少人的主观因素对政策制定的影响。行为经济学研究成果告诉我们,人的主观因素在决策的过程往往导致行为偏差,因此导致了决策偏离最优。在公共政策规划的过程中,应更多地结合目前科学的规范方法,注重将一些指标量化,以减少人的主观因素对政策所产生的负面影响。

第四章 捕捞业公共政策

捕捞是世界范围内获取水产品的主要方式，尽管中国的养殖水产品产量早已超过捕捞水产品，但每年从天然水域中获取的水产品依然数量巨大。捕捞水产品保持了天然绿色的品质，质量上乘。而且目前驯化养殖的水产品品种有限，还难以完全替代捕捞产品。海洋捕捞业不仅具有保障粮食安全的功能，而且生态功能和保卫海权的功能都越来越重要。但捕捞经济行为普遍存在外部不经济性，常导致海洋渔业资源的滥用和使用的低效性，会出现市场失灵和政府失效，要充分发挥政府管治、行业协会自治和市场机制三个方面的作用①。因此，要保持适度捕捞强度，发展高水平的海洋捕捞业，必须不断完善相应的捕捞政策。

从政策目标来看，首先是提供更多的优质水产品。尽管捕捞产量仅占总产量的 30%左右，但依然对于保障水产品供应发挥了重要作用。水产品提供了优质动物蛋白，有益于人体健康。许多捕捞的品种是养殖业无法替代的，而且捕捞产品很大部分来自野生，质量好。因此发达国家的水产品产量主要来自捕捞，养殖的水产品主要产自增养殖，以便保持鱼类的天然品质。其次是确保捕捞业安全生产和发展。捕捞生产受制于环境条件、船舶、人员、管理等多重因素，是一个高风险行业，因此政府历来高度关注行业的安全生产问题。安全是发展的前提和基础，渔业企业和渔民应把安全放在首要位置，落实安全责任，确保安全生产事故发生率不断呈现下降态势。解决了安全生产的问题，不仅能够有效保护生命和财产安全，而且企业生产效益有了可靠保障，有助于实现社会效益和微观效益的高度统一。还有一个重要目标是保持水产资源的可持续利用。捕捞业是对现有资源的采集，因此资源的存量和增量决定了捕捞业发展的规模和速度。渔业具有可再生性，因此适量

---

① 闫玉科. 我国海洋渔业资源可持续利用研究——基于海洋渔业资源衰退现象的经济学解析[J]. 农业经济问题，2009(8)：100-104.

的捕捞既能促进鱼群的新旧更替，又能获得一定的渔获产品。但捕捞数量有一个最优区间，一旦超出这一区间，则使鱼群的再生能力大幅下降，尤其是灭绝式的捕捞使鱼类资源失去了再生能力。因此，捕捞业的发展一定要与资源、环境的承受能力相协调，否则捕捞业也就失去了可持续发展的基础。

第一节　海洋水产资源养护政策

渔业是资源型产业，资源的数量、结构决定了发展的成效。新中国成立初期，我国渔业生产力低下，渔业生产的矛盾主要体现在渔业捕捞能力难以适应富饶的渔业资源开发要求。面对较为丰富的海洋渔业资源，伴随政府提高渔船装备水平等大规模开发措施，渔业生产能力很快就超出了资源承受能力。以黄海北部的烟威渔场为例，20 世纪 50 年代，小黄鱼体长主要在 200 mm 左右，年平均体重在 150 g 以上，主要由 2～5 龄鱼组成；到 20 世纪 80 年代中期，平均体长为 151～166 mm，平均体重为 59～80 g；2003 年 9 月实施的“我国近海海洋综合调查与评价专项”发现，平均体长为 123 mm，平均体重为 28 g 以上，2 龄以上鱼很少。[①] 由此可见，我国近海渔业资源的退化非常明显。这是由于陆源污染比较严重，一些水域环境恶化、资源持续衰退，一些鱼虾生长繁殖和水生野生动物栖息场所被严重破坏，加上捕捞强度未能有效控制，渔场环境遭严重破坏，生物资源量明显减少，有的甚至已不适宜水生生物的生存，部分水域“荒漠化”现象严重，致使天然水域的渔业资源量持续下降。近海渔民几乎无鱼可打，除了渤海湾一带，连一向资源丰富的东海也面临着这种困境。海洋渔业资源大幅衰退有气候变化、污染加剧、捕捞方式不当等复杂的因素，为此亟需加大海洋水产资源养护力度。

一、鱼汛安排

鱼汛是渔业生产的重要时段，因此充分发挥鱼汛生产潜力非常重要。然而，如果不加管理或管理不当，千船竞发、渔场拥挤的现象难以避免，不仅个体渔业的经济效益不好，而且社会效益也不高。清朝时期，舟山渔场面临持续加大的捕捞压力，同乡组织设计了社会制度以调和公共资源的利用，并将未加抑制的资源竞争引向最小化，将冲突引起的利益损失降至最小化[②]。所以，通过鱼汛生产的合理安

① 唐启升. 中国区域海洋学——渔业海洋学[M]. 北京：海洋出版社，2012：179.
② [美]穆盛博. 近代中国的渔业战争和环境变化[M]. 胡文亮，译. 南京：江苏人民出版社，2015：32，54.

排，可以规范渔业生产秩序，产生明显的微观效益和宏观效益。初期的鱼汛安排主要是为了获得尽可能多的渔获量。1959 年，国务院连续发出通知，要求沿海各地抓紧鱼汛旺季捕捞、收购、调运工作。同年，水产部部长在中央人民广播电台发表《鼓起冲天干劲，迎接春汛大生产》的讲话。可见，当时渔业的工作重点是追求过高的产量。1960 年，中共中央、国务院发出做好渔业春汛生产工作的指示，要求立即掀起春汛生产高潮，向江河湖海夺取丰富的鱼虾。进入 20 世纪 60 年代以后，海洋渔业资源退化趋势加剧，鱼汛管理的内涵有了新的变化，从鼓励规模扩张向适度开发转变，开始关注资源的合理保护。1962 年，水产部向邓子恢副总理呈报《关于黄渤海区渔业今后发展方向的报告》，提出巩固和调整内海生产，进一步合理安排内海渔场的生产，保护资源，以保证整个黄渤海区海洋渔业生产的稳步上升。同年在水产部召开的东、南海区水产座谈会上，提出合理调整内海生产，加强资源繁殖保护。这些措施的提出，主要是考虑到内海渔业生产能力已近饱和。1963 年，水产部召开渤、黄、东海渔场安排会议，集中讨论资源利用状况，对秋汛对虾、小黄鱼讯、开发东海渔场以及国营渔轮全年作业渔场等作出安排。同时认为今后必须坚决保护近海资源，开展拖、围、流、钓多种作业，大力加强渔场安排和鱼汛指挥工作。20 世纪 70 年代以来，渔业资源衰退和捕捞能力过剩的矛盾更加凸显，渔业生产安排更加注重合理保护和利用资源，在资源保护中开发利用。1977 年，经国务院批准，农林部在北京召开全国林业、水产工作会议，对水产生产方针进行了重大调整，确定了“充分利用和保护资源，合理安排近海作业，积极开辟外海渔场，大力发展海淡水养殖”的生产方针。同年，农林部转发黄渤海渔业指挥部《关于当前黄、渤海区加强渔场管理，充分利用和保护资源的几个问题的报告》，提出要加强管理，合理安排渔场。1979 年 7 月，国务院批转国家水产总局《关于渤海秋汛对虾生产安排意见的报告》，提出严格执行黄海区渔业指挥部渤海秋汛对虾开捕期的规定，组织秋汛捕虾生产要根据资源状况，合理安排渔场，适当控制捕捞强度，提高捕捞效果。20 世纪 80 年代，针对我国传统优势品种难以形成鱼汛的形势，提出了对于相关品种的保护措施，说明鱼汛安排和资源保护进一步走向精细化。例如，1981 年 4 月，国务院批转的国家水产总局《关于东、黄、渤海主要渔场渔汛生产安排的暂行规定报告》称：为了保护东、黄、渤海主要经济鱼虾资源，逐步做到有计划地控制捕捞能力，以利恢复和合理利用资源，维护渔场生产秩序，特对东、黄、渤海区的大黄鱼、小黄鱼、带鱼、对虾主要鱼场渔汛生产安排作暂行规定。

到了 20 世纪 90 年代，政策重点更加关注渔业资源的可持续利用，将其充分体现到鱼汛安排之中。1992 年 12 月，农业部出台《关于东、黄、渤海主要渔场渔汛生产安排和管理的规定》，针对沿岸渔场、近海渔场、外海渔场的范围、品种、船舶网具类型和数量、作业时间等，提出了具体要求，明确了渔场、鱼汛的管理权限。随着1995 年我国实施海洋伏季休渔制度，为了与之相衔接，更好保护幼带鱼资源，1995 年 2 月，农业部又发布修改《关于东、黄、渤海主要渔场渔汛生产安排和管理的规定》的通知，调整了拖网、帆张网和定置张网作业的规定。《中华人民共和国渔业法实施细则》明确了各主要渔场的鱼汛安排，提出渔场和鱼汛生产，应当以渔业资源可捕量为依据，按照有利于保护、增殖和合理利用渔业资源，优先安排邻近地区，兼顾其他地区的原则，统筹安排。舟山渔场冬季带鱼汛，浙江渔场大黄鱼汛，闽东、闽中渔场大黄鱼汛，吕泗渔场大黄鱼、小黄鱼、鲳鱼汛，渤海渔场秋季对虾汛等主要渔场、鱼汛和跨海区管理线的捕捞作业，由国务院渔业行政主管部门或其授权单位安排。

渔业资源具有显著的共有特征，因此如何加强管理又确保资源合理利用是一个矛盾。随着鱼汛生产的复杂化，只靠中央一级管理已力不从心，必须强化属地的管理责任。1969 年，周恩来总理对我国沿海三大鱼汛的领导问题，作了关于“渔汛到哪里，应由哪个省为主管起来”的指示。属地管理强化了地方的责任，但在发展经济的动力之下，也会只顾扩大产量，而不注重养护资源，造成公共资源利用的负外部性。针对上述问题，国务院 1983 年批转的农牧渔业部《关于发展海洋渔业若干问题的报告》中指出，必须强调集中统一管理。1983 年 5 月，农牧渔业部在北京召开全国海洋渔业工作会议，研究海洋渔业如何开创新局面，走出一条有中国特色的海洋渔业发展新路子；并研究了海洋捕捞方面如何保护和合理利用近海渔业资源，强调保护近海渔业资源要有全局观念，要建立严格的许可证制度，要实行海区管理责任制。1989 年 4 月 13 日，农业部印发国务院《关于协调解决山东省无棣县与河北省黄骅县定置大架樯张网渔场纠纷问题的会议纪要》的通知中指出：近年来，随着鱼价放开，捕捞能力失控，地区间争夺资源加剧，渔场纠纷事件不断增多。由此可见加强渔业资源科学管理的重要性。根据海域范围和渔业资源的不同特点，我国确立了国家、海区、省、市、县等多层次管理体系。1992 年 12 月，农业部出台《关于东、黄、渤海主要渔场渔汛生产安排和管理的规定》，指出海洋渔场、鱼汛，实行统一安排、分级管理的原则。机动渔船底拖网禁渔区线以外渔场，由所在海区渔政局负责管理，毗邻海域省、自治区、直辖市协助；机动渔船底拖网禁渔区线以内渔场，由毗邻海域省、自治区、直辖市负责管理，海区渔政局协助。《中华人民共和国渔业法》规定，海洋渔业，除国务院划定由国务院渔业行政主管部门及其所属的渔政监督管理机构监督管理的海域和特定渔业资源渔场外，由毗邻海域的省、自治区、直辖市人民政府渔业行政主管部门监督管理。《中华人民共和国渔业法实施细则》规定，国家对渔业的监督管理，实行统一领导、分级管理。国务院划定的“机动渔船底拖网禁渔区线”外侧，属于中华人民共和国管辖海域的渔业，由国务院渔业行政主管部门及其所属的海区渔政管理机构监督管理；“机动渔船底拖网禁渔区线”内侧海域的渔业，除国家另有规定者外，由毗邻海域的省、自治区、直辖市人民政府渔业行政主管部门监督管理。内陆水域渔业，按照行政区划由当地县级以上地方人民政府渔业行政主管部门监督管理；跨行政区域的内陆水域渔业，由有关县级以上地方人民政府协商制定管理办法，或者由上一级人民政府渔业行政主管部门及其所属的渔政监督管理机构监督管理；跨省、自治区、直辖市的大型江河的渔业，可以由国务院渔业行政主管部门监督管理。重要的、洄游性的共用渔业资源，由国家统一管理；定居性的、小宗的渔业资源，由地方人民政府渔业行政主管部门管理。

渔政管理是各级水产行政领导部门的一项重要任务，是渔业资源保护的主要执法力量，因此必须不断加强。1979 年《关于全国水产工作会议情况的报告》提出加强渔政管理，切实保护资源。1979 年 12 月，国家水产总局出台《渔政管理工作暂行条例》，指出渔政管理工作按照统一领导、分级管理的原则，滩涂、浅海养殖、定置渔业场地，由所在县(市)渔政部门管理，机动渔船底拖网禁渔区线两侧水域，由省一级渔政部门和所在海区渔业指挥部管理。1980 年 6 月，国家水产总局印发《全国海洋渔政管理工作会议纪要》，指出，渔政管理工作实质上就是要在渔业水域建立社会主义法治，保证国家渔业法规的贯彻执行，保护和合理利用水产资源。维护渔业生产秩序，维护我国海洋渔业权益，必须做到有法可依、违法必究、执法必严。为适应建立社会主义市场经济体制和渔业可持续发展的需要，根据行政执法体制改革和实行农业综合执法的总体要求，1999 年 7 月农业部发出《关于加强渔业统一综合执法工作的通知》，要在渔政、渔港监督执法队伍的基础上，组建一支处罚主体统一的渔业综合执法队伍，综合行使渔政、渔港监督、渔船检验、水产种苗及水产品质量管理的监督检查职能和法律法规赋予的行政处罚权，以克服多头、分散执法的弊端，减少地方保护主义。2012 年中央 1 号文件指出要加强渔政建设和管理。2013 年中央 1 号文件强调加强渔政执法船艇建造。国务院 2013 年 2 月 6 日研究确定促进海洋渔业持续健康发展政策，进一步明确加快渔政等基础设施建设。适应海上尤其是外海执法面临的新形势，2013 年国家进行了执法机构改革，将原国家海洋局及其中国海监、公安部边防海警、农业部中国渔政、海关总署海上缉私警察的队伍和职责进行整合，重新组建国家海洋局。国家海洋局以中国海警局名义开展海上维权执法,接受公安部业务指导。将农业部海上渔政执法职责划给国家海洋局,不再保留农业部渔政指挥中心、农业部黄渤海区渔政局、农业部东海区渔政局、农业部南海区渔政局。不再保留农业部渔业局加挂的中华人民共和国渔政局牌子,将渔业局更名为农业部渔业渔政管理局。

二、禁渔管理

为了更好地保护鱼类产卵、索饵和洄游的重要通道,政府设置了一些禁渔区。早在1950年,东北人民政府就颁布了《机船底曳网禁渔区》。为了保护水产资源,消除机轮拖网渔业与群众帆船渔业的纠纷,1955年6月,国务院又发出《关于渤海、黄海及东海机轮拖网渔业禁渔区的命令》,1957年8月进行了补充,以19个基点作成连接线,在此线以西的我国沿海,规定为机轮拖网禁渔区,以保护沿海鱼类资源。1957年,水产部发布《对渔轮侵入禁渔区的处理指示》。同年国务院发布《关于渤海、黄海及东海机轮拖网禁渔区的命令的补充规定》。1977年,农林部转发黄渤海渔业指挥部《关于当前黄、渤海区加强渔场管理,充分利用和保护资源的几个问题的报告》,提出要严格执行禁渔区。1979年2月,国务院发布的《水产资源繁殖保护条例》,指出对某些重要鱼虾贝类产卵场、越冬场、幼体索饵场,应当合理规定禁渔区、禁渔期。1986年6月,农牧渔业部发出《关于重申严格遵守禁渔区规定的通知》。1989年7月,农业部发布《关于禁止在禁渔区线内拖网捕捞增殖对虾的通知》。1990年11月发布、1997年12月农业部修订的《黄渤海区对虾亲虾资源管理暂行规定》,指出设立禁渔区,规定禁渔期,定期分段禁渔,划定洄游通道,在黄海中部设立对虾亲虾休渔区。1993年3月22日,农业部发出《关于在黄海中部设立对虾亲虾休渔区的通知》,对虾生产还设立了开捕期。禁渔区的设置,保护了宝贵的渔业资源,能够将渔业的可再生能力有效发挥出来。2000年修改的《中华人民共和国渔业法》,规定"未经国务院渔业行政主管部门批准,任何单位或者个人不得在水产种质资源保护区内从事捕捞活动""禁止在禁渔区、禁渔期进行捕捞"。《中华人民共和国渔业法实施细则》提出,县级以上人民政府渔业行政主管部门,应当依照规定的管理权限,在重要鱼、虾、蟹、贝、藻类,以及其他重要水生生物的产卵场、索饵场、越冬场和洄游通道,规定禁渔区和禁渔期。

三、伏季休渔制度

伏季休渔,就是国家在鱼类繁育较集中的一段时期,划定一定的海域,禁止在该海域内从事某一种或几种捕捞作业,使鱼类具备生长繁育的时间和空间。伏季休渔是现阶段适合我国国情的一项保护渔业资源的有效措施。盛夏伏季，水温适宜，生物生长旺盛，正是鱼类生长最快的成长期，伏季休渔科学把握了鱼类的生长规律，具有显著的经济效益和社会效益。我国从1970年代后期就开始探索实施伏季休渔制度。1979年2月，国务院在颁布《水产资源繁殖保护条例》的通知中指出，"水产资源是国家的一项宝贵财富，加强水产资源保护，保证其正常繁殖生长，是发展水产业的重要基础。确保渔业生产秩序，制止酷渔滥捕，保障渔业水域及水生生物免受污染，是保护水产资源的关键措施"。1979年浙江省水产局率先提出伏季休渔，实行8至10月拖网伏休3个月。1980年国家规定整个东海区群众渔业实行7至10月4个月伏休，国营渔船不休，实行幼鱼比例检查。1981年4月15日，国家水产总局发布《关于东、黄海区水产资源保护的几项暂行规定》，指出集体渔业底拖网渔船实行伏季休渔。1981年4月21日，东海区渔业指挥部发出《关于吕泗渔场大、小黄鱼产卵期间实行休渔期的紧急通知》。1981年5月23日，南海区渔业指挥部发出《关于休渔期的报告》。1983年10月5日，农牧渔业部发出《关于加强东海区集体拖网渔船伏休管理措施的批复》。1984年6月18日，黄海区渔业指挥部印发《关于加强黄、渤海区伏季禁渔期管理的几项暂行规定》和组织联合大检查的有关事项。1985年5月25日，南海区渔政分局发出《关于休渔期的通知》。1985年6月5日，黄渤海区渔业指挥部发出《关于加强黄渤海区伏季禁渔期管理的通知》。1987年国家又修改了伏休规定，即允许183.75千瓦(250马力)以上群众渔船和国营渔船一样不实行伏休。1992年国家重新修改了伏休规定，要求国营公司渔轮和群众渔业渔船一样实行休渔，时间由4个月改为3个月，休渔区域改为在北纬27～35度海域由禁渔区线向东平推30海里。

海洋伏季休渔是依据《渔业法》建立的一项重要渔业资源养护制度，自1995年实施以来，取得了良好的生态、经济和社会效益。1995年，农业部根据渔业资源状况和休渔制度的执行情况，进一步完善了伏休制度，开始在东、黄海实施全面伏季休渔制度，规定"每年7至8月，北纬27～35度禁渔区线外侧海域全面实行伏休。9至10月禁渔区线外推30海里海域休渔，该休渔区线以东作业渔船实行幼鱼比例检查"的休渔制度。1995年7月1日至8月31日，我国首次在东、黄海实行伏季全面休渔。与往年伏季休渔不同的，是七八两个月实行全面休渔，即实行线内、线外同休；所有拖网和帆张网同休；所有国有、集体和个体渔船同休，将有超万艘渔船需停港休渔。1996年7月1日，我国东、黄海开始继续实行伏季全面休渔。据统计，东海区停港休渔的底拖网和帆张网作业渔船共计12 479艘。1997年7月1日，我国东、黄海开始第三年实行伏季全面休渔。由于"30海里线"在渔政管理中难以操作，1998 年，经国务院同意，农业部发出《关于在东、黄海实施新伏季休渔制度的通知》和《关于在东、黄海实行新伏季休渔制度的通告》，又一次对伏季休渔进行了调整，自 1998 起，延长了休渔时间，扩大了休渔海域，要求做到“船进港、网入库、人上岸”。重新制定的伏休制度规定，北纬 26～35 度海域，每年 6 月 16 日零时至 9 月 15 日 24 时，禁止所有拖网和帆张网作业，北纬 35 度以北的黄海，每年 7 月 1 日零时至 8 月 31 日 24 时，禁止所有拖网和帆张网作业。1999 年 3 月 5 日，农业部发出《关于在南海海域实行伏季休渔制度的通知》，决定从 1999 年开始，在北纬 12 度以北的南海海域(含北部湾)，每年 6 月 1 日零时起至 7 月 31 日 24 时止，对所有拖网(含拖虾、拖贝)、围网及掺缯作业实行休渔。1999 年出台了两项休渔新举措，一是将北纬 35 度以北黄海海域的休渔期延长半个月，从 7 月 1 日零时至 9 月 15 日 24 时，开捕期与东海区相一致；二是在南海海域首次实行两个月的伏季休渔，规定在北纬 12 度以北的南海海域(含北部湾)，每年 6 月 1 日零时至 7 月 31 日 24 时，禁止拖网、围网及掺缯作业。至此，我国沿海首次全面实行了伏季休渔制度。1999 年 6 月 1 日，南海海域首次伏季休渔开始，至 6 月 1 日零时，广东、广西、海南三省(区)15 216 艘应休渔的渔船全部进港休渔，1 879 艘应休渔的港澳流动渔船亦全部进入休渔状态。1999 年 6 月 16 日零时，东海区 12 291 艘应休渔的渔船全部按时进港休渔，这是东海海域第五个年头实行全面伏季休渔。1999 年 7 月 1 日零时，黄渤海区 60 847 艘应休渔的渔船全部按时进港休渔。1999 年 8 月 1 日，南海海域首次伏季休渔结束。休渔期间南海区 17 095 艘应休渔渔船(广东 10 397 艘、广西 3 369 艘、海南 1 450 艘、港澳流动渔船 1 879 艘)全部在港停泊，各有关渔政部门出动渔业执法船艇 5 400 艘次、海监飞机 14 航次在海上监督检查，发现违规渔船 7 艘，占应休渔船的万分之四。1999 年 8 月 2 日，国务院副总理温家宝在国务院办公厅秘书局刊物转报农业部上报的《上半年我国渔业经济形势》一文上批示：“要完善休渔制度，加强渔业管理和执法队伍建设，以保护近海渔业资源。各地和有关部门对这项工作应给予协助和支持。”

进入新世纪，结合渔业资源变化和形势需要，海洋伏季休渔制度进一步完善。根据 2000 年 3 月 29 日发布的《关于调整东、黄海和南海伏季休渔规定的通知》，农业部决定，从 2000 年起，南海休渔扩大休渔作业类型，由“所有拖网(含拖虾、拖贝)、围网及掺缯作业”，调整为“附刺网、钓业外的其他所有作业类型”。南海、黄海、东海休渔起止时间统一后推 12 小时。2000 年起全国沿海的休渔起止时间统一向后推了 12 小时，从而使休渔制度更具可操作性，便于渔民生产安排和渔政的监督管理。即：在北纬 26 度 30 分至 35 度海域，每年 6 月 16 日 12 时至 9 月 16 日

12 时禁止拖网和帆张网渔船作业；北纬 35 度以北的黄海海域，每年 7 月 1 日 12 时至 9 月 16 日 12 时，禁止拖网和帆张网渔船作业；在北纬 12 度以北的南海（含北部湾），每年 6 月 1 日 12 时至 8 月 1 日 12 时，除刺网、钓业外，禁止其他作业从事捕捞生产。2000 年，三个海区共有 117 467 艘渔船按时泊港休渔，比上年增加了 30%，达到了"船进港、网入库、证集中"的管理目标。2003 年 4 月 17 日，农业部发出《关于做好 2003 年伏季休渔管理工作的通知》，对黄海和东海部分海域的休渔时间和休渔作业类型做适当调整。从 2006 年起，将桁杆拖虾作业休渔时间从 1 个月延长到 2 个月，即从 6 月 16 日 12 时至 7 月 16 日 12 时调整为 6 月 16 日 12 时至 8 月 16 日 12 时。2009 年中央 1 号文件指出继续实行休渔制度。2009 年，《农业部关于调整海洋伏季休渔制度的通告》对海洋伏季休渔制度进行了调整完善，将黄渤海、东海和南海海域的休渔时间统一向前延长了半个月，休渔作业类型统一调整扩大为除单层刺网和钓具外的所有作业类型。

为进一步贯彻落实国务院《中国水生生物资源养护行动纲要》，更好地养护和合理利用海洋生物资源，根据休渔管理实际和有关方面意见，2011 年农业部决定将黄渤海区和东海区刺网渔船全部纳入海洋伏季休渔管理，休渔时间为两个半月至三个半月，其中：北纬 35 度以北的渤海和黄海海域为 6 月 1 日 12 时至 9 月 1 日 12 时；北纬 35 度至 26 度 30 分的黄海和东海海域为 6 月 1 日 12 时至 9 月 16 日 12 时；北纬 26 度 30 分至"闽粤海域交界线"的东海海域为 5 月 16 日 12 时至 8 月 1 日 12 时。2012 年和 2013 年又对刺网休渔时间进行调整。2013 年 2 月 6 日国务院研究确定促进海洋渔业持续健康发展政策，强调严格执行海洋伏季休渔制度。2014 年将黄渤海区刺网休渔时间调整为 6 月 1 日 12 时至 9 月 1 日 12 时。2015 年伏季休渔制度调整内容包括：一是将南海的单层刺网纳入伏休管理；二是将捕捞辅助船与捕捞渔船实行同步休渔，其中北纬 35 度以北的渤海和黄海海域、北纬 12 度至"闽粤海域交界线"的南海海域的渔运船休渔时间与捕捞渔船相同；三是将北纬 35 度至 26 度 30 分的黄海和东海海域（主要为拖网、帆张网）的休渔时间调整为 4 月 30 日 12 时至 9 月 16 日 12 时，北纬 26 度 30 分至"闽粤海域交界线"的东海海域休渔时间调整为 4 月 30 日 12 时至 8 月 1 日 12 时，在上述海域范围内，桁杆拖虾和灯光围（敷）网休渔时间调整为 4 月 30 日 12 时至 8 月 1 日 12 时，笼壶类和刺网休渔时间仍为 6 月 1 日 12 时至 8 月 1 日 12 时，渔运船与捕捞渔船同步休渔，时间至少两个月，具体时间由沿海有关省、直辖市渔业行政主管部门确定，报农业部备案。2016 年，全国海洋伏季休渔海域、休渔作业类型、休渔时间延续 2015 年调整后的管理规定，保持不变。2017 年，对海洋伏季休渔制度进行了重大调整，首先是统一了休渔开始时间，为每年 5 月 1 日 12 时。其次，休渔类型统一和扩大，首次将南海单层刺网纳入休渔范围，首次要求捕捞辅助船同步休渔。另外，休渔时间延长，总休渔时间普遍延长 1 个月。

长江流域禁渔期是 2003 年经国务院批准全流域统一实施的禁渔期制度，是继海洋伏季休渔制度之后国家层面设定的重要的内陆水域休禁渔制度。长江是我国最大的母亲河和鱼类资源宝库，由于过度捕捞和开发，长江的一些重要鱼类品种产量严重下滑，加强保护刻不容缓。为此，2002 年，农业部接连发出《关于在长江流域试行春季禁渔制度的通知》和《关于印发〈2002 年长江流域春季禁渔管理方案〉的通知》，决定自 2002 年起在长江流域试行春季禁渔制度。试行禁渔取得了较好效果。经国务院批准，农业部从 2003 年起全面实施长江禁渔期制度，禁渔范围扩大到沿江 10 个省市。根据 2003 年 1 月 6 日发布的《关于实行长江禁渔期制度的通知》，农业部决定从 2003 年起实行长江禁渔制度。提出以葛洲坝为界，将长江分为两个江段，分时段实行禁渔，每个江段禁渔时间为 3 个月。禁渔对象方面，禁止所有捕捞作业，实行捕捞限额专项管理的凤鲚、刀鲚捕捞除外。实施长江禁渔制度取得了一定成效，但难以扭转资源退化甚至枯竭的局面，因此要加大实施力度。2014 年 5 月，农业部印发《关于成立长江流域渔政监督管理办公室的决定》，管理办公室设在上海，是我国第一个内陆流域性渔政监督管理机构；主要负责黄河流域以南相关流域、重要水域和边境水域的渔政管理、水生生物资源养护等工作。2016 年起，长江主要干支流和重要湖泊以及淮河干流全面推行禁渔期制度，禁渔时间从之前的 3 个月延长到 4 个月。

2010 年，国务院批准从 2011 年起在珠江流域实行禁渔期制度，这是我国第三个在国家层面设定的休渔禁渔期制度，也是第二个流域性统一禁渔期制度。2010 年 10 月 20 日印发的《农业部关于实行珠江禁渔期制度的通知》，决定自 2011 年起实行珠江禁渔期制度，规定了禁渔水域范围、禁渔时间和禁止作业方式。至此，我国管辖的近海海域和重要江河流域，都实施了伏季休渔制度，不仅能够合理养护渔业资源，还有利促进了渔业可持续发展。

伏季休渔自 1995 年实施以来，已经扩展至黄渤海、东海、南海等我国近海和长江、珠江等主要淡水流域，已经取得良好的社会效益、经济效益、生态效益。通过 2 至 3 个月的休渔，为主要经济鱼类的产卵和幼鱼生长提供了时间和空间，主要经济鱼品种资源得到保护和养护，产量有所回升。通过严格控制渔船数和功率数，有效控制了捕捞能力，是从输入端控制捕捞强度的有效措施。海洋伏季休渔制度效果明显。以 2014 年为例，9 月份全国海洋捕捞总产量为近 5 年同期最高，同比增长 10.04%；其中，黄渤海区伏休后(9月)比伏休前(5月)增长230.96%，东海区增长了127.86%。

在肯定伏季休渔成绩的同时，也要注意捕捞强度依然过大，伏休成果难以得到有效巩固。2至3个月的伏休所养护的渔业资源，基本上在开捕后1个月左右即被强大的捕捞力量利用殆尽，渔业资源仍在继续衰退。有些渔民反映，年年休渔海里还是没有鱼。从渔获物构成上看，低值、幼杂鱼增多，优质海产品比例降低。要有效减少对海洋资源的捕捞压力，还要从输出端入手。对于国际上大量实施的捕捞配额管理制度，我们只有积极创造条件，有效管控渔船作业的产出，才能真正把过高的捕捞强度降下来。

四、网具和捕捞幼鱼管理

网眼过密过细，尤其是“绝户网”对渔业资源的破坏尤为严重，因此必须加强网具管理。1979年2月，国务院发布了《水产资源繁殖保护条例》，提出了对各种主要渔具，要按不同捕捞对象，分别规定最小网眼尺寸，还对当时危害资源的渔具、渔法，分别情况提出了处理意见。1979年发布的《关于全国水产工作会议情况的报告》指出，要合理利用近海资源，减少拖网作业，发展围、流、钓生产。1983年8月，农牧渔业部水产局、渔政渔港监督管理局和黄海区渔业指挥部在山东省文登县联合召开了黄渤海秋汛对虾生产座谈会，提出检查全面推广使用大目囊网加裙拖虾网的准备情况。在限制使用不合理网具的同时，积极探索推广选择性强、合理保护资源的网具。1984年7月17日，农牧渔业部转发东海区渔业指挥部《关于东海区灯光围网生产技术经验交流会的情况报告》，指出发展灯光围网渔业捕捞上中层鱼类具有广阔的发展前景，既是适应资源变化，理顺作业结构，减轻近海捕捞强度，保护与合理利用资源的需要，也是开创我国海洋渔业生产新局面的重要措施之一。1989年4月13日，农业部印发国务院《关于协调解决山东省无棣县与河北省黄骅县定置大架樯张网渔场纠纷问题的会议纪要》的通知中指出，要严格控制沿岸和近海的捕捞能力，特别是伤害资源严重的定置张网，各地要坚决采取措施，从张网数量、渔场范围到生产时间，都要严格限制，制止盲目发展。2003年6月，农业部渔业局发布《农业部关于做好全面实施海洋捕捞网具最小网目尺寸制度准备工作的通知》，农业部并于2003年10月发出《农业部关于实施海洋捕捞网具最小网目尺寸制度的通告》，指出从2004年7月1日起，对拖网网囊、流刺网、有翼张网在对应海域和品种，执行国家标准或者行业标准，全面实施最小网目尺寸制度。2013年11月29日印发的《农业部关于实施海洋捕捞准用渔具和过渡渔具最小网目尺寸制度的通告》，指出自2014年6月1日起，黄渤海、东海、南海三个海区全面实施海洋捕捞准用渔具和过渡渔具最小网目尺寸制度。《中华人民共和国渔业法实施细则》提出，县级以上人民政府渔业行政主管部门，应当依照规定的管理权限，确定重点保护的渔业资源品种及采捕标准，禁止使用或者限制使用的渔具和捕捞方法，最小网目尺寸，以及制定其他保护渔业资源的措施。《中华人民共和国渔业法》则指出，禁止使用小于最小网目尺寸的网具进行捕捞。

幼鱼是代际接续的前提，自然是海洋渔业持续发展的基础，所以保护幼鱼就是保护海洋渔业的未来。而且幼鱼市场价格低，往往进入渔业副产品利用的环节，造成了社会资源的浪费。1962年，中共中央农村工作部、国务院农林办公室发出《关于保护对虾资源的指示》，指出根据水产部召开的保护对虾资源会议的报告，目前损害对虾资源的情况十分严重，鉴于6、7、8三个月正值对虾迅速成长季节，为了保护幼虾增加秋虾产量，沿渤海有关各专、县、社、队对严重损害幼虾资源的推网、流布袋网、河张网以及用冷布、麻布制成的各种网具一律禁止使用。1980年2月，国家水产总局、工商行政管理总局颁发《关于严禁捕捞和自由出售幼虾的规定》，同年6月，国家水产总局发出《关于集体拖网渔船伏季休渔和联合检查国营渔轮幼鱼比例的通知》。1981年3月，南海区渔业指挥部发出《保护幼鱼、幼虾的通告》。1981年4月，国家水产总局发布《关于东、黄海区水产资源保护的几项暂行规定》，提出沿禁渔线外侧建立幼鱼保护区，要检查国营渔轮幼鱼比例。同月，为了保护大黄鱼和带鱼的幼鱼成长，国务院发布《国务院关于设立幼鱼保护区的决定》，在东海设立大黄鱼幼鱼保护区，在黄海设立带鱼幼鱼保护区，并规定了具体位置和禁渔时间。1982年7月，农牧渔业部转发东海区渔业指挥部制定的《1982年东海区检查国营渔轮幼鱼比例的实施意见》。1983年7月，农牧渔业部转发《1983年东海区检查国营渔轮幼鱼比例的实施意见》，同年8月，农牧渔业部水产局、渔政渔港监督管理局和黄海区渔业指挥部在山东省文登县联合召开了黄渤海秋汛对虾生产座谈会，提出保护幼鲅鱼措施。1983年12月，国务院发布的《海洋石油勘探开发环境保护条例》规定，海洋石油勘探开发需要在重要渔业水域进行炸药爆破或其他对渔业资源有损害的作业时，应采取有效措施，避开主要经济鱼虾类的产卵、繁殖和捕捞季节，作业前报告主管部门，作业时并应有明显的标志、信号。主管部门接到报告后，应及时将作业地点、时间等通告有关单位。1984年8月29日，农牧渔业部批转《1984年东海区检查幼鱼比例的实施意见》，提出要加强对幼鱼的直接保护。1990年6月，国务院发布的《防治海岸工程建设项目污染损害海洋环境管理条例》指出，禁止在重要苗种基地和养殖场所及水面，滩涂中鱼、虾、蟹、贝、藻类的自然产卵场，繁殖场，索饵场及重要的洄游通道围海造地。1990年11月发布、1997年12月农业部修订的《黄渤海区对虾亲虾资源管理暂行规定》，规定从 1991 年起养殖、增殖放流需要的亲虾，原则上不再捕捞黄渤海春季自然活对虾亲体，以人工培育的越冬亲虾保障需要。1993 年 4 月，农业部黄渤海区渔政局发布《渤海区防止引用海水损害幼鱼幼虾资源的暂行规定》。1993 年 10 月，农业部发布《水生野生动物保护实施条例》，指出要采取有效措施，维护和改善水生野生动物的生存环境，保护和增殖水生野生动物资源，规定了特许捕捉证的申请和使用要求，加强对水生野生动物的监督和管理。鲅鱼是黄渤海的重要的经济鱼类，占全国鲅鱼产量的较大比重。1997 年 1 月，农业部发出《关于加强对黄渤海鲅鱼资源保护的通知》，指出《渤海区渔业资源繁殖保护规定》中有关鲅鱼的保护规定，适用于黄海；禁止在指定时间和海域内捕捞鲅鱼，保护鲅鱼亲体和幼鱼资源，遏制资源快速下滑甚至濒临灭绝的危险。为加强对水生动植物自然保护区的建设和管理，1997 年 10 月，农业部发布《中华人民共和国水生动植物自然保护区管理办法》，明确了水生动植物自然保护区建设和管理的要求。东海是带鱼主产区，是我国产量第一的海产鱼，群众机动渔船的休渔和国营渔轮的幼鱼比例检查，促进了对幼带鱼的保护。为了减少对产卵带鱼亲体的伤害，1998 年 5 月，农业部发出《关于国务院批准设立东海产卵带鱼保护区的通知》，设立保护区范围，规定每年五、六月份禁止拖网、对网渔船以及其他以捕捞产卵带鱼为主要作业的渔船进入保护区生产。《中华人民共和国渔业法》指出，捕捞的渔获物中幼鱼不得超过规定的比例。2000 年修改的《渔业法》新增规定，“国家保护水产种质资源及其生存环境，并在具有较高经济价值和遗传育种价值的水产种质资源的主要生长繁殖区域建立水产种质资源保护区”。《中华人民共和国渔业法实施细则》提出，因养殖或者其他特殊需要，捕捞鳗鲡、鲥鱼、中华绒螯蟹、真鲷、石斑鱼等有重要经济价值的水生动物苗种或者禁捕的怀卵亲体的，必须经国务院渔业行政主管部门或者省、自治区、直辖市人民政府渔业行政主管部门批准，并领取专项许可证件，方可在指定区域和时间内，按照批准限额捕捞。捕捞其他有重要经济价值的水生动物苗种的批准权，由省、自治区、直辖市人民政府渔业行政主管部门规定。禁止捕捞中国对虾苗种和春季亲虾。因养殖需要中国对虾怀卵亲体的，应当限期由养殖单位自行培育，期限及管理办法由国务院渔业行政主管部门制定。任何单位和个人，在鱼、虾、蟹、贝幼苗的重点产区直接引水、用水的，应当采取避开幼苗的密集期、密集区，或者设置网栅等保护措施。

对于非法捕捞作业，政府一直采取高压执法态势。1996 年 6 月，农业部、公安部联合发出《关于禁止炸鱼、毒鱼及非法电捕作业的通告》，要求在全国范围内开展声势浩大的专项治理活动，严禁任何组织和个人炸鱼、毒鱼和从事非法电捕作业，严禁非法制造、买卖炸鱼、毒鱼物品和电捕工具及发布经营此类广告。1996 年 11 月，中华人民共和国渔政渔港监督管理局发出《关于加强对“脉冲惊虾仪”制造和使用管理有关事项的通知》。1999 年 7 月，农业部发出《关于开展长江流域打击电、炸、毒鱼等非法作业联合行动的通知》;2000 年 8 月，又印发了《关于开展长江流域打击电、毒、炸鱼等非法作业统一联合行动的通知》。2002 年则先后发布了《关于全国统一开展查处非法海洋捕捞专项行动的通知》和《关于开展打击电、毒、炸鱼等非法捕捞行为专项行动的通知》。从 2014 年 6 月开始，农业部决定开展为期 3 个月的违规渔具清理整治专项行动，通过加强执法监管、强化监督检查，对海洋捕捞违规渔具进行全面清理整治，确保对捕捞渔船的检查率达到 100%，对违规渔具的查处率达到 100%。截至 2014 年年底，各地共查处各类违规渔船近 3 万艘次，其中浙江依法取缔(拆解)涉渔“三无”船舶 8 860 艘，清理违禁渔具 70 735 张(顶)，完成“船证不符”渔船整治 3 897 艘，查处各类渔业违法案件 1 257 起，移送司法机关 27 人。2016 年发布的《农业部关于继续深入开展“绝户网”等违规渔具清理整治的通知》，要求持续深入开展违规渔具清理整治，保持执法高压态势。《中华人民共和国渔业法》规定，禁止使用炸鱼、毒鱼、电鱼等破坏渔业资源的方法进行捕捞。禁止制造、销售、使用禁用的渔具，在禁渔区或者禁渔期内禁止销售非法捕捞的渔获物。

第二节　近海捕捞能力控制政策

我国主张管辖海域面积达 300 万平方公里，接近大陆面积的三分之一，跨越温带、亚热带和热带，大陆架面积广阔，长江、黄海、珠江等大江大河径流量大，为近海带来丰富的营养物质，是多种经济鱼类的产卵场、越冬场和索饵场，渔业资源丰富。在需求推动、GDP 至上主义发展理念引领下，我国渔业生产在计划经济时期发展很快，其中捕捞产量占据主导地位，但捕捞水平也很快就超出了渔业资源可承受能力。1979 年发布的《关于全国水产工作会议情况的报告》指出，近海捕捞能力成倍增加，渔场却没有相应扩大，盲目发展底拖网作业，片面强调高产，酷渔滥捕，带鱼、黄鱼等主要品种产量连年大幅度下降。鱼越打越小，有的已形不成鱼汛，有的几近绝种。工业污染严重影响了海珍品的生产，舟山等主要渔场已受到严重威胁。我国 20 世纪 50 年代小黄鱼、60 年代黄渤海带鱼、70 年代大黄鱼先后出现资源衰退。1979 年水产品产量 430.5 万吨，比上年减少 7.5%，产量下降的一个重要原因是，调整海洋捕捞作业，保护水产资源。

近年来，渔业资源急剧下降，渤海对虾和东海带鱼等已经不能形成鱼汛。中国近海和外海可捕量每年约为350万吨，目前已超过可捕量[①]。改革开放以来经济社会发展，工农业污染和生活废水大量排放入海，使近海生态功能和环境急剧下滑，鱼类生长的环境受到极大破坏。另一个重要原因是捕捞能力的过快增长，超出了渔业资源的更新能力，使得资源量大幅下滑。资源衰退的趋势难以遏止，据1998年调查，渤海渔业资源生物量已经下降到1992年的11%[②]。我国近海渔业资源衰退加剧，近年来年衰退率为5.6%以上[③]。捕捞能力的持续提高，导致了单位渔获率的不断下降。以浙江省为例，整个20世纪70年代，浙江省每千瓦捕捞能力平均能产鱼1.88吨，到了80年代下降到0.89吨，90年代至今只能产0.80吨左右，单位渔获率只有70年代的43%[④]。中长期渔业科技发展战略研究报告，据联合国粮农组织2004年的评估，24%的主要种类处于低度开发或中度开发，52%的主要种类处于完全开发状态，16%的种类处于过度开发状态，7%的种类资源已经严重衰退，而其中仅仅1%有可能恢复。从全球来看，海洋捕捞能力超过渔业资源再生能力的状况持续加重，2002年海洋捕捞产量为8 445.2万吨，比1989年减少600多万吨。根据统计分析，全球渔获量的鱼种组成呈现每年减少0.05—0.1的营养层，这种现象意味着较年长的鱼种逐渐地从海洋生态系消失，将使渔业资源更为枯竭，甚至导致某些鱼类的灭绝。此外，还将会造成食物链缩短、食物网简化的现象，海洋生态系统趋向不稳定。沿岸和近海渔场渔业资源严重衰退，渔获物质量差[⑤]。渔货结构以当年和低龄鱼为主，渔货整体质量不高，其中过度捕捞是重要成因，控制过度捕捞能力和过多渔船是解决这一困境的主要着力点。

一、渔船现代化和捕捞能力的快速增长

计划经济时期，渔业生产合作社是基本的经营组织形式，对提高技术装备水平、发展捕捞业起到了重要推动作用。1953年1月28日至2月4日，农业部召开第三届全国水产工作会议，要求改进海洋捕捞生产技术与生产工具，大力发展渔业互助合作，进一步贯彻党中央提出的“帮助独立劳动的渔民组织起来，依靠互助合作来解决生产困难，增加生产效能”的指示，根据“稳步前进”的方针和“自愿结合，等价互利，民

① 陈君.试论我国海洋渔业发展方向的转变[J].中国农村经济，1999(12)：32－36.

② 储英奂.发挥比较优势，进一步发展中国海洋渔业[J].中国农村经济，2003(11)：44－49.

③ 梁铄，秦曼.中国近海捕捞业生产的随机前沿分析——基于省级面板数据[J].农业技术经济，2014(8)：118－127.

④ 浙江省海洋与渔业局.海洋捕捞渔民转产转业对策研究[A]//农业部渔业局.中国渔业年鉴(2004).北京：中国农业出版社，2004.

⑤ 闫玉科.南海海洋捕捞渔民增收问题研究[J].农业经济问题，2013(12)：88－93.

主管理的原则进行”。1954年3月,农业部召开第四届全国水产工作会议,着重讨论了渔业合作化问题和渔业生产合作社章程(草案);同年9月,农业部党组向中央呈报《关于水产工作的报告》,提出积极提高海洋渔业,稳步发展国营水产企业,完善渔业生产互助合作。1954年12月,中共中央农村工作部在北京召开渔业工作座谈会,杜润生秘书长作会议总结报告,阐释了渔业工作的重要地位,提出开展以互助合作为中心的增产运动,指出半社会主义性质的合作社是目前渔业互助合作运动中的主要形式以及开展互助合作运动的几个关键问题。1956年8月29日至9月8日,水产部在北京召开13个省、市水产厅、局长座谈会,认为今后须积极领导和发展群众渔业,关心渔民的疾苦,进一步发挥渔业合作社的作用。1956年10月10日,《人民日报》发表社论《加强对群众渔业的领导》,指出对城乡副食品供应,起了相当大的作用。1957年,国务院发出《关于统一管理农村副业生产的通知》,指出农村中的副业生产,包括副业性的渔业,采取大公经营、小公经营和个人经营的方式,农业合作社可以根据集体经营的各种副业生产规模的大小,分别成立副业生产队或者副业生产组,负责经营。

渔业生产的主体是公有制经济,其中国家经营的重要性又排在集体经营之前,社会主义制度可以集中力量办大事,大为改善了渔业生产管理水平。1955年12月,商业部向国务院呈报《关于召开全国水产座谈会的报告》,提出发掘生产潜力,多产多销,积极推动渔业生产合作化运动,逐步扩大国营水产企业,提高生产总量和质量。1956年2月,商业部在天津市召开全国水产企业职工代表会议,这是新中国建立后规模最大的国营水产企业会,提出成立中国海洋捕捞公司,建造渔轮、运输船、冷藏车等设备。发动广大职工展开企业的社会主义劳动竞赛。1957年2月,水产部在北京召开全国水产工作会议,提出以发展生产为中心,加强对群众渔业的领导,改善合作社的经营管理,改进技术;对国营企业要积极整顿、巩固、提高,全面规划,稳步地向现代化方向发展。1958年,水产部在北京召开全国水产工作会议,提出积极开辟新渔场,合理利用原有资源,以提高国营和合作社的海洋和淡水捕获量。1962年,水产部颁布《国营海洋水产公司工作条例(试行草案)》,指出国营海洋水产公司是社会主义全民所有制的渔业经济组织,它的生产活动必须服从国家统一计划;作业海区必须服从国家统一安排;渔港基地由国家统一规划建设使用;产品由国家统一调拨;财产受国家法律保护,不得侵犯。1962年,水产部在北京召开全国水产工作会议,明确和肯定了今后水产工作方针:海淡并举,养捕并举,国营和集体并举,因地制宜,多种经营。1963年,水产部召开全国水产工作会议,着重讨论恢复和发展集体渔业的基本措施和继续整顿国营水产企业问题。

追求产量和利润是生产经营者的天然追求,政府曾是这一发展观的推动者。

例如，近代中国干涉舟山渔场，意在增加渔获量和财政税收[1]。借助计划经济时期超强的资源动员能力，提高产量也成为我国渔业发展的主要目标。1951年4月，农业部发布《关于渔业生产的指示》，要求各产鱼区人民政府及水产部门抓紧时机，组织渔业生产，加强鱼货运销，完成全年生产任务。1955年12月，商业部向国务院呈报《关于召开全国水产座谈会的报告》，确定今后水产工作的方针，提出发掘生产潜力，多产多销，扩大运销经营，增加鲜活水产品的供应，满足城乡和工矿区人民对水产品的需要，供应更多的水产品作为工业原料和组织水产品出口。1957年捕捞产量占77.95%，养殖产量占22.05%。1959年3月13日，《人民日报》发表社论《用更高速度发展水产业》，指出水产业还远远不能满足人民生活的需要，必须采取措施，用比1958年更高的速度发展水产业。1959年9月召开的全国水产工作会议，提出抓紧集中产区，抓紧商品生产是完成水产品的市场供应和出口任务的关键；积极增加水产品的商品部分，保证出口需要和城市供应。随着捕捞机械化程度的快速增加，资源衰退加剧，捕捞产品占比有下降趋势，但依然处于高位状态。1976年全国水产品产量达到447.61万吨，其中捕捞产量占76.81%，养殖产量占23.19%。即使到了市场经济时期，政府也过于强调渔业产量目标。1994年1月，全国农业工作会议在北京召开，提出稳定近海捕捞。但在发展经济和GDP至上主义的推动下，追求渔业产量增长成为一个重要目标。1995年1月召开的全国农业工作会议，明确提出，为实现到本世纪末全国水产品产量达到2 850万吨，比1993年增加1 000万吨打下基础，要加大开发力度，进一步增强渔业综合生产能力。农业部渔业局副局长李健华2003年12月26日在全国农业工作会议渔业专业会上的讲话中提到，有的地方重产量的意识还较浓厚。因此，高产量目标的追求，造成了捕捞能力的过快增加。近年来，水产捕捞坚持科学发展观，坚决纠正盲目追求产量的倾向，将过高的捕捞产量指标压减下来。《全国渔业发展第十三个五年规划(2016—2020年)》提出了“减量增收”发展目标。2017年1月，农业部印发《关于进一步加强国内渔船管控，实施海洋渔业资源总量管理的通知》，明确提出渔获物产出的控制目标，国内海洋捕捞实行负增长政策，到2020年国内海洋捕捞总产量减少到1 000万吨以内，与2015年相比减少309万吨以上。

我国的海洋捕捞业曾长期依托木质渔船和风帆渔船，最早从德国引入第一艘风帆渔船开始，我国的捕捞能力出现了快速增长。但新中国成立前经济社会发展缓慢，捕捞渔船机械化推进的速度较慢。新中国成立以来，经济建设进入了一个快速发展

① [美]穆盛博. 近代中国的渔业战争和环境变化[M]. 胡文亮，译. 南京：江苏人民出版社，2015：8.

的阶段。捕捞机械化作为我国现代化建设的重要组成部分，获得了前所未有的重视。捕捞能力增长很快。1954年1月，农业部召开国营水产企业工作会议，提出以捕捞和养殖生产为中心任务，改进经营管理，提高技术，改进生产工具。1957年，《人民日报》公布了《1956—1967年全国农业发展纲要(修正草案)》，提出在海洋渔业中，应当在合作化基础上，发挥现有捕捞工具的潜力，逐步改进生产技术；应当注意增加公共积累，添置和改良生产工具，逐步发展机帆船和轮船。1958年，水产部在浙江省普陀县召开全国海洋捕捞生产会议，决定大力开展技术革新运动，高速度发展海洋捕捞生产。1959年，中共中央财贸部和水产部联合召开全国海洋渔业企业会议，讨论渔具、渔法改革，以及操作机械、自动化的问题。1959年10月，中共中央批转农机部的报告，批文称："关于1960年农业机械(包括农林牧副渔)的生产和基建计划以及今后的长远规划，应该根据从1958年起10年至15年的时间实现农业现代化，即实现农业机械化、水利化、化学化、电气化的总任务和4年小解决、7年中解决、10年内大解决的机械化步骤来拟定。"1960年3月，中共中央农村工作部在浙江省舟山市召开全国海洋渔业蚂蚁岛人民公社现场会议，论述了水产生产大力开展技术革新和技术革命问题，指出争取3年内实现海洋捕捞机械化。1960年，水产部部长在第二届人大二次会议上发言，提到开展机械化、半机械化、自动化、半自动化的技术革新和技术革命运动。1961年，水产部在上海召开海洋机帆渔船经营管理座谈会，讨论研究提高机帆渔船经营管理水平和加速发展机帆船问题，指出近几年机帆船发展很多，优越性在于生产能力强、产量高，生产安全、抗风能力强，减轻劳动强度、起网、吊杆等重体力劳动可依靠机器动力进行，在渔船集体生产和保障集体安全时能发挥骨干作用，技术比较简易、投资金额少、便于发展，是海洋渔业从手工操作跃向半机械化和机械化一个巨大改革。1962年，国家科委水产组在北京召开会议，制定了《全国十年水产科学技术发展规划草案》，23位参会科学家建议改进现有装备，扩大捕捞海区，渔轮装备必需先进。1963年，水产部在北京召开海洋渔业机帆船经营管理座谈会，进一步明确机帆船的发展方向和加强机帆船的经营管理工作，分析了当前一部分机帆船亏损的原因和扭转亏损的主要措施，讨论了海洋渔业机帆化的方向。1970年，周恩来总理先后两次接见我国参加中日民间渔业谈判代表团，指出我们要造船，年内要和日本谈判灯光围网船生产问题，我们总得有船能出去，否则没有资格和人家谈。1971年，农林部向国务院上报《关于安排建造灯光围网渔轮任务的情况报告》，总计安排建造灯光围网渔轮70组280艘；同年，建造灯光围网渔轮领导小组在北京召开座谈会，认真研究了1972年继续完成灯光围网渔轮建造任务和材料配套物资供应等问题。1972年3月1日，新华社报道，1971年我国的渔轮比解放初期增加了14倍多，沿海有些社队已实现了机帆化，随着渔船机帆化的发展，普遍在船上装上了起网机，网具改大，纱线渔网变成尼龙网。渔业的机械化，为开发丰富的海洋资源提供了物质力量，扩大了捕捞渔场。1972年，我国海洋渔业战线广大职工，在发展灯光围网捕鱼事业上取得了成绩，国家计划革命委员会上报《关于灯光围网渔轮建造完成情况的报告》称，遵照周总理指示，1971年至1972年上半年要建造和改装完成70组280艘灯光围网渔轮，以便能够按照中日渔业协议规定的我方船数及时进入协议区捕鱼。这项政治任务，在有关部门和省、市大力协同下，已完成270艘，为1972年秋汛我方灯光围网渔轮按时进入协议区创造了条件。1973年，农林部在江苏省连云港市召开全国第二次灯光围网渔轮经验交流会。1973年，外贸部、农林部在广州召开广东、广西、福建三省、区外贸、水产、物资、银行部门座谈会，落实年内建造8万马力机帆船发展南海捕虾生产，虾产品由外贸部门统一收购，不合出口规格的由外贸转内销处理。1974年，国务院在北京召开全国农业机械化预备会议，提出1980年渔业的机械化水平达到70%以上。1976年12月25日，国务院向中共中央提出《关于1980年基本上实现农业机械化的报告》，提出1980年基本上实现农业机械化的主要目标是：农林牧渔重要作业的机械化水平达到70%左右。因地制宜，各有特点，运输、渔业使用的机械等，各地应该各有重点。此外，国家重视渔船科研机构的建设。1979年5月，国家水产总局批复中国水产科学研究设计院在山东省青岛市新建“渔船研究所”。1983年12月，财政部、农牧渔业部发出《关于提高渔船折旧率有关问题的通知》，决定从1983年1月1日起，渔船年基本折旧率由2.8%提高到5%，为了强化中上层鱼类的利用，大力发展灯光围网船。

我国海洋捕捞渔船发展进程是辉煌的。1904年，实业家张謇引进了中国第一艘机轮拖网渔船，掀开了中国动力化渔船的历史新篇章。1955年，海洋机动渔船数量达到584艘。1984年，全国海洋机动渔船的总量达到11.2万艘，在海洋渔船中的比例达到52.4%，首次超过海洋非机动渔船。2010年，海洋机动渔船的数量达到29.7万艘，占全部海洋渔船的94.2%，吨位数达到707万总吨，占全部海洋渔船的99.8%。2010年，我国海洋捕捞人均年产量达到11.3万吨，相比1935年1吨的人均产量，增加了10倍多。据统计，我国现有渔船数量约占世界渔船总量的1/4。另据国际海事组织(IMO)统计，世界上船长大于24米的渔船总数为4万多艘，而我国就拥有2.8万艘，占世界同类型渔船数量的60%多。[①] 但由此也对海洋渔业资源形成了过大捕捞压力。

① 柳正.跨百年沧桑，续渔业辉煌——回望中国渔船现代化发展道路[A]//农业部渔业局.中国渔业年鉴(2012).北京：中国农业出版社，2012.

二、控船举措

在捕捞能力大幅增长、捕捞效益下降的情况下，首先要控制和降低捕捞强度。1977 年，经国务院批准，农林部在北京召开全国林业、水产工作会议，对水产生产方针进行了重大调整，确定了"充分利用和保护资源，合理安排近海作业，积极开辟外海渔场，大力发展海淡水养殖"的生产方针。1979 年 7 月 30 日，国务院批转国家水产总局《关于渤海秋汛对虾生产安排意见的报告》，提出严格执行黄海区渔业指挥部渤海秋汛对虾开捕期的规定，组织秋汛捕虾生产要根据资源状况，合理安排渔场，适当控制捕捞强度，提高捕捞效果。1979 年 12 月 10 日，国家水产总局发送《十八省市区水产局长座谈会纪要》，提出控制近海捕捞强度，实事求是地把海洋捕捞生产指标降下来。1982 年 1 月 13 日，《光明日报》报道，在杭州召开的全国海水增养殖的发展方向和重点讨论会上，专家、教授们指出，由于捕捞过量，我国海洋渔业产量在近期内不会有大的增长。1986 年 6 月 10 日，《光明日报》报道，海洋水产专家经过大量调查研究指出，渤海水产资源捕捞强度过大，应严格控制捕捞量，开源节流。1989 年 1 月，农业部在北京召开全国畜牧、水产工作会议，提出合理安排近海作业。1989 年 8 月，农业部渔政渔港监督管理局发出《关于建立海洋捕捞违规渔船数据库的通知》。1992 年 6 月 3 日，农业部发出《关于印发"八五"期间控制海洋捕捞强度增长指标的意见的通知》，指出控制海洋捕捞强度的盲目增长，是保护和合理利用海洋渔业资源，提高生态效益和社会效益，保证渔业健康发展的一项重要措施，要求沿海各省、自治区、直辖市人民政府加强领导，对海洋捕捞渔船进行全面彻底的清理整顿，并结合各地实际情况，制定和完善各项渔业法规，制定海洋捕捞强度计划和具体措施，严格控制海洋捕捞强度的盲目发展。国务院 1997 年批转的农业部《关于进一步加快渔业发展的意见》中指出，对近海和内际水域捕捞生产实行限制政策，各地要严格执行国家下达的渔船马力控制指标，不得突破。2013 年 02 月 06 日，国务院研究确定促进海洋渔业持续健康发展政策，强调严格控制近海捕捞强度。2014 年中央 1 号文件指出要严格控制渔业捕捞强度。

渔船是发展捕捞生产的主要载体，因此控制捕捞强度首先瞄准了对渔船数量的控制。1979 年 12 月 19 日，国务院批转了国家水产总局《关于非渔业生产单位副业生产渔船不再发展和停止作业的报告》。1980 年 12 月，国家水产总局在北京召开全国水产厅(局)长会议，指出捕捞有计划地进行了控制，但也存在问题，特别是保护沿海的水产资源，不下决心解决，不仅害了我们这一代，还要害我们的子孙后代，要加强对新增和引进渔船的管理。1982 年 10 月，农牧渔业部发出《关于重申停止新增渔船和加强管理引进渔船的通知》。国务院1983年9月批转的农牧渔业部《关于发展海洋渔业若干问题的报告》中指出，近海资源利用过度的根本原因是捕捞强度失控，渔船大量增加。1979年至1982年，四年共新增机动渔船四万艘、117万马力，分别比1978年增长一倍和43%；渔船增加这么多，捕捞量反而减少近五万吨。近两年来，仅农业社队和农民个人或联户购买的小型渔船达三万多条；这些不但加大了对近海资源的压力，而且使渔场争夺日益激烈，矛盾十分尖锐；当前的关键是要采取断然措施，坚决停止近海渔船的盲目发展。1983年10月，农牧渔业部发布《海洋捕捞渔船管理暂行办法》。1987年4月，国务院办公厅批转农牧渔业部《关于东、黄、渤海主要渔场渔汛生产安排和管理的规定》和《关于近海捕捞机动渔船控制指标的意见》两个文件，批语指出，近海渔船失控，已严重破坏渔业资源，加剧渔场安排的矛盾，造成人力、物力、能源的浪费和生产效益下降，已到了非解决不可的时候；要求各地认真贯彻执行，采取有效措施，严格控制近海渔船的盲目发展。《中华人民共和国渔业法实施细则》规定，从事外海生产的渔船，必须按照批准的海域和渔期作业，不得擅自进入近海捕捞。1999年1月19日发布《关于切实加强海洋渔船管理的紧急通知》，指出近海捕捞渔船，以省、自治区、直辖市为单位，需增加捕捞强度控制指标的，"九五"期间一律停止审批。所有新造、购买、更新捕捞渔船的，必须事先经有相应审批权限的部门批准。新造渔船、省际买卖渔船、更新渔船需增加主机功率或主机功率在441千瓦以上的，批准权一律收归省级以上渔业行政主管部门；在省内范围买卖渔船的、更新渔船不需增加主机功率且主机功率在441千瓦以下的，审批权收归省级渔业行政主管部门。

我国对渔船实施了严格的控制政策，从非专业的渔船到专业的渔船，都提出和实行明确的控制目标。在《联合国海洋法公约》和中日、中韩、中越渔业协定实施后，中国渔船的作业渔场面积有了大幅下降，因此实施了更加严厉的捕捞能力控制政策。从对渔船数量的单一控制到渔船、功率的双重控制，从捕捞量的"零增长"到"负增长"，捕捞能力大幅超出资源可承受能力的态势得到初步遏制。

三、渔船和功率的"双控"政策

我国自1987年开始实施海洋捕捞渔船数量和功率总量控制制度，但海洋捕捞强度仍然大大超过资源的可承受能力。联合国海洋法公约于1994年11月16日正式生效，我国于1996年5月15日批准该"公约"，意味着我国传统渔场大大缩小。捕捞能力的严重过剩促使我国实行更严格的限制捕捞政策。1997年4月25日，经国务院同意，农业部向沿海各省、自治区、直辖市人民政府印发了《关于"九五"期间控制海洋捕捞强度指标实施意见》,决定从1997年7月1日起在全国统一换发新版渔业捕捞许可证和功率凭证,以确保海洋捕捞强度控制指标的实现。1999年1月29日,农业部发出《关于切实加强海洋渔船管理的紧急通知》,要求各地渔政、渔港监督、渔船检验机构密切配合,会同工商、公安等有关部门对"三无渔船"和"沙滩船厂"进行集中清理,并强调各地要严格执行渔船审批制度,严格按程序审批海洋捕捞渔船等。1999年3月,农业部渔业局在广州市召开1999年海区渔政渔港监督管理局工作会议,总结交流了各海区1998年工作,研究采取有效措施贯彻执行新的伏季休渔制度,实现海洋捕捞计划产量"零增长"目标等问题。经国务院批准,农业部从"八五"开始对全国海洋捕捞渔船船数和功率实行总量控制(简称"双控")制度。按照总量控制的原则,1999年、2000年农业部分别实施了海洋捕捞"零增长"和"负增长"政策,进一步加大了对海洋捕捞强度的控制力度。

从初期政策实施的效果来看,并不乐观。杨坚局长在2000年2月29日海区渔政渔港监督管理局工作会议上的讲话指出,全国已纳入各级渔政渔港监督管理部门管理和已被统计的海洋捕捞渔船共有257 234艘,功率11 353 351千瓦。表面上看渔船船数没有突破"九五"期间265 620艘的控制指标,但渔船功率已超过控制指标的21.3%。此外,还有为数不少的"三无"渔船游离于渔业管理部门的管理之外,据估计数量也在数万艘之多。如福建省统计,目前有各类渔船51 411艘,功率1 596 323千瓦,但纳入渔业管理部门管理并已换发新版捕捞许可证的渔船仅17 105艘,1 285 773千瓦,占统计渔船数和功率数的33.3%和80.5%。其他一些地方也有类似的情况。将这些因素都考虑在内,全国的海洋捕捞强度已大大超过"九五"期间的控制指标。首次全国海洋渔业船舶普查发现,"九五"海洋捕捞渔船"双控"指标已经大大突破。按"双控"指标确定时的口径,实际生产渔船超出7.89%,总功率超出33.83%。"三无"和"三证不齐"渔船数大量存在。"三无"捕捞渔船数和总功率分别占捕捞渔船的27.51%和11.35%;"三证不齐"捕捞渔船数和总功率分别占捕捞渔船的20.82%和20.28%。① 李健华②表示全国捕捞渔船的功率增长幅度由"八五"期间的43%下降到"九五"期间的36.7%,渔船数量则由10%的增长幅度转为16.4%的负增长;自1990年以来实施的捕捞渔船总数和功率总量控制,虽然大幅度降低了渔船的盲目增长速度,但渔船实际功率并没有减少,

① 杨坚.提高认识,适应新的形势,进一步加强渔船渔港管理工作[A]//农业部渔业局.中国渔业年鉴(2002).北京:中国农业出版社,2002.

② 李健华.实施可持续发展战略[A]//农业部渔业局.中国渔业年鉴(2004).北京:中国农业出版社,2004.

反而增加了。据统计，到2002年年底，全国海洋捕捞渔船22.2万艘、1269.6万千瓦，与“九五”期间的捕捞渔船控制指标相比，船数按可比口径增长0.5%，功率增长35.6%。这意味着计划的控制目标并没有全部实现。张合成指出[①]，2002年年底的统计数据与“九五”指标相比，船数增长了0.5%，功率增长了35.6%，不仅没有降低，反而在增加，没有完成预期的目标。浙江省海洋与渔业局[②]认为，现行渔船淘汰报废政策实际效果有限，通过减船以降低捕捞强度的初衷难以完全实现；浙江减船转产工作两年淘汰了2 700余艘捕捞渔船，但绝大部分是中小型木质渔船，基本未触及大功率钢质渔船这支捕捞主力部队。由于大型渔具的捕捞产量占海洋总捕捞产量的88.3%[③]。所以，渔船数量指标通过淘汰中小渔船来完成，功率指标随着造大船不断突破，海洋捕捞强度难以控制。

经国务院批准同意，农业部制定下发了《关于2003—2010年全国海洋捕捞渔船控制制度实施意见》，使渔船管理从“总量控制”转入“总量缩减”阶段。2003年，农业部组织制定了《2003—2010年海洋捕捞渔船控制制度实施意见》（简称《实施意见》），经报国务院同意，印发沿海各省（区、市）人民政府贯彻执行。《实施意见》明确提出了到2010年“双控”总体工作目标，即全国海洋捕捞渔船船数和功率数分别从2002年年底的222 390艘、12 696 631千瓦压减到2010年的192 390艘、11 426 968千瓦以内，船数减少3万艘，功率数减少1 269 663千瓦，年均减少3 750艘、158 708千瓦。2006年2月14日国务院印发的《中国水生生物资源养护行动纲要》，提出到2020年，水域生态环境逐步得到修复，渔业资源衰退和濒危物种数目增加的趋势得到基本遏制，捕捞能力和捕捞产量与渔业资源可承受能力大体相适应。全国海洋捕捞机动渔船数量、功率和国内海洋捕捞产量分别压减到16万艘、1 000万千瓦和1 000万吨左右。2011年3月发布《农业部关于“十二五”期间进一步加强渔船管理控制海洋捕捞强度的通知》，提出“十二五”期间，继续实施海洋捕捞渔船数量和功率总量控制制度，“十二五”末，全国及沿海各省、自治区、直辖市海洋捕捞渔船数量和功率总量不突破《关于2003—2010年海洋捕捞渔船控制制度实施意见》确定的2010年实际控制数。全国渔业发展第十二个五年规划（2011年6月3日）指出，从“十一五”规划主要指标完成情况看，纳入“双控”管理的

---

① 张合成. 全面落实捕捞渔船控制制度和捕捞许可制度，促进我国渔业可持续发展[A]//农业部渔业局. 中国渔业年鉴(2005). 北京：中国农业出版社，2005.

② 浙江省海洋与渔业局. 海洋捕捞渔民转产转业对策研究[A]//农业部渔业局. 中国渔业年鉴(2004). 北京：中国农业出版社，2004.

③ 高健，姜彤. 发展中国海洋渔业：基于生计渔业或商业渔业的思考[J]. 农业经济问题，2008(6)：88-92.

海洋捕捞机动渔船数量2005年是23.1万艘，“十一五”规划目标是20.8万艘，2010年实际数20.1万艘，完成比例是130.4%；功率数2005年是1 390万千瓦，“十一五”规划目标是1 296万千瓦，2010年实际数1 237万千瓦，完成比例是162.8%。2013年颁布的《国务院关于促进海洋渔业持续健康发展的若干意见》指出，合理开发利用海洋渔业资源，严格控制并逐步减轻捕捞强度，完善海洋渔船管理制度，逐步减少渔船数量和功率总量。

随着捕捞装备和技术水平的不断更新和提高，加之“双控”政策连续多年执行，边际效应下降。2006—2012年，近海捕捞总量呈单调增长趋势，年均增长率1.83%，同期近海捕捞渔船的总功率、总吨位也呈缓慢增长趋势，显示双控政策仍需进一步严格落实①。2010年，当时海洋捕捞能力超过资源可承受能力30%以上。渔业资源利用方式粗放的问题仍未得到有效改善，捕捞能力仍然远超渔业资源可承受能力，有必要采取更严格的政策措施。2017年1月，农业部印发了《农业部关于进一步加强国内渔船管控实施海洋渔业资源总量管理的通知》，提出到2020年，全国压减海洋捕捞机动渔船2万艘、功率150万千瓦(基于2015年控制数)，沿海各省(区、市，以下简称沿海各省)年度压减数不得低于该省总压减任务的10%。创新渔船管理机制，加强渔船分类分级分区管理，实施差别化监管，海洋大中型捕捞渔船及其船网工具控制指标由农业部制定并下达；海洋小型渔船及其船网工具控制指标由各省(区、市)人民政府依据其资源环境承载能力、现有开发强度以及渔民承受能力等制定，报农业部核准后下达。海洋大中型和小型渔船船网工具控制指标不能通过制造或更新改造等方式相互转换。

渔业船舶主机功率“大机小标”现象长期存在，影响了渔民生命财产安全和国际“双控”政策的实施。一些渔船主机额定功率擅自被更改，致使许多同型号、同规格渔船主机的标牌额定功率大大低于实际额定功率，危及航行安全和渔业资源。为此，1994年2月，中华人民共和国渔政渔港监督管理局发出《关于加强渔船主机功率核定管理等有关问题的通知》，要求船舶检验部门认真复核，加强检验工作，渔政、船检、渔监部门人员要严格遵纪守法。2013年公布实施《渔船用柴油机型谱和标识管理办法》，改变了长期以来渔船主机功率标注随意性导致的“大机小标”或“小机大标”的现象，为进一步强化渔船控制制度，控制捕捞强度奠定基础。2013年全国统一的海洋渔船管理数据库基本建成，渔船船网指标审批、渔船检验、渔船

① 梁铄，秦曼.中国近海捕捞业生产的随机前沿分析——基于省级面板数据[J].农业技术经济，2014(8)：118-127.

登记、捕捞许可和渔船报废拆解等各管理环节相互衔接基本实现。

四、捕捞许可制度

捕捞许可制度包括投入和产出两方面的许可。我国的渔业捕捞许可制度从20世纪70年代末起步。1989年农业部颁布、1997年修订了《渔业捕捞许可证管理办法》,对捕捞许可制度作出了较全面的规定。2000年修改的《渔业法》,新增规定"国家对捕捞业实行捕捞许可证制度",对于国务院渔业行政主管部门、县级以上人民政府地方渔业行政主管部门赋予了不同的权限,规定具备下列条件的,方可发给捕捞许可证:(一)有渔业船舶检验证书;(二)有渔业船舶登记证书;(三)符合国务院渔业行政主管部门规定的其他条件。县级以上地方人民政府渔业行政主管部门批准发放的捕捞许可证,应当与上级人民政府渔业行政主管部门下达的捕捞限额指标相适应。2002年8月农业部发布、2004年7月重新修订的《渔业捕捞许可管理规定》,对捕捞渔船和作业场所的分类、船网工具指标管理、渔业捕捞许可证管理、签发人制度、渔业船网工具指标和捕捞许可证的管理作出了更加明确的规定,指出国家对捕捞业实行船网工具控制指标管理,实行捕捞许可证制度,渔业捕捞许可证、船网工具控制指标等证书的审批和签发实行签发人制度。农业部报国务院批准后,向有关省、自治区、直辖市下达海洋捕捞业船网工具控制指标。地方各级渔业行政主管部门控制本行政区域内捕捞渔船的数量、功率,不得超过国家下达的船网工具控制指标。规定了制造、购置、更新改造、进口海洋捕捞渔船,申请船网工具指标所需要提供的资料,以及各级政府的管理权限。《中华人民共和国渔业法实施细则》提出,国家对捕捞业,实行捕捞许可制度。从事外海、远洋捕捞业的,由经营者提出申请,经省、自治区、直辖市人民政府渔业行政主管部门审核后,报国务院渔业行政主管部门批准。从事外海生产的渔船,必须按照批准的海域和渔期作业,不得擅自进入近海捕捞。近海大型拖网、围网作业的捕捞许可证,由国务院渔业行政主管部门批准发放;近海其他作业的捕捞许可证,由省、自治区、直辖市人民政府渔业行政主管部门按照国家下达的船网工具控制指标批准发放。内陆水域的捕捞许可证,由县级以上地方人民政府渔业行政主管部门批准发放。

对于海洋捕捞作业场所的核定权限,2002年8月农业部发布、2004年7月重新修订的《渔业捕捞许可管理规定》,把海洋捕捞作业场所分为以下四类:(一)A类渔区:黄海、渤海、东海和南海及北部湾等海域机动渔船底拖网禁渔区线向陆地一侧海域;(二)B类渔区:我国与有关国家缔结的协定确定的共同管理渔区、南沙海域、黄岩岛海域及其他特定渔业资源渔场和水产种质资源保护区;(三)C类渔区:渤海、黄海、东海、南海及其他我国管辖海域中除 A 类、B 类渔区之外的海域。其中,黄渤海区为 C1,东海区为 C2,南海区为 C3;(四) D 类渔区:公海。作业场所的核定权限如下:(一) 农业部:A 类、B 类、C 类、D 类渔区和内陆水域;(二) 农业部各海区渔政渔港监督管理局:本海区范围内的 C 类渔区,农业部授权的 B 类渔区;(三) 省级渔业行政主管部门:在海洋为本省、自治区、直辖市范围内的 A 类渔区,农业部授权的 C 类渔区。在内陆水域为本省、自治区、直辖市行政管辖水域。特殊情况需要地(市)级、县级渔业行政主管部门核定作业场所的,由省级渔业行政主管部门规定并授权。2003 年 2 月,农业部渔业局发布的《农业部关于明确海洋捕捞作业场所核定权限的通知》,进一步明确了各海区渔政渔港监督管理局和沿海各省渔业行政主管部门核定海洋捕捞作业场所的权限。

为了进一步加大渔业资源的保护力度,1999 年农业部首次提出海洋捕捞计划产量"零增长"目标。1999 年,全国海洋捕捞产量 1 497.62 万吨,比上年增加 0.95 万吨,增长 0.06%,增幅比 1998 年的 8.03%回落 7.97 个百分点,基本实现年初提出的"零增长"目标。2000 年,将"零增长"目标扩展到内陆捕捞业。2000 年,海洋捕捞减幅为 1.35%,内陆捕捞减幅为 2.28%,实现了海洋与内陆捕捞产量的负增长,对渔业资源保护产生了积极影响。2001 年海洋捕捞比上年减少 2.49%。2001 年,提出了海洋和内陆捕捞产量"负增长"目标。2002 年海洋捕捞产量 1 433.5 万吨,扣除远洋捕捞产量,负增长 2.1%,连续三年实现"负增长"。2003 年,海洋捕捞产量 1 432.3 万吨,扣除远洋捕捞产量,负增长 0.6%。2007 年海洋捕捞产量 1 243.5 万吨,扣除远洋捕捞产量,负增长 0.04%。2008 年,海洋捕捞产量 1 149.6 万吨,同比负增长 1.2%。2013 年海洋捕捞产量同比负增长 0.22%。

面对资源衰退的严峻态势,我国对捕捞能力实施了严格的"双控"措施,使渔船数、功率数都有所减少,但是没有实行国际上普遍实行的"产出端"管理措施,例如捕捞配额管理制度。这是由于我国渔船众多,数量占全世界的四分之一左右,而且中小渔船多,捕捞行为不规范,配额管理难度大、成本高。由此造成渔船数和功率数可控,但捕捞数量不可控,加之有些渔船功率数不实等因素,因此维持海洋渔业可持续发展的任务异常艰巨,为此必须建立捕捞限额制度。世界渔业管理的发展趋势是由投入控制管理逐步向产出控制管理转变,总捕捞许可量、个人配额和个人可转让配额制度成为渔业管理的发展趋势①。例如,澳大利亚控制捕捞数量主要通过分配捕捞配额和发放捕捞证,渔船都装备有效的监控设备,随时报告捕捞区域

① 高明,高健.中日韩共同渔业管理研究[J].农业经济问题,2007(7):98-101.

和数量，经渔业协会确认并签发捕捞数量证明方可进入市场流通[①]。国务院1983年批转的农牧渔业部《关于发展海洋渔业若干问题的报告》中指出，今后要积极创造条件，尽快实行配额捕捞。1989年8月24日，农业部渔政渔港监督管理局发出《关于建立海洋捕捞违规渔船数据库的通知》，探索实施捕捞产量控制。2000年修改的《渔业法》，根据《联合国海洋法公约》及有关协定的要求，把实行捕捞限额制度作为一项法定的渔业管理制度，规定国家根据捕捞量低于渔业资源增长量的原则，确定渔业资源的可捕捞总量，实行捕捞限额制度，并提出了具体实施要求。但是基于我国的国情、渔业管理的条件和水平，要普遍实行产出配额制度是困难的、条件是不成熟的[②]。我国渔船的主体是中小型渔船，生产管理比较落后，例如生产记录不能规范填写，为此在大中型渔船和涉外渔业等管理相对正规的经营主体，先行填写捕捞日志。1999年3月农业部发布实施、2004年7月修订《中日渔业协定暂定措施水域管理办法》，规定经批准在暂定措施水域从事渔业活动的渔船，必须按规定填写"《中日渔业协定》暂定措施水域捕捞日志"。《渔业法》规定"大中型渔船应当填写渔捞日志"。2001年2月农业部发布、2004年7月农业部修订的《中韩渔业协定暂定措施水域和过渡水域管理办法》，经批准在暂定措施水域和过渡水域从事渔业活动的渔船，必须认真、如实填写《渔捞日志》。农业部于2003年4月发布、2004年7月修订的《远洋渔业管理规定》，指出远洋渔船应当填写《中华人民共和国渔捞日志》，并接受渔业行政主管部门的监督检查。为了控制产出规模，近期把渔船功率指标配额作为渔民海洋渔业捕捞权客体，中长期应把个体可转让配额作为海洋渔业捕捞权客体，并建立完善的个体可转让配额制度[③]。2013年颁布的《国务院关于促进海洋渔业持续健康发展的若干意见》指出，开展近海捕捞限额试点，严格控制近海捕捞强度。2017年1月，农业部印发了《农业部关于进一步加强国内渔船管控实施海洋渔业资源总量管理的通知》，进一步提出探索开展分品种限额捕捞，自2017年开始，辽宁、山东、浙江、福建、广东等5省各确定一个市县或海域，选定捕捞品种开展限额捕捞管理；到2020年，沿海各省应选择至少一个条件较为成熟的地区开展限额捕捞管理。

---

① 中国农业贸促会渔业代表团. 澳大利亚和印度尼西亚渔业发展的经验与启示[J]. 农业经济问题，2006(4):77-78.

② 刘舜斌. 我国渔业资源产权化管理的理论探讨[J]. 农业经济问题，2009(3):93-98.

③ 闫玉科. 我国海洋渔业资源可持续利用研究——基于海洋渔业资源衰退现象的经济学解析[J]. 农业经济问题，2009(8):100-104.

第三节 外海渔业政策

中国海域面积广阔，渔业资源丰富，与邻国相邻的外海捕捞作业渔船和人员众多，发展外海渔业潜力很大。与此同时，《联合国海洋法公约》的签署影响深远。1996 年 5 月，全国人大常委会批准《联合国海洋法公约》，声明中国享有二百海里专属经济区和大陆架的主权权利和管辖权。相应的，各沿海国都在实行对专属经济区的管辖权。《中日渔业协定》《中韩渔业协定》《中越北部湾渔业协定》的相继签署与生效，作为全面实行专属经济区制度的缓冲，既在一定程度上减缓了实施专属经济区制度给我国渔业生产带来的重大冲击，为沿海渔业产业结构调整、渔民转产转业赢得了时间，同时也由此使我国失去了一些传统作业渔场，对我国已经拥挤不堪的近海渔场更是雪上加霜。[①] 双方的过渡水域最终会变为各自的专属经济区。中日与日韩之间的渔业管理最终也会实施专属经济区制度，海洋渔业资源管理以专属经济区制度模式进行。[②] 因此，我国的外海渔业政策需要不断完善。

一、总体状况

沿岸渔业快速发展的一个突出表现是，资源衰退与捕捞能力过剩的矛盾越来越大，因此有必要将作业渔场向深海推进。1957 年，《人民日报》公布了《1956—1967 年全国农业发展纲要（修正草案）》，提出加强生产的安全措施，争取向深海发展。1963 年，水产部召开渤、黄、东海渔场安排会议，集中讨论资源利用状况，对秋汛对虾、小黄鱼讯、开发东海渔场以及国营渔轮全年作业渔场等作出安排，认为今后必须积极开发外海渔场。1972 年，农林部在山东省烟台市召开全国海洋捕捞会议，对发展灯光围网生产、积极向外海发展以及合理布局、加强后方建设等问题作了部署。1972 年，外交部、海军司令部、农林部联合向国务院、中央军委上报《关于发展外海渔业问题的请示报告》称，我国的鱼产量落后于秘鲁、日本、苏联等国；作业方式单一，渔场集中近岸，捕捞品种少，生产时间短，现在海上近海渔场作业拥挤，个别资源呈衰退现象，对外海丰富的资源利用得很少，日本在东、黄海捕鱼数十万吨，韩国渔船也不断深入到我禁渔区附近捕鱼；为了保护和合理利用我国浅海海域的渔业资源，提高鱼产量，我国的海洋渔业必须尽快向外海发展。1973 年，国务

---

① 储英奂. 发挥比较优势，进一步发展中国海洋渔业[J]. 中国农村经济，2003(11)：44－49.

② 高明，高健. 中日韩共同渔业管理研究[J]. 农业经济问题，2007(7)：98－101.

院、中央军委批转同意外交部、海军司令部、农林部《关于发展外海渔业问题的请示报告》，指出为了更好地保护和合理利用浅海渔业资源，提高渔业产量，海洋渔业生产必须逐步向外海发展，各地在执行中要加强组织领导，认真做好政治思想工作，提高警惕，注意生产安全。1977 年，经国务院批准，农林部在北京召开全国林业、水产工作会议，对水产生产方针进行了重大调整，确定了“充分利用和保护资源，合理安排近海作业，积极开辟外海渔场，大力发展海淡水养殖”的生产方针。1979 年 4 月 29 日，《关于全国水产工作会议情况的报告》提出开辟外海渔场。1980 年，在对马渔场试捕成功，标志着中国渔船第一次走向了外海。1983 年 5 月，农牧渔业部印发《万里同志在听取全国海洋渔业工作会议情况汇报时的重要讲话》，指出开辟外海渔场，开发远洋渔业；远洋渔业在近期内要有突破，国家要给予支持。1983 年 8 月 23 日，《人民日报》发表评论员文章《积极开辟外海渔场》。1986 年 1 月 20 日，第六届全国人大常委会第十四次会议通过《中华人民共和国渔业法》，规定了国家对从事外海捕捞业给予扶持。

“渔权即海权，海权即主权”，外海渔业也是我国领海主权的宣示，因此外海渔业的意义已经超出了单纯捕鱼的范畴。1978 年 7 月 19 日，国务院批转国家水产总局、外交部《关于加强海洋渔业统一指挥和管理的报告》，指出海洋渔业生产活动是国际上围绕海洋权而斗争的一个重要方面。我国海域周围情况相当复杂，同邻国有管辖海域交叉的问题，有的海岛和海区尚有争议，存在海域划界问题。既要维护我国的海洋权益，又要考虑邻国的海权制度，并根据不同对象，区别对待，进行有理、有利、有节的斗争。外海渔业临近国界和各国海洋管辖的敏感区域，渔业生产还会关乎主权的维护，往往涉及国家之间的协调，加强生产管理也是题中应有之义。农业部渔业局副局长李健华指出①，涉外渔业不是一个单纯的渔业问题，它与外交、国家权益等政治、军事问题有密切关系。

外海渔业不仅面临着比近海渔业更为复杂的自然环境，而且需要国内外不同政策的协调配合，更要加强政策约束和科学管理。《中华人民共和国渔业法实施细则》具体规定了近海渔场与外海渔场的划分办法，规定渤海和黄海为近海渔场，东海和南海分别划分了近海渔场和外海渔场。1980 年 2 月，国家水产总局发出《关于加强国营渔轮外海生产管理的通知》。1980 年 6 月，国家水产总局印发《全国海洋渔政管理工作会议纪要》，要求去外海的渔船，一定要尊重对方的领海主权，严格

① 李健华. 在全国农业工作会议渔业专业会上的讲话[A]//农业部渔业局. 中国渔业年鉴(2004). 北京：中国农业出版社，2004.

遵守沿岸国家的法规，不在外国政府管辖的海域内进行捕捞和渔业资源的调查活动。1981 年 1 月，国家水产总局和东海区渔业指挥部在上海召开东海及黄海区部分国营渔业公司外海渔业生产管理座谈会。1981 年 2 月，国家水产总局发出《关于加强外海渔业生产管理的通知》，指出要认真注意涉外事项：第一，尊重外国领海主权；第二，在外国港口避风、锚泊时，要遵守协定和外国政府的规定；第三，到外国港口避风、排除机器故障及护送伤病员等，事前必须按规定请示国内批准。1982 年 1 月，东海区渔业指挥部发出《关于严格遵守外海生产规定，不要擅自进入邻国领海的通知》。1983 年国务院批转农牧渔业部关于发展海洋渔业若干问题的报告的通知指出，发展外海渔业，是开创海洋渔业新局面的一个重要步骤。1987 年 11 月，农牧渔业部发出《关于重申外海捕捞作业线的有关概念和规定的函》，重申各个海区的近海和外海的具体划分界线。1993 年 4 月，农业部发出《关于加强海洋涉外渔业管理的通知》。针对在我国周边海域作业的和在日本海、北太平洋作业的中国渔船，1994 年 11 月，农业部发布并经 2004 年 7 月修订的《关于加强外海作业渔船管理的通告》，指出为加强外海作业渔船的管理，维护正常作业秩序，防止和减少涉外渔业事件，规定凡到外海作业渔船，必须经农业部批准，领取捕捞许可证，按许可的海域、作业类型和鱼期作业；还对外海作业渔船必须具备的条件和在航行、作业、进入他国港口避风、补给、急救等必须遵守的事项作出规定，提出严格的要求。

随着《联合国海洋法公约》的生效和专属经济区制度的实施，渔业发达国家把重点放在保护和利用本国 200 海里水域的渔业资源上，稳定近海捕捞量，使我国海洋捕捞范围明显缩小①。由于中日韩之间开发利用的主要经济鱼种都是洄游性鱼类，它们的流动性使这些渔业资源成为中日韩共同开发和利用的资源，需要三国间进行共同渔业管理②。因此，中国通过与邻国之间签署协议来规范相关的外海捕捞作业。

二、中日渔业管理与协定

日本与我国隔东海相望，既是重要邻国，也是主要渔业发达国家。日本由于其工业化时间比中国早，海洋捕捞业提前经历了从沿岸、近海向外海、远海推进的过程。早在 20 世纪 20 年代，在中国东海的洋面靠近日本的一方，鱼群资源消耗殆尽

① 储英奂. 发挥比较优势，进一步发展中国海洋渔业[J]. 中国农村经济，2003(11)：44－49.

② 高明，高健. 中日韩共同渔业管理研究[J]. 农业经济问题，2007(7)：98－101.

后，日本的机械化渔船队进入舟山周边水域，加速了渔业资源走向衰竭①。在两国没有建立正式外交关系的很长一段时期，中日国家间的渔业协调只能通过民间组织和民间协议进行。中日两国于 1955 年和 1975 年分别签订了民间和政府间渔业协定，这两个协定在维护东海和黄海渔业秩序、促进两国渔业界的交流与合作方面发挥了重要作用。自 1950 年以来，日本机动底拖网渔船不断侵入我国东、黄海沿岸渔场作业，掠夺我水产资源，排挤我渔船，严重损坏我船网工具，我国有关部门在忍无可忍的情况下，扣留了一些日本渔船。从 1953 年起，日本的渔业团体纷纷要求解决我国和日本在黄海、东海的渔业问题，并开始组成“日中渔业协商会”，准备以书面形式解决两国渔业问题。1954 年 10 月 11 日，周恩来总理在会见日本国会议员代表团和日本学术文化使节团时表示，中国愿意同日本谈判解决渔业问题，并建议由两国民间渔业团体举行谈判。1955 年 4 月 15 日，中华人民共和国渔业协会和日本国日中渔业协议会在北京签订《中华人民共和国渔业协会和日本国日中渔业协议会关于黄海、东海渔业的协定》(简称《协定》)，并发表了中日渔业会谈公报；对中日两国渔业界在黄海、东海的一定海域的捕鱼问题做了合理安排；在我国沿海的“机轮拖网渔业禁渔区”“军事警戒区”“军事禁航区”和“军事作战区”的外侧设立了 6 个渔区，分别在一定期间内，规定双方渔船入渔数量等。《协定》于 6 月 13 日开始生效，有效期为 1 年。1956 年 11 月 21 日，中国渔业协会代表团一行 9 人应日本日中渔业协议会邀请，赴日作为期 1 个月的访问，并在东京同日中渔业协议会代表团举行会谈，双方检查了《协定》的执行情况，协商解决了渔事案件。1957 年 6 月 4 日，中国渔业协会和日本国日中渔业协议会自 5 月以来双方通过交换文件，完成了继续延长中日《关于黄海、东海渔业的协定》有效期限 1 年的手续。这是该《协定》的第二次延长。1958 年，中国渔业协会会长致电日本国日中渔业协议会，抗议日本渔轮侵入我国禁渔区捣毁我方渔民的渔网、撞坏我方渔船的不法行为；同年，中国渔业协会会长打电报给日本国日中渔业协议会，指出中日两国渔业界友好合作的基础破坏无遗，中国方面无法考虑延长中日民间渔业协定的问题，在协定期满后，中国渔业协会对过去协定的各项规定将不再承担义务。1963 年，中日在北京第二次签订《中华人民共和国渔业协会和日本国日中渔业协议会关于黄海、东海渔业的协定》，有效期 2 年，对原《协定》的适用海域、作业船数进行了补充，增加了真鲷的禁渔期，并调整了寄泊港口和规定寄泊最高船数，对申请寄泊的联络方法作了具体规定。1965 年，中日在北京第三次签订《中华人民共和国渔业协会和日本国

---

① [美]穆盛博. 近代中国的渔业战争和环境变化[M]. 胡文亮，译. 南京：江苏人民出版社，2015：8，9.

日中渔业协议会关于黄海、东海的渔业协定》，并作了三点补充：一是严禁捕捞幼鱼，对幼鱼的长度和每一航次的渔获量中幼鱼所占比例作了规定，二是规定了拖网网目长度，三是规定了保护幼鱼的监督检查方法；《协定》于12月23日生效，以后双方又通过函电方式将《协定》有效期3次延长。1966年，国务院发出《关于执行新的中日渔业协定的通知》。1970年，中日双方渔业代表团在北京举行会谈，发表《会谈公报》，针对渔业资源的变化和作业秩序方面存在的问题，对之前的协定条款做了6点补充修改。1970年，周恩来总理先后两次接见我国参加中日民间渔业谈判代表团，指出谈判双方要平等互利，友好协商，有协定比没有协定好，有协定就有个约束，没有协定就要竞争，就会有纠纷，还能动武、抓船，麻烦就多了。1970年，中日双方渔业代表团在北京就中日民间灯光围网渔轮捕鱼问题举行会谈，发表《会谈公报》；同年，周恩来总理召集外交部、农林部、中联部、总参二部负责人和中国渔业协会代表团有关人员，座谈和审议中日灯光围网渔船捕鱼规定有关问题。1970年，中日民间灯光围网渔船捕鱼问题达成协议。1973年，应中国渔业协会的邀请，日中渔业协议会会长为团长的日本渔业代表团访华，同中国渔业协会会长就两国民间渔业关系问题举行了会谈。

中日正式建交后，政府间渔业协定开始代替民间渔业协定。1975年，经过3次会谈，中华人民共和国政府、日本国政府在东京签订《中华人民共和国和日本国渔业协定》(简称《渔业协定》)，中国渔业协会和日本日中渔业协会根据两国《渔业协定》的规定，在北京开始就两国渔船航行和作业安全、维持正常作业秩序等问题举行会谈。同年，中国渔业协会和日本日中渔业协会在北京签订《渔业安全作业议定书》，系两国《渔业协定》的组成部分；国务院、中央军委发出《关于执行中日政府间渔业协定的通知》，原民间渔业协定同时失效。1976年，中日渔业联合委员会第一次会议在北京举行。1977年，中国渔业协会会长率领代表团对日本进行友好访问；同年，中日渔业联合委员会第二次会议在东京举行，着重就中日《渔业协定》执行情况和评估渔业资源现状两个议题进行讨论。1979年1月，国务院、中央军委发出《关于执行修订后的中日渔业协定的通知》。1985年12月，农牧渔业部印发《东海外海渔场作业渔船管理暂行办法》。1987年1月，农牧渔业部渔政渔港监督管理局发出《关于重申严禁我国渔船进入日本等外国领海作业的通知》。1992年1月，农业部发出《关于向日本以西底拖网渔业提供船员劳务有关问题的通知》。1993年10月28日至11月3日，日本水产厅长官率领代表团一行7人访华，这是新中国成立以来日本水产厅长官首次访华。

随着1994年《联合国海洋法公约》的生效，各周边国家如日本、韩国等纷纷要求与我国就海域划界问题进行谈判，同时要求以公约确立的专属经济区制度为基础与我国签订渔业协定。《联合国海洋法公约》于 1982 年 12 月 10 日在牙买加签署，1994 年 11 月 16 日开始生效。1996 年 5 月 15 日，第八届全国人大常委会第十九次会议决定，批准《联合国海洋法公约》，同年 7 月 7 日开始正式对我国生效。《联合国海洋法公约》体现了全新的海洋管理制度，中日间的渔业管理和协调环境发生了重大变化。自 20 世纪 80 年代以来，两国的渔业作业状况发生了很大变化，原有的渔业协定已不能适应两国渔业状况的变化和国际渔业管理的发展趋势。在新的时代背景下，中日两国政府通过谈判，签署了新的渔业协定。中日两国从 1995 年开始，就大陆架和专属经济区划界进行磋商。1996 年 5 月，中日渔业联合委员会第二十次会议在北京举行，会议总结了 1995 年度中日渔业协定执行情况，对东、黄海渔业资源状况进行了评估，并就《联合国海洋法公约》生效后如何建立中日渔业新秩序等问题交换了意见。1996 年 12 月，中日海洋法及渔业问题第一次正式磋商在日本东京举行，双方就海域划界和新渔业协定框架等问题充分交换了意见。1997 年 1 月 4 日，中华人民共和国渔政渔港监督管理局发出《关于日本 1997 年将实行直线基线有关事宜的通知》，要求我国渔船、渔民知照，避免误入日本领海作业。为建立两国间新的渔业秩序，养护和合理利用共同关心的海洋生物资源，维护海上正常作业秩序，1997 年 11 月 11 日，中日在东京签署《中华人民共和国和日本国渔业协定》，于 2000 年 6 月 1 日生效，适用水域为中华人民共和国的专属经济区和日本国的专属经济区，缔约各方根据互惠原则准许缔约另一方的国民及渔船在本国专属经济区从事渔业活动。同时为确保海洋生物资源的维持不受过度开发的危害和实现本协定的目的，协定特别设立了“中日渔业联合委员会”和“暂定措施水域”，在该水域内采取适当的养护措施及量的管理措施。1999 年 3 月，农业部发布实施、2004 年 7 月修订《中日渔业协定暂定措施水域管理办法》，规定了中华人民共和国渔政渔港监督管理局负责对暂定措施水域的渔业活动进行管理，农业部东海区渔政渔港监督管理局负责暂定措施水域渔船生产情况的汇总、统计和分析，对暂定措施水域的渔业活动进行现场指导和监督检查，还明确了申请从事相关水域渔业活动的条件。2000 年 3 月 16 日印发的《关于实施中日渔业协定有关问题的通知》中指出，由于我国渔船数量多，作业范围广，在谈判过程中，始终坚持尽可能维持现状，以最大限度维护渔业利益。新协定的生效，将使我国渔业活动受到一定程度的影响，特别是在日本沿岸作业的渔船，将难以保证目前的作业水平。

新中日渔业协定于 2000 年 6 月 1 日生效。新的中日渔业协定是两国根据《联合国海洋法公约》的有关规定，在两国海域划界尚未完成之前，对渔业作出的一种过渡性安排，是我国与邻国签署并生效实施的第一个向专属经济区过渡的渔业协定。协定规定了两国领海外的一部分水域为本国专属经济区，各自按专属经济区制度管理，两国专属经济区主张重叠的中间部分水域为暂定措施水域，由两国共同管理，与第三国有关的部分水域，维持现有渔业活动。

三、中朝、中韩渔业合作与管理

中朝两国作为传统友好近邻，曾经签订了两国间政府渔业协定，渔业合作和管理秩序井然。1959 年 8 月，中国和朝鲜代表团在北京举行中朝黄海渔业协定的谈判，签订了《中华人民共和国政府和朝鲜民主主义人民共和国政府黄海渔业协定》。为解决协定中遗留的问题，又于 1960 年在平壤、1961 年在北京举行了会谈，分别签署了《会谈记录》和《会谈纪要》，就双方渔船在黄海捕鱼作业应遵守的事项、互相提供捕鱼基地、渔船进入对方港口的程序、鱼产品收购、物资供应以及海上气象服务、电台联络及海难救助等问题，都做了具体规定。该协定生效后 2 次顺延，至 1972 年再次举行会谈。1972 年，中朝双方根据情况的变化，再次对黄海渔业协定举行会谈，签订了《渔业互助合作协定》和《关于由中国港口向朝鲜水产部门运输船供应燃料油的议定书》。

1977 年至今，中朝两国处于无政府渔业协定状态。1977 年，双方就签订新渔业协定举行会谈，由于双方立场存在较大分歧，会谈未取得进展。此后，两国间一直处于无协定状态。同年，农林部、外交部、交通部联合发出《关于〈中朝渔业互助合作协定〉失效后有关问题的通知》。1980 年 10 月，国务院办公厅转发国家水产总局《关于制止我渔民越界去朝鲜水域捕鱼的报告》。1987 年 6 月，农牧渔业部发出《关于禁止我国渔船进入朝鲜民主主义人民共和国海域作业的通知》。为了正确处理中朝边境渔政管理中发生的重要涉外问题，1988 年 6 月，农业部渔政渔港监督管理局发布《关于中朝边境地区边防工作规定的通知》，指出我国船只在靠近朝鲜半岛的海域作业时，不得进入朝鲜领海和毗邻区（离海岸二十四海里以内地区）。针对较为严重的越界捕鱼态势，1991 年 9 月，农业部发布了《农业部关于制止我国渔船进入朝鲜民主主义人民共和国海域捕鱼的紧急通知》，明确辽宁、山东、天津、河北、青岛、大连水产局和农业部黄渤海区渔政局的责任，要求坚决制止我国渔船进入朝鲜海域捕鱼，加强教育和执法，从严、从重、从快处罚。由于朝韩水域渔业资源比较丰富，违规作业渔船屡禁不止。1995 年 9 月，农业部又发出《农业部关于重申严禁我国渔船进入韩国和朝鲜领海作业的通知》，要求辽宁、河北、天津、山东、江苏等省市政府和黄渤海区、东海区渔政渔港监督管理局采取切实果断措施，遏制越界捕鱼违法作业，严禁进入距韩、朝两国领海及其南北军事分界线各5海里海域作业，杜绝进入韩朝南北军事分界线附近作业。自此，中国政府对违规越界到韩朝敏感水域作业渔船一直保持高压管理。2014年5月，农业部办公厅印发《关于加强朝鲜东部海域捕捞合作管理的通知》，就加强我国600余艘渔船赴朝鲜东部海域开展捕捞合作事宜提出明确要求。

中韩两国一衣带水，互为重要的海上邻国，在两国正式建交以前，中韩之间的渔业协调通过民间组织和民间协议进行。1988年12月，中韩首次民间渔业会谈在日本东京举行，就两国渔民在东、黄海安全作业等问题举行了会谈。1990年12月，以中国东黄海渔业协会会长为团长的代表团和以韩国水产业协同组合中央会副会长为团长的代表团在汉城举行第三次民间渔业会谈，双方签署了《中国东黄海渔业协会和韩国水产业协同组合中央会关于渔船海上事故处理协议书》。中韩于1992年正式建立外交关系，从此，两国间的渔业关系也走上了正规化的道路，但两国之间渔业正式协定经历了漫长谈判。对于两国海上渔船事故的处理，采取了过渡性的举措。1995年6月，农业部渔业局发出《关于我国渔船进入韩国港口紧急避风有关问题的通知》，指出我国渔船到对马海峡等海域生产，要防止发生涉外事件，经过向港口当局报告并被批准，才能进入韩国港口指定地点抛锚避风，遵守当地法规，并尽快离港。1997年10月，中华人民共和国渔政渔港监督管理局发出《关于涉韩水域渔业管理有关问题的通知》，再次重申禁止我国渔船进入韩国领海作业；因紧急避难进入韩国领海的，要按国际惯例通报对方。

根据《联合国海洋法公约》的原则和宗旨，经过近5年专家级和政府间谈判，在北京举行的1998年第七次会谈中，中韩双方就两国政府间渔业协定达成一致，中韩两国政府于1998年11月11日在北京草签了《中华人民共和国政府和大韩民国政府渔业协定》，于2001年6月30日生效。协定的适应水域为两国的专属经济区。协定特别设立了“中韩渔业联合委员会”“暂定措施水域”和“过渡水域”。中韩渔业协定由正文、附件和谅解备忘录3部分组成。协定针对不同水域，规定了不同的管理办法：协定规定两国所有专属经济区水域为协定水域，实施专属经济区制度，双方根据各自国内法实施管辖权，准许对方渔船申请入渔；在北纬32度11分至北纬37度线之间的海域，设定一不规则形状的暂定措施水域，双方共同采取养护和管理措施，不对对方国民和渔船实施管辖；在暂定措施水域两侧和双方领海之间，分别划出一块过渡水域，过渡期4年，在过渡期内实行与暂定措施水域相同的养护和管理措施，4年后实施专属经济区管辖；在暂定措施水域以北韩方一侧和以南中方一侧部分水域，根据谅解备忘录的规定，尊重沿岸国有关渔业的现行法律、法规，按韩国国内法规定，我国渔船不能进入韩方该水域作业，根据中韩两国达成的协议，对韩国渔船从长江口外海域撤出设置了两年的缓冲期。《中华人民共和国政府和大韩民国政府渔业合作协定》于 2001 年 6 月 30 日正式生效。2001 年 2 月农业部发布、2004 年 7 月农业部修订的《中韩渔业协定暂定措施水域和过渡水域管理办法》，适用于在《中韩渔业协定》第七条第一款规定的“暂定措施水域”和第八条第一款规定的“韩方一侧过渡水域”从事渔业活动的我国渔船，指出中华人民共和国渔政渔港监督管理局负责对暂定措施水域和过渡水域的渔业活动进行管理，农业部黄渤海区渔政渔港监督管理局负责暂定措施水域和过渡水域管理的组织实施、现场指导和监督检查，并对我国渔船的生产情况进行汇总、统计和分析，东海区渔政渔港监督管理局协助，规定了到相关水域从事渔业活动的申请条件。

中韩之间还没有明确的海洋划界，加之朝韩之间存在的外交纠纷不断，因此朝鲜半岛附近海域较为敏感。高风险伴随着高收益，近年来一些中国籍渔船擅自进入朝韩附近海域作业，个别渔船甚至引发了刑事案件，引起了两国渔业执法部门的高度关注。中方一直加强对渔民的宣传和教育，严厉打击非法到朝韩水域作业。韩方也增加了渔政设施和力量，加强中韩敏感海域的执法检查。通过各方政府部门共同努力，保持中国与朝鲜半岛海域捕捞作业的良好秩序。

四、中越渔业管理

中国和越南曾有着患难与共的友好关系，两国间的渔业合作也开展得十分顺利。1957 年 3 月，中华人民共和国政府渔业代表团和越南民主共和国政府渔业代表团在河内就北部湾帆船渔业问题进行会谈。1957 年 4 月，中越《关于北部湾帆船渔业协定》在河内签订，要求双方各自在近海划定协议线，规定双方进入对方协议线内捕鱼的船数，凡被许可进入协议线内捕鱼的渔船应交纳捕鱼税；由本国主管机关颁发捕鱼许可证；双方指定渔船寄泊港口，并规定进出港口和登陆应遵守的事项及违规处理原则；对海上渔船避让和海难救助也作了规定，并指定双方水产研究机构共同研究北部湾水产资源和渔业情况，交换有关资料，交流生产经验。协定于 1960 年期满。1961 年，中越在北京举行渔业会谈，规定了新协议线，对双方的捕鱼船数、寄泊港口等作了补充和修改，规定从 1963 年 8 月 1 日起，双方渔船不再进入对方沿海新协议线内捕鱼。1963 年，水产部副部长与越南水产总局总局长在北京就北部湾渔业合作问题举行了会谈，并签署了《协定》，规定双方渔船不得进入对方协议线内捕鱼，但边境地区的小型渔船(10 吨以下)各不超过 120 艘可进入双方协议线内指定的范围捕鱼和采集其他水产品。1968 年，中越双方代表在北京举行渔业会谈，签署了《中华人民共和国政府渔业代表团和越南民主共和国政府渔业代表团会谈纪要》，中方同意为越方培训捕鱼技术人员，向越方提供捕鱼所需的有关海洋生产、航海资料，并继续为越方人员进驻我港口、疏散渔船及后勤补给等方面提供方便和援助。

随着国际关系动荡和两国关系的变化，中越两国间的渔业关系曾经一度紧张。由于南海资源丰富和地处重要的海上通道，一些国家非法占据我国的岛屿，大量开采资源，近年来争议不断。因此，南海捕鱼不仅面临着传统的风浪等风险，还会遇到其余国家海警等部门的不正当执法，护渔任务十分艰巨。1982 年 3 月 8 日，外交部照会越南驻华使馆，强烈抗议越南当局悍然出动炮艇袭击中国渔船；同年 3 月，国家水产总局在北京召开北部湾渔业安全生产座谈会，总结经验教训，制定了加强海上安全生产的有关规定。1987 年 6 月，国务院、中央军委办公厅发出《关于加强北部湾渔业生产管理的通知》。1988 年 4 月，农业部发布《北部湾渔业生产安全管理规定》。

中越两国自 1993 年起，开始就北部湾海上划界问题进行磋商。《联合国海洋法公约》的实施不仅带来了新的海洋管理制度，也为两国间处理渔业问题提供了新的机遇。1999 年 1 月，中越北部湾划界谈判在河内举行。为解决北部湾划界后的渔业问题，两国 2000 年开始进行北部湾渔业合作协定的谈判。2000 年 12 月 25 日，中越两国政府签订《中华人民共和国和越南社会主义共和国关于两国在北部湾领海、专属经济区和大陆架的划界协定》，同日，中越两国政府在北京签署了《中华人民共和国政府和越南社会主义共和国政府北部湾渔业合作协定》。北部湾划界协定和渔业合作协定于 2004 年 6 月 30 日同时生效。渔业合作协定适用于北部湾两国专属经济区的一部分和两国领海相邻水域的一部分，设立共同渔区，实行捕捞许可制度，实施为期 4 年的过渡性安排，设立小型渔船缓冲区，设立中越北部湾渔业联合委员会。2004 年 6 月，农业部发出关于实施《中越北部湾渔业合作协定》的通告，指出凡进入北部湾“共同渔区”和“过渡性安排水域”作业的渔船必须遵守《中华人民共和国政府和越南社会主义共和国政府北部湾渔业合作协定》《北部湾共同渔区渔业资源养护和管理规定》和《〈渔业协定〉补充议定书》的有关规定。通过两国渔业行政主管部门、渔政渔港监督管理机构等相关监督机关的共同管理，做好对渔民的宣传教育工作，共同维护好北部湾区域的良好渔业生产秩序。中越两国渔业合作协定的顺利签署和有效履行，维护和发展了两国和两国人民之间的传统睦邻友好关系，促进养护和合理利用北部湾协定水域的海洋生物资源，加强了两国的渔业合作。

✣ 第四节 远洋渔业发展政策

远洋渔业，是指中华人民共和国公民、法人和其他组织到公海和他国管辖海域从事海洋捕捞以及与之配套的加工、补给和产品运输等渔业活动，但不包括到黄海、东海和南海从事的渔业活动。我国海域面积广阔，但渔业资源并不丰富，产量大的单个品种很少，也没有大洋性的渔业资源。近年来，随着捕捞能力增强和资源大幅下滑，我国的海洋捕捞业在近海的发展空间十分有限，必须走出国门，充分利用和开发丰富的国际资源，才能巩固渔业可持续发展的资源基础，拓展渔业发展的广阔空间。远洋渔业大有可为，仅以南极磷虾计算，其理论年产量达 1 亿吨，超过目前全球渔获量。如果我国能开发其中的 1/10，即可使远洋渔业增产 1 000 万吨[①]。远洋渔业能够利用国际渔业资源，生产更多数量和品种的优质鱼，更好满足国内外市场需求。从我国渔业产业发展的长远战略看，远洋捕捞将成为渔业经济新的增长点[②]。

然而远洋渔业对人才、技术、装备和管理的要求较高，因此只能伴随着经济社会发展水平的提高，逐步加大远洋渔业开发力度。影响远洋渔业竞争力的五大要素包括生产能力、贸易与加工能力、可持续增长能力、要素禀赋及外部保障等方面[③]。我国政府部门很早就意识到发展远洋渔业的重要性，但受到各方面条件的限制，一直未能取得实质性的突破。1962 年，水产部召开东、南海区水产座谈会，提出加强国营渔轮的集中统一领导，增加实力，大力开展公海渔业。改革开放以后，随着企业技术、管理能力的提高和综合国力的大幅提升，发展远洋渔业逐步具备了可操作性，走上了新的历史舞台。在主客观条件不断满足的前提下，我国远洋渔业终于迈出了历史性的一步。1985 年 3 月 10 日，我国第一支由 12 艘生产渔轮和 1 艘冷藏运输船组成的赴西非远洋渔业船队，由中国水产联合总公司副总经理、船队总指挥率领，从福州市马尾港起航，前往西非海域开展合作捕鱼。这是经过四年的筹划准备而成行的。

---

① 韩立民，李大海."蓝色粮仓"：国家粮食安全的战略保障[J]. 农业经济问题，2015(1)：24－29.

② 高强. 资源与环境双重约束下渔业经济发展战略研究[J]. 农业经济问题，2006(1)：29－33.

③ 姚丽娜，刘洋. 我国远洋渔业竞争力比较研究——兼对浙江省的解析[J]. 农业经济问题，2014(7)：94－102.

一、扶持政策

发展远洋渔业需要较高的人员素质、技术和管理水平，在整个渔业发展格局中具有战略意义，因此政府要给予必要支持。1983 年 5 月，农牧渔业部印发《万里同志在听取全国海洋渔业工作会议情况汇报时的重要讲话》，指出要开发远洋渔业；远洋渔业在近期内要有突破，国家要给予支持。1983 年 9 月，国务院批转农牧渔业部《关于发展海洋渔业若干问题的报告》，指出要突破和抓紧组织远洋渔业；对发展远洋渔业，国家给予鼓励和支持，力争近期内取得较大的进展。1986 年 1 月 20 日，第六届全国人大常委会第十四次会议通过《中华人民共和国渔业法》，规定了国家对从事外海、远洋捕捞业给予扶持。1989 年 1 月，田纪云副总理主持会议，听取农业部部长关于全国畜牧、水产工作会议情况的汇报，提出远洋渔业是新兴产业，对缓解大城市优质鱼供应起了积极作用，有关部门要积极支持。1990 年，在全国大中城市副食品工作会议上，李鹏总理就发展我国水产事业作重要指示：要大力发展远洋捕捞，这是大有可为的。1992 年 11 月，农业部在北京召开全国远洋渔业工作会议，会议认为，我国远洋渔业的指导思想是，坚持改革开放，依靠科技进步，注意经济效益，充分发挥本国优势，有效开发和合理利用世界渔业资源，在参与国际合作竞争中逐步形成产销一体，内外贯通，具有中国特色的远洋渔业良性循环体系。主动协调各部门的关系，争取各方面的支持。1994 年 7 月，国务委员陈俊生主持会议，研究我国远洋渔业发展问题，外交部、国家计委、财政部、农业部、外经贸部、税务总局、海关总署及国务院研究室等部门的负责同志出席了会议，研究决定有关扶持远洋渔业发展的方针政策和相关部门的工作分工。1994 年 8 月，外经贸部、农业部联合召开部长办公会议，专题研究加强两部合作，促进农业对外合作和远洋渔业发展与协调管理问题。1995 年 11 月，经国务院批准，对“九五”期间远洋渔业继续实行优惠政策。1997 年 1 月，国务院批转农业部《关于进一步加快渔业发展的意见》(国发〔1997〕3 号)，提出积极发展远洋渔业，全面开展国际渔业经贸、技术合作。2006 年、2009 年、2010 年的 1 号文件分别提及“发展远洋渔业”“扶持和壮大远洋渔业”“支持发展远洋渔业”。2012 年 11 月，农业部印发《农业部关于促进远洋渔业持续健康发展的意见》，指出远洋渔业发展处在关键时期，需要优化远洋渔业生产布局，加强远洋渔业能力建设，完善远洋渔业产业体系，加强远洋渔业政策支持，提升远洋渔业管理水平。2013 年颁布的《国务院关于促进海洋渔业持续健康发展的若干意见》指出，要发展壮大大洋性渔业，巩固提高过洋性渔业。

为了促进远洋渔业发展，结合远洋渔业资格认定，政府出台了许多精准的财税、金融支持政策。1991 年 6 月，海关总署、财政部、国家税务局联合发文，就“八五”期间远洋渔业企业进口物品准予免税作出具体规定。1995 年 1 月，农业部渔业局发出《关于加强远洋渔业企业自捕水产品及渔用原材料进口管理的通知》。1997 年 3 月，财政部、国务院关税税则委员会及国家税务总局联合发出《关于远洋渔业企业进口渔用设备和运回自捕水产品税收问题的通知》，继续对远洋渔业企业给予政策扶持。1997 年 7 月，财政部、国家税务总局发出《关于对远洋渔业企业自捕水产品免征农业特产税问题的通知》。为了更精准实施支持措施，落实国家给予远洋渔业的优惠政策，促进远洋渔业的健康发展，1991 年 9 月，农业部决定对远洋渔业实行资格审查制度。首批获批远洋渔业企业的有 9 家企业。1998 年 1 月，农业部渔业局在广州召开 1997 年度远洋渔业企业资格年审会，对获得农业部远洋渔业企业资格的企业进行了审查，对合格企业重新颁发资格证书。会议重申各级渔业行政主管部门对远洋渔业企业资格要严格把关，把国家扶持远洋渔业的优惠政策落到实处。1998 年 3 月，农业部印发《农业部远洋渔业企业资格管理规定》，明确获得“农业部远洋渔业企业资格”的企业可以享受国家对远洋渔业的扶持性政策。农业部于 2003 年 4 月发布、2004 年 7 月修订的《远洋渔业管理规定》，明确农业部对远洋渔业实行项目审批管理和企业资格认定制度。《中华人民共和国渔业法》规定，国家在财政、信贷和税收等方面采取措施，鼓励、扶持远洋捕捞业的发展，并根据渔业资源的可捕捞量，安排内水和近海捕捞力量。

发展远洋渔业，适航船舶是基础，政府加大了远洋渔船设计研发和建造等方面的投入。1988 年，我国远洋渔业船队建队 3 年已初具规模，拥有 51 艘生产船和 4 艘冷藏运输船，活动在西非、北非、北美、南太平洋等地区，年捕鱼量达七八万吨，产值近 3 000 万美元。1989 年 4 月，时任上海市市长朱镕基就上海市水产品有效供给指出，自己买船发展远洋渔业船队。1992 年 6 月，全国海洋处长会议在桂林市召开，会议认为，渔船更新改造，特别是黄、渤、东海的渔船更新改造，要与发展远洋渔业和利用中上层鱼结合起来。1992 年 7 月 27 日，《农民日报》报道：我国自行设计、制造的第一艘为远洋渔业服务的、性能优良的 800 吨级冷藏运输补给船“海丰 831 号”在大连下水。此外，还要严格把握远洋渔船质量关，加强检验工作。1984 年 9 月，交通部、农牧渔业部发出《关于远洋渔业船舶船员证书及渔船进出口“联检”暂行规定的通知》。1991 年 5 月，农业部渔船检验局发出《关于远洋渔船检验发证有关问题的通知》。1998 年 11 月，农业部印发《远洋渔船检验管理办法》；同月，农业部印发《关于进一步加强对远洋渔业渔船管理的通知》。农业部于 2003 年 4 月发布、2004 年 7 月修订的《远洋渔业管理规定》指出，远洋渔船应当经渔业船舶检验部门技术检验合格、渔港监督部门依法登记，取得相关证书，符合我国法律、法规和有关国际条约的管理规定，不得使用超过报废船龄或未取得相关证书的渔船从事远洋渔业生产。2014年，农业部办公厅印发了《关于开展远洋渔船船型标准化工作的通知》，力图全面提升远洋渔船装备水平，实现远洋渔船的专业化、标准化、现代化。在海洋强国战略实施背景下，近年来加大了中央财政对远洋渔船建造的投入。2012年1号文件、2013年1号文件提到“支持远洋渔船更新改造”“加强渔船升级改造”。远洋渔船建造资本金补助：2004年安排国债资金30 000万元，占当年全部渔业国债投资的35.7%。2004年，国家发改委核批了5家企业建造61艘超低温金枪鱼延绳钓船和6艘专业鱿鱼钓船的初步设计概算，拟安排中央投资37 860万元，该项目的实施对促进我国加大利用公海渔业资源，提升远洋渔业发展水平起到重要作用。

在支持远洋渔业发展的同时，还加强了行业管理。强化管理能够促进远洋渔业企业的规范化管理，提高行业整体的竞争力。从这个意义上说，加强管理也是一种支持，有利于夯实产业发展的内功，有利于远洋渔业的长远、可持续发展。1992年6月，全国海洋处长会议提倡顾全大局，在发展外海和远洋渔业中要防止盲目争夺渔场，肥水外流。1992年11月，农业部在北京召开全国远洋渔业工作会议，会议认为，我国远洋渔业在加强行业管理中，重点是加强水产行业内部各地区、各企业之间的协调，建立项目立项前的通气、把关制度，组建中国远洋渔业协会，制定必要的行业道德规范，开展远洋渔业企业间的联合。1992年12月6日，《人民日报》报道：我国远洋渔业积极参与国际竞争与合作，已发展成初具规模的外向型产业。1998年9月，农业部发出《关于进一步加强对远洋渔业管理的通知》。1999年7月，农业部发布《远洋渔业管理暂行规定》，对远洋渔业项目的建立、审批，远洋渔业企业资格的审批及远洋渔业船舶、船员的监督、管理等作出明确规定。农业部于2003年4月发布、2004年7月修订的《远洋渔业管理规定》，明确了远洋渔业项目建立、协调和管理、远洋渔业船舶、远洋渔业船舶船员的具体要求。

此外，还加强了远洋渔业人员培训和相关研究工作。1990年6月，农业部批准成立“农业部远洋渔业培训中心”，设在上海水产大学。1991年5月，农业部发出《关于加强远洋渔业船员出国培训工作的通知》。远洋渔业船员包括职务船员、普通船员和属于这两种船员的劳务输出人员。1994年8月，农业部批准成立“农业部远洋渔业发展研究中心”，挂靠在中国水产科学研究院。农业部于2003年4月发布、2004年7月修订的《远洋渔业管理规定》，指出远洋渔业船员是指在远洋渔船上工作的所有船员，包括职务船员。远洋渔业船员应当经农业部审定合格的专业培训机构培训，经农业部授权的渔政渔港监督管理机构考试合格，取得《中华人民共和国渔业船舶职务船员适任证书》(简称“职务船员证书”)和《中华人民共和国渔业船员专业训练合格证》,并具有1年以上海洋捕捞经历。远洋渔业船员、远洋渔业企业及项目负责人和经营管理人员应当学习国际渔业法律法规和涉外知识,参加渔业行政主管部门或其委托机构组织的培训。

在远洋渔业不断发展的过程中,从事远洋渔业的队伍逐步得到加强。1986年5月,中国水产联合总公司远洋渔业公司成立。1998年12月,农业部管理的直属企业中国水产(集团)总公司与农业部脱钩。中国水产总公司是于1984年10月经国家经贸委批准,由原部属三个公司(中国海洋渔业总公司、中国水产供销总公司、中国水产养殖公司)合并组建而成的。1993年4月又经国家经贸委批准,以中国水产总公司为核心企业成立中水(集团)总公司。国务院1997年批转的农业部《关于进一步加快渔业发展的意见》中指出,我国远洋渔业经过十多年的发展,已经作为一个独立的产业跻身于世界远洋渔业主要国家行列。远洋渔业结构继续优化,2010年大洋性公海渔业比重由46%升至58%,资源开发能力增强,启动实施南极海洋生物资源开发利用项目。2012年,获得农业部远洋渔业企业资格的企业共有120家,经批准作业渔船1 830艘,作业海域分布于38个国家的专属经济区和太平洋、大西洋、印度洋公海及南极海域。大洋性渔业投产船数、产量和产值分别占远洋渔业总船数、总产量和总产值的52.8%、50.12%和51.17%。过洋性渔业主要分布在亚洲、非洲及南美洲等国家的管辖海域。

二、过洋性渔业发展政策

随着中国渔业捕捞能力的提高,需要向外拓展渔场。过去,大部分渔业资源曾是国际社会共有的财产,按照《联合国海洋法公约》,沿海国在专属经济区内享有以勘探和开发自然资源为目的的主权权利。随着专属经济区制度的建立,世界上现行开发的渔业资源的90%成为沿海国主权权利管辖和支配的对象①。过洋性渔业由于紧邻他国边境,开发基础和条件较好,因此是我国渔业“走出去”的首要选择。增进与相关国家的友好联系,巩固政治基础是发展过洋性渔业的基础。1975年,应挪威王国政府的邀请,中国渔业代表团赴挪威进行了渔业考察和友好访问。1976年,应加拿大政府的邀请,中国渔业代表团赴加拿大进行渔业考察和友好访问。1980年5月18日至7月9日,为探讨发展南太平洋远洋渔业问题,国家水产总局副局长率领远洋渔业考察组一行6人,赴澳大利亚、新西兰、所罗门、基里巴斯

---

① 储英奂.发挥比较优势,进一步发展中国海洋渔业[J].中国农村经济,2003(11):44-49.

四国进行渔业考察，提出了我国发展南太平洋金枪鱼钓鱼业和有关渔业合作的意见。这是建国31年来我国派出考察发展远洋渔业的第一个团组。

在多次出国考察的基础上，签署了中国与他国间开展渔业合作的协议，为在他国专属经济区顺利开展远洋渔业奠定了法律前提。1984年8月，《中华人民共和国政府和几内亚比绍共和国政府渔业协定》在北京签署，几比方允许中国渔船以许可证方式在几比经济专属区进行捕鱼。考虑到对美国海岸外鱼类种群的合理管理、养护和获得最适度产量，1985年7月，中美在华盛顿签署《中华人民共和国政府和美利坚合众国政府关于美国海岸外渔业协定》，美国政府在考虑诸多因素之后，决定将某种特定渔业的总许可渔获量中美国渔船不拟捕捞，并根据美国法律可供外国渔船利用的部分，分配给外国渔船捕捞。1987年12月，农牧渔业部水产局局长率中国渔业代表团赴苏联，与苏联渔业部就我渔船到北太平洋苏联专属经济区捕鱼举行谈判并草签了协议。为了保护、合理利用和管理北太平洋北部和界河、界湖生物资源的共同利益，1988年10月，中苏签署《中华人民共和国政府和苏维埃社会主义共和国联盟政府渔业合作协定》，决定设立中苏渔业合作混合委员会，提出主要合作项目，包括双方在相互的基础上在捕鱼管辖海域内组织捕捞生产。1988年11月，中国政府与澳大利亚联邦政府签订了《中澳渔业协定》，有效期为1年，根据协定规定，中国渔船将被允许于1989年3月1日起赴澳经济专属区海域按配额量捕鱼。由于生产效益不好等原因，协定期满后没有续签。1991年8月，毛里塔尼亚渔业与海洋经济部长与中国农业部部长在北京签订《中华人民共和国和毛里塔尼亚伊斯兰共和国政府海洋渔业协定》，在中国渔船进入毛里塔尼亚海域等领域开展合作。1995年4月，中国、马绍尔政府代表在北京签署《中华人民共和国和马绍尔群岛共和国政府渔业合作协定》，马绍尔群岛共和国政府允许悬挂中华人民共和国旗帜的渔船依照本协定在马绍尔群岛共和国专属经济区内从事渔捞活动。1996年7月，中国和巴布亚新几内亚两国政府渔业合作协定在巴新首都莫尔兹比签署，巴布亚新几内亚政府允许中华人民共和国的渔船，包括中华人民共和国公民或公司租赁的渔船，在本协定条款规定下在巴布亚新几内亚渔区从事渔捞活动。本着互惠互利的原则发展并加强渔业领域的合作，1997年1月，中华人民共和国政府和几内亚共和国政府签订渔业合作协定，约定几内亚共和国政府将保证中国渔船获得在其管辖海域内入渔的权利，给予捕捞额度并提供安全捕捞的条件和优惠的税费条件，中华人民共和国政府将给予几内亚共和国政府资金补偿。1997年1月，中俄就中国渔船在俄专属经济区作业入渔条件在莫斯科举行会谈，签订了1997年中国渔船在俄专属经济区捕鱼合同。1998年2月，中国、也门签署

《中华人民共和国政府和也门共和国政府渔业合作协定》，也门共和国政府允许双方商定的悬挂中华人民共和国国旗的渔船在本协定条款下在也门领海及专属经济区从事捕捞活动。1998 年 7 月，经中美两国政府批准，中美《渔业协定》有效期从 1998 年 7 月 1 日延长至 2001 年 7 月 1 日。中国与他国之间渔业协议的顺利签署，为开展渔业合作、赴他国专属经济区捕鱼发挥了制度保障作用。

中国的远洋渔业是从西非开始的，这不仅是由于中非政治、外交基础牢固，还因为非洲渔业资源丰富，受制于开发技术和能力限制，开发程度低，所以积极吸引渔业发达国家前去合作捕鱼。1984 年 9 月，福建省水产厅和中国海洋渔业总公司在福州市联合召开赴西非捕捞渔船航行座谈会，会议就赴西非捕捞渔船航行有关问题和航前准备工作进行讨论，对起航时间、出发港和到达港以及备航等问题取得一致意见。1984 年 11 月，中国海洋渔业总公司在北京召开落实西非渔业合作项目座谈会，着重研究落实我国第一支赴西非远洋渔业船队起航前的各项筹备工作。1985 年 3 月 10 日，我国第一支由 12 艘生产渔轮和 1 艘冷藏运输船组成的赴西非远洋渔业船队，有中国水产联合总公司副总经理、船队总指挥率领，从福州市马尾港起航，前往西非海域开展合作捕鱼。这是经过四年的筹划准备而成行的。从此，中国的远洋渔业一发而不可收。1985 年 11 月 5 日，中国第二支远洋渔业船队将驶往美国水域进行捕捞作业。1986 年 2 月 27 日至 3 月 29 日，根据《中美渔业协定》，上海、大连、烟台海洋渔业公司的 3 艘 3000 吨级拖网加工渔船相继抵达美国阿拉斯加海域开展捕捞作业。1986 年 4 月 20 日，由 9 艘渔轮组成的第二支赴西非远洋渔业船队从广东省湛江港起锚出发。1988 年 6 月，中国水产科学研究院南海水产研究所科研调查船“南锋 703”护送中国水产总公司 12 艘远洋金枪鱼钓船赴贝劳海域作业。1988 年 10 月 10 日，中国水产联合总公司第四批赴西非远洋渔业船队在广州起航。1988 年 10 月至 1989 年 3 月，中国水产科学研究院东海水产研究所“东方号”调查船，受中国水产联合总公司的委托，开赴西非几内亚比绍海域进行渔业资源调查。1989 年 8 月 7 日，由烟台海洋渔业公司和大连渔业公司组成的我国第一支赴库页岛海域捕鱼的远洋渔船队，分别于烟台港和大连港启航，前往苏联海域作业。1990 年 3 月 22 日，中国水产总公司第六批赴西非远洋渔业船队从广州起航。1995 年 9 月 18 日，中国渔船正式进入俄罗斯专属经济区作业。在过洋性渔业发展过程中，会涉及不同国家之间的协调和管理，更需要加强管理。1997 年 3 月，农业部渔业局发出《关于未经批准不得派船进入印尼海域合作捕鱼的通知》。1997 年 4 月，农业部渔业局发出《关于舟山市普陀远洋渔业公司未经批准擅自派船赴印尼海域作业造成渔船被扣事件的通报》。

国营船队技术装备和管理水平高，因此是我国发展远洋渔业的先行者，但随着集体渔业实力的不断增强，加之国家的大力扶持，集体渔业很快就满足了远洋渔业的各项要求。1990年6月12日，由中国水产总公司组织的第三批赴贝劳捕鱼船队在广东省汕头市港口起航。该船队由13艘群众渔船组成，标志着我国群众渔船正式加入远洋渔业的行列。1991年7月，国务委员兼国家科委主任宋健在威海视察渔业，指出地方集体渔业公司要进一步联合起来，向远洋进军，要大力发展大马力渔船及其配套设施，打出去搞远洋捕捞，既可以到西非、阿拉斯加等海域去捕捞，也可以组织力量到国内其他一些地方去干，如去图们、珲春等地开发那里丰富的渔业资源。

《联合国海洋法公约》实施以后，由于确立了各国对专属经济区的管辖权，过洋性渔业项目入渔难度越来越大，收益状况不容乐观。以2000年为例，西非渔业项目由于上年全球油价上涨幅度较大，加之入渔条件日益苛刻，资源状况下降，使企业经营越来越困难，经济效益明显下降。过洋性渔业经济效益呈下降趋势，大洋性渔业取得了较好的经济效益。

三、大洋性渔业发展政策

大洋渔业是全世界的共有资源，既没有本国沿岸渔业常见的过度拥挤现象，也不涉及去别国专属经济区捕捞具有的政策不稳定和入渔费问题。早在1962年，水产部就召开东、南海区水产座谈会，提出加强国营渔轮的集中统一领导，增加实力，大力开展公海渔业。大洋性渔业作业条件要求更高，因此政府和企业不断充实相应的技术和人才储备。

面对大洋性渔业资源的过度捕捞，国际社会和相关组织采取了多项养护和管理措施，我国也参与了其中。大洋渔业资源非常丰富，但随着船舶、探鱼、助渔、导航等渔业装备水平的快速提升和水产品需求的大幅增加，大洋渔业也同国内渔业一样，资源枯竭和捕捞能力过剩势头明显。捕捞过度已成为一个国际性问题，全球17个大渔场的捕捞量全部超过能够自然恢复平衡的极限，其中已遭到破坏的已有9个，在捕捞的鱼种中60%被FAO列为“捕捞极限”“过度捕捞”或“已枯竭”[①]。海洋渔业资源具有共有性特征。广袤的海洋是一个流动的整体，渔业资源具有洄游性和流动性的特征。这就决定了海洋渔业资源分布的广泛性和跨区域型，海洋环境及海洋渔业特别是远洋渔业具有明显的国际性和全球性特征[②]。一些渔业资源

① 钱志林，吴万夫.渔业现代化的实质和内涵[J].农业技术经济，1998(1):38-41.

② 韩立民，任广艳，秦宏.“三渔”问题的基本内涵及其特殊性[J].农业经济问题，2007(6):93-96.

成为几个国家的共有资源，决定了渔业资源的管理和保护必须要进行国际间和区域间的密切合作[①]。因此，无论从维持国际渔业资源和渔业产业的可持续发展，还是维护良好的捕捞秩序，都有必要加强对大洋渔业的管理。从世界渔业经济发展现状来看，渔业进入了全面科学管理时代[②]。我国作为大洋渔业的重要成员，自然要参与制定和遵守相关的捕捞规则，加强对远洋渔业企业的宏观管理和引导。1990 年 11 月，农业部印发联合国大会通过禁止在公海使用大型流网决议的通知，要求到 1992 年 6 月 30 日暂禁所有大型流网作业。联合国大会通过的 44/225 号决议，指出大型中上层流网作业对高度洄游性和溯河性鱼类、鸟类及海洋哺乳动物产生威胁的、毫无选择性、极其浪费的捕捞方法。1991 年 6 月 8 日，为严格执行联合国大会通过"禁止在公海使用大型流网"的决议，农业部发出《关于禁止在公海使用大型流网作业的通知》，要求从即日起，一律停止在北太平洋等公海从事流网捕大马哈鱼等作业，经农业部批准的外海和远洋捕捞渔船，应严格遵守审批事项，不得擅自改变审批的作业海域和作业类别，更不得擅自从事流网作业或兼流网作业。1994 年 8 月，农业部渔业局在广州市召开南太平洋金枪鱼渔业协调问题。1995 年 3 月，联合国粮农组织第 21 届渔委会部长级会议在罗马举行，讨论了负责任渔业行为守则，消除过度捕捞，恢复和增加鱼类资源，恢复鱼类生态环境，按照科学的可持续和负责任管理的原则，发展新的和可替代品种的渔业。《负责任渔业行为守则》指出，包括水产养殖在内的渔业是全世界当代人和后代人的食物、就业、娱乐、贸易和经济福利的一个重要来源，因此应当以负责任的方式开展。1996 年 10 月，经国务院批准，我国递交加入书，成为《养护大西洋金枪鱼国际公约》缔约国和养护大西洋金枪鱼国际委员会成员，缔约各方考虑到其对大西洋中金枪鱼和类金枪鱼种群的共同利益，愿为食物和其他目的而合作使这些鱼的种群维持在能产生最大持续产量的水平，以养护大西洋金枪鱼和类金枪鱼资源。1996 年 11 月 6 日，中国常驻联合国代表秦华孙代表中国政府签署《关于执行 1982 年 12 月 10 日〈联合国海洋法公约〉有关跨界和高度洄游鱼类种群养护和管理协定》，并对协定有关在公海对渔船实施登临检查和避免使用武力有关条款的理解作了声明，各方决心确保跨界鱼类种群和高度洄游鱼类种群的长期养护和可持续利用，承诺负责任地开展渔业。1998 年 10 月 14 日，经国务院批准，我国政府接受了《建立印度洋金枪鱼委员会协定》，并加入了印度洋金枪鱼委员会，缔约各方愿为确保印度洋金枪鱼和类

---

① 高强.资源与环境双重约束下渔业经济发展战略研究[J].农业经济问题，2006(1)：29－33.

② 高强.资源与环境双重约束下渔业经济发展战略研究[J].农业经济问题，2006(1)：29－33.

金枪鱼的养护，以及促进对其最佳利用和可持续发展，而开展合作。2001 年 3 月，联合国粮农组织第 24 届渔业委员会通过《关于预防、制止和消除非法、不报告和不管制捕捞的国际行动计划》，明确了非法捕捞、不报告捕捞、不管制捕捞的定义，指出世界渔业的非法、不报告和不管制(IUU)捕捞问题日益引起人们的严重关注，国际行动计划的目标是向所有国家提供采取行动的全面、有效和透明的措施，包括通过按照国际法建立的有关区域渔业管理组织，以预防、制止和消除 IUU 捕捞活动。2004 年 11 月，我国加入了《中西部太平洋高度洄游鱼类种群养护和管理公约》，意在通过各方有效的管理，确保中西部太平洋高度洄游鱼类种群的长期养护和可持续利用。此外，还积极参与区域性的公海捕捞规则协商和制定，为发展相关区域的大洋性渔业创造便利条件。1991 年 2 月，应美国国务院和苏联外交部的邀请，在白令公海捕鱼的日本、韩国、波兰和中国与美国、俄罗斯在美国华盛顿召开了第一次会议。1992 年 3 月，根据俄罗斯政府的建议，中国、波兰、韩国、日本和俄罗斯联邦政府在莫斯科召开了鄂霍茨克海公海生物资源保护协商会议。1995 年 6 月，中俄两国政府渔业代表团在北京就中国渔船在鄂霍茨克公海捕鱼问题举行会谈。1995 年 12 月，《中白令海峡狭鳕资源养护与管理公约》生效，适用于从白令海沿海国划定领海宽度的基线起的 200 海里以外的白令海公海区域，意在该区域建立狭鳕资源养护、管理和合理利用的国际机制，并恢复、维持可实现最高持续产量的白令海狭鳕资源的水平，以及合作收集和分析相关信息。

已经开发的世界大多数渔场，或被利用或被充分利用，其潜力已经不大，大洋深处的渔业资源还有相当大的潜力，然而，要利用这些未开发的渔业资源，当前还存在一些问题，大洋深处水产品的捕捞业目前还形不成生产规模①。为此，各级政府和有关部门高度重视远洋渔业结构调整工作，把发展远洋渔业作为贯彻实施“走出去”发展战略和渔业产业结构调整以及渔民转产转业的一个重要途径，加大了对大洋性公海渔业的开发力度，增加了公海渔业资源探捕和超低温冷藏设备研制和开发的投入。1994 年 1 月，农业部水产司、渔政局在上海水产大学召开“1993 年北太平洋巴特鱿鱼探捕调查工作总结会议”，肯定了首次组织探捕船队取得可喜成绩，分析了鱿鱼资源有较好的开发前景，并拟定了 1994 年继续探捕调查实施方案。1997 年 4 月，1996 年北太平洋鱿钓生产总结会议在海南省召开，会议研究确定了 1997 年生产管理和新渔场探捕等重要事宜。要从大洋性渔业产业发展的战略高度，拓展新空间、资源和品种。2014 年 9 月，遵照国务院副总理汪洋的批示要求，农业部经征求 14 个有关部门

① 储英奂. 发挥比较优势，进一步发展中国海洋渔业[J]. 中国农村经济，2003(11)：44－49.

的意见后向国务院报送了《关于加强推进南极磷虾资源规模化开发有关问题的请示》，提出了加快南极磷虾资源规模化开发的政策建议。大洋性公海渔业开发取得显著成效，特别是金枪鱼和鱿鱼钓生产，取得了较好的经济效益。

第五节 海洋捕捞安全生产政策

海洋捕捞业以渔船和网具为主要生产工具，常年在漂泊不定的水上作业，面临着远比陆地生产更为复杂的生产经营环境和风险，这使得海洋捕捞业安全生产管理的任务也更为艰巨。渔业生产是比煤矿生产还要危险的高危行业，中国的渔业船舶有高达 18%的出险概率，渔船船员也成为中国最危险的职业[①]，由此安全生产成为海洋捕捞业正常经营的前提和基础。海洋捕捞生产活动范围大，船舶类型众多，而且中国的渔船数量庞大，另外从该项活动的人员构成也千差万别，因此海洋捕捞业生产风险也呈现出复杂多样的特征。海洋捕捞业是多种风险聚集的载体，渔业船舶海上事故原因包括客观因素的影响、渔民安全生产意识不强、海洋渔业生产经营新形式带来的问题、船舶适航状态差、大量“三无”和老旧渔船存在。主要的风险来源于三个方面，分别是作业环境、渔船状况、人为因素，对此必须采取相对应的管理措施。

一、作业环境风险与管理

从海洋捕捞业作业环境来看，相对于陆地而言，水上作业更加变动不居和复杂多样，尤其是海上气候、天气变动幅度大，而且变动比较频繁，事前往往难以进行及时和准确地预报，导致防范海上风浪来袭以及实施海上救助的难度较大，这都使得海洋渔船作业面临着很大的不确定性。以我国近海为例，每年夏秋季属于台风高发季节，不仅给沿海地区的经济社会发展造成巨大损失，更波及沿海渔民的作业安全，甚至船毁人亡的事故也时有发生，这对于渔船船东、船员往往意味着难以承受的损失，不仅使广大渔业从业者恢复和发展生产的能力受到严重破坏，而且足以威胁到整个行业的可持续发展。根据浙江省海洋与渔业局渔业船舶水上重大交通事故的统计数据发现，海上大风浪造成的死亡人数和直接经济损失十分惨重[②]。因

① 孙颖士.论渔船船员风险和渔业保险[J].中国渔业经济，2006(2)：59－63.

② 侯伟芬.浙江沿海大风形势及其对渔船安全的影响[J].浙江海洋学院学报(自然科学版)，2004(6)：130－133.

此针对大风和台风可能造成的灾害，要及时提出政策建议。1954年5月，农业部发出《关于继续加强渔汛领导，克服风灾，争取渔业丰收的通知》。1954年7月，农业部发出《关于加强渔业防风救灾，保障海上生产安全的通知》，同年8月，国务院发出《关于加强防御台风工作的指示》。1956年2月，商业部在天津市召开全国水产企业职工代表会议，这是新中国建立后规模最大的国营水产企业会，提出做好台风前各项准备工作。1957年5月，水产部发布《关于防止风灾事故的指示》。但由于受风灾的突发性和客观条件限制，还是发生了一些重大作业事故。1959年4月10日，江苏吕泗洋渔场遭到9～10级大风袭击，集中在吕泗洋渔场生产的有福建、浙江、江苏、辽宁、上海5个省(市)5 246艘渔船来不及避风，损失严重。这次风灾共沉没、严重损坏渔船286艘，死亡渔民1 477人。1999年4月13日，辽宁大连市5艘渔船遭大风袭击，在黄海中部海域相继沉没，死亡、失踪渔民34人。2005年全国共发生海洋渔业船舶水上安全事故728起，死亡(失踪)609起，沉船373艘，直接经济损失9 240万元。除此之外，冬季北方海域易发的海冰灾害，以及时而发生的渔船与商船碰撞事件，也对渔船航行构成了较大威胁，造成了渔民生命财产的巨大损失。可见，海洋捕捞业承受了非常危险的工作条件，作业环境构成了渔船风险的基本来源。

针对暴风对海洋安全生产的严重威胁，气象部门发挥了重要的预防和减灾作用。1954年4月，农业部水产管理总局、中央气象局发出《供给水产部门天气情报、警报暂行办法》的联合通知。1959年，国务院批转中央气象局《关于海洋水产气象服务工作会议的报告》。1960年，水产部主持召开《全国海洋水产、气象、安全工作联席会议》，讨论了海洋水产安全生产的方针和任务，交流和总结了工作中的经验教训，提出了保障安全生产的措施、规定和规划。1975年，国务院批转农林部《关于加强海洋渔业气象服务的报告》。1999年首次与国家海洋气象台合作，定期向三个海区渔政、渔港监督管理局和沿海渔港监督部门发布未来10天内我国沿海海洋气象预报，以便于各级渔港监督部门指导和组织渔船避开灾害性天气出海生产。

二、渔船风险与防范

渔船本身的质量也与其作业风险息息相关。渔船状况不仅代表了渔业生产力发展的高度，更重要的是从源头上决定着海洋捕捞业生产的风险水平。我国已发展成为世界渔船第一大国，占全球的1/4[①]，然而渔船质量参差不齐。目前中小型

---

① 柳正.跨百年沧桑，续渔业辉煌——回望中国渔船现代化发展道路[A]//农业部渔业局.中国渔业年鉴(2012).北京：中国农业出版社，2012.

木质渔船从设计到建造全过程都不太规范，不具备建造资质的“沙滩船厂”违规建造渔船，普遍存在质量差、船型杂乱等问题①，渔船质量不过关直接造成了风险隐患的大量存在。其次，渔船配件质量问题也很严重，如大连经济技术开发区某渔民出海遭遇风浪，由于救生衣的质量问题不幸丧生，还有渔民驾驶的渔船由于新换的尾挂机破裂险些被困在海里②。如果使用以次充好的渔船及其相关配件，渔民海上作业就会处于险象环生的恶劣生产环境，海洋捕捞业风险管理自然也荡然无存。另外，超龄服役渔船潜伏着巨大隐患。政府对渔船安全生产工作一直非常重视，不断增加投入。2007 年，农业部启动了渔船救生与通信设备配备试点工作，共为 1 万多艘渔船配备了救生筏，为 1 500 艘渔船配备了新型船用调频无线电话机，2013 年 1 号文件又提出“加强渔船升级改造”。

首先是严格渔船的建造和管理监督。1980 年 10 月 20 日，国家水产总局发出《关于进一步加强渔业船舶安全监督管理的通知》。1983 年 10 月 31 日，农牧渔业部发布《海洋捕捞渔船管理暂行办法》。1985 年 1 月，中华人民共和国船舶检验局渔船分局颁布我国第一部渔船建造规范《钢质海洋渔船建造规范》。1985 年 3 月，农牧渔业部渔政渔港监督管理局在上海宝山县召开 1985 年小型渔船安全监督会议。1987 年 7 月 30 日，农牧渔业部发出《关于立即坚决制止买卖报废渔轮的紧急通知》。1985 年 11 月 9 日，农牧渔业部根据《中华人民共和国海上交通安全法》关于船舶必须持有登记证书的规定，制定并公布了《中华人民共和国渔业船舶登记章程》，定于 1986 年 1 月 1 日起试行。1993 年 6 月 19 日，农业部发布施行《海洋渔船安全规则》，加强渔船登记环节和命名管理。1996 年 1 月 22 日，农业部颁布《中华人民共和国渔业船舶登记办法》，内容涵盖所有权登记、国籍登记、抵押权登记、光船租赁登记、变更登记和注销登记等，原《中华人民共和国渔业船舶登记章程》同时废止。1997 年 3 月，农业部渔业局发出《关于加强远洋渔船安全生产管理的通知》。为了保证渔业船舶的设计质量，2003 年 3 月，渔船检验局颁布了《渔业船舶设计图样及技术文件审查规定》，指出要按要求提供送审图纸目录，做好审图分工、申请、审批、退审、图纸失效、审图周期等工作。

我国渔业生产的主体是群众渔业，基本为分散的个体经营或家庭经营，属于典型的生计渔业。木质渔船由于投资较少，成为生计渔业最主要的生产工具。1956 年 10 月 10 日，《人民日报》发表社论《加强对群众渔业的领导》，指出 1955 年的 252

① 杨培举. 60 万艘渔船安全状况堪忧[J]. 中国船检，2006(1)：34 - 38.

② 刘金泊. 船用产品与渔船安全生产的关系——两起事故引发的思考[J]. 中国水产，2004(8)：25，27.

万吨水产总产量中，群众渔业产量占91%以上，拥有大小渔船约44万艘，有丰富的经验，对城乡副食品供应，起了很大作用，必须大大加强对这几百万渔民、群众渔业的领导和帮助。2010年，在全国受检的海洋渔船中，钢质渔船和玻璃钢渔船分别占到12.6%和7.9%，占海洋渔船79.5%的部分则是木质渔船[①]。再从船型大小来看，2013年我国海洋机动渔船总数为283 321艘，船长12米以下的小型渔船占比高达68.16%。但群众渔业生产存在的风险隐患较为突出，我国海难事故90%以上是小型渔船发生的[②]，这又迫使生计渔业阶段的渔船作业高度重视风险防范，其安全生产管理模式也具有一定的特殊性。1973年开始启动的渔船标准化工作，保护了渔业企业和用户的合法权益，促进了渔船技术和产品质量水平的稳定提高[③]，同时带动改善了捕捞业的经济效益。针对我国木质渔船比重大、隐患大的特点，特别加强了对木质渔船的管理。1984年7月，农牧渔业部渔政渔港监督管理局在浙江省杭州市召开"木质海洋渔船检验规划"研讨会。1990年2月24日，农业部渔船检验局发出《关于贯彻实施木质渔船生产许可证制度的通知》。1990年6月4日，农业部发布《小型木质渔船工厂认可办法》，规定凡未取得"小型木质渔船工厂认可证书"的企业或单位不得修造木质渔船。1989年3月14日，农业部工业产品生产许可证办公室公布《木质渔船生产许可证实施细则》。

与此同时，积极实施渔船管理信息化，打击"三无"渔船都取得了良好效果，但依然屡禁不绝。"三无"渔船长期游离于正规管理之外，不仅潜伏巨大安全隐患，而且破坏了海洋捕捞生产的正常秩序，因此一直在加大力度取缔。1994年10月16日，国务院批复农业部、公安部、交通部、国家工商行政管理局、海关总署《关于清理、取缔"三无"船舶的通告》，指出对无船名船号、无船舶证书、无船籍港的"三无"渔船，要予以没收和拆解。1994年11月，农业部发出关于实施《清理、取缔"三无"船舶通告》有关事项的通知，要求加强宣传和教育，做好清理和登记，采取"海上查、港内堵"等多部门联合检查，明确截止日期的主动登记与否，区别处置，严格掌握政策界限，严格验收标准。无船名船号、无船舶证书、无船籍港的"三无"船舶严重地危害了海上治安，妨害生产、运输的正常进行。1999年1月29日，农业部发出《关于切实加强海洋渔船管理的紧急通知》，要求各地渔政、渔港监督、渔船检验机构密切配合，会同工商、公安等有关部门对"三无渔船"和"沙滩船厂"进行集中清理，并

① 柳正.跨百年沧桑，续渔业辉煌——回望中国渔船现代化发展道路[A]//农业部渔业局.中国渔业年鉴(2012).北京：中国农业出版社，2012.

② 杨培举.60万艘渔船安全状况堪忧[J].中国船检，2006(1)：34－38.

③ 赵福波.我国渔船标准体系现状与发展对策[J].中国水产，2007(11)：65－67.

强调各地要严格执行渔船审批制度，严格按程序审批海洋捕捞渔船等。2000 年开展首次全国海洋渔业船舶普查，发现捕捞渔船建造失控，“三无”和“三证不齐”渔船数量庞大，2000 年渔船普查登记“三无”和“三证不齐”渔船 118 072 艘，约占捕捞渔船总数的 48%。“三无”渔船游离于渔业管理部门的管理之外。在 2001 年 1 月 21 日发出的《关于清理整顿“三无”和“三证不齐”渔船的通知》中，指出清理整顿的基本原则是：纳入管理，区别对待。为了加强渔船管理，提高管理水平，2014 年基本建成全国海洋渔船动态管理系统，全国所有海洋渔船渔具全部纳入系统管理，基本实现渔船各管理环节的无缝对接，渔船船网指标审批、渔船检验、渔船登记、捕捞许可和渔船报废拆解等各管理环节相互衔接基本实现。2013 年颁布的《国务院关于促进海洋渔业持续健康发展的若干意见》指出，严厉打击“三无”（无捕捞许可证、无船舶登记证书、无船舶检验证书）、“大机小标”（实际功率大于铭牌标定功率）渔船及各类非法捕捞行为。

渔船检验是确保渔船安全的重要环节，包括渔船检验和渔船用产品检验。1980 年 3 月 28 日，国家水产总局渔政局、中华人民共和国船舶检验局渔船分局发出《关于申请渔业许可证必须具有船舶检验等项证书的通知》。1980 年 12 月 8 日，中华人民共和国船舶检验局渔船分局参加国际政府间海事协商组织稳性、载重线和渔船安全分委会第 23 次会议，开始参与有关渔船安全的国际交流活动。1982 年 12 月 1 日，中华人民共和国船舶检验局渔船分局发布试行《营运钢质海洋渔船检验规程》。1984 年 4 月 28 日，中华人民共和国船舶检验局渔船分局发出《关于开展渔船船用产品检验若干问题的通知》。1985 年 5 月 22 日，农牧渔业部发出通知，要求加强对进口旧渔业船舶的技术监督管理。1990 年 6 月 11 日，农业部成立渔业船舶检验局，对外称“中华人民共和国渔船检验局渔业船舶检验分局”。1991 年 1 月 28 日至 2 月 1 日，农业部渔船检验局在湖北省武汉市召开全国渔船检验工作会议，这是渔船检验局成立后召开的第一次全国性会议，提出奋斗目标是：“各项技术法规基本配套，应检机动渔船受检率达到 90%，重要渔业船用产品均经过检验，安全设备配备达到规范要求，渔船安全技术状况有较大改善。”1996 年 1 月 12 日，农业部发布施行《中华人民共和国渔业船舶监督检验管理规定》。1998 年 4 月 14 日，中华人民共和国农业部渔船检验局发布施行《钢质海洋渔船建造规范（1998）》，把好渔船检验关。2000 年修改的《中华人民共和国渔业法》规定，“制造、更新改造、购置、进口的从事捕捞作业的船舶必须经渔业船舶检验部门检验合格后，方可下水作业”。为了规范渔业船舶的检验，保证渔业船舶具备安全航行和作业的条件，保障渔业船舶和渔民生命财产的安全，依照《中华人民共和国渔业法》，2003 年 6 月，国务院发布《中华人民共和国渔业船舶检验条例》，规定国家对渔业船舶实行强制检验制度，强制检验分为初次检验、营运检验和临时检验，规定经检验合格的渔业船舶，任何单位和个人不得擅自改变其吨位、载重线、主机功率、人员定额和适航区域。

2003 年 7 月 30 日，农业部副部长范小建在《中华人民共和国渔业船舶检验条例》新闻发布会上的讲话指出，长期以来，我国渔船数量多、规模小、分布散，管理难度很大；特别是由于渔船检验制度和相关的法律法规不健全，渔船和重要设备受检率低，渔船未经检验就下水作业，不具备建造资质的“沙滩船厂”违规建造渔船，渔船超期服役等问题非常普遍，构成了严重的安全隐患。2005 年 6 月 21 日，农业部渔业船舶检验局局长张合成在《以科学发展观为指导，坚持依法行政，全面提高渔业船舶检验水平》的讲话中提出，渔业船舶受检率低，渔业生产存在严重安全隐患。据统计，2004 年全国共有渔业船舶 95.76 万艘，其中机动渔业船舶 50.96 万艘。实检渔业船舶 32.29 万艘，占渔业船舶总数的 33.72%；实检机动渔业船舶 26.81 万艘，占机动渔业船舶总数的 52.61%。可见，面对中小渔船多和体制约束等因素，渔船检验工作亟需加强。

老旧、超龄服役船舶隐藏着巨大风险隐患，需要建立渔船退出通道。针对有的海洋渔业公司把一些报废的或已无修理价值的淘汰渔轮卖给个体或联户渔民，1987 年 7 月，农业部发出《关于立即坚决制止买卖报废渔轮的紧急通知》，重申严禁买卖报废渔轮，禁止买卖和转让船龄在 20 年以上的渔轮，加强对渔民的教育，明确追究行政责任或刑事责任。2000 年 1 月 11 日发布的《关于加强渔业船舶监督检验工作的紧急通知》，提出加强远洋渔船检验管理，严禁改造船龄 20 年以上的钢质渔船和船龄 15 年以上的木质渔船从事远洋渔业；不得受理船龄 20 年以上的进口渔船和其他行业退役、报废渔船及进口拆船钢板建造的船舶改造远洋渔船的检验业务。2000 年 3 月，渔船检验局发出《关于旧渔业船舶进口检验有关问题的通知》，要求申请旧渔业船舶进口的使用单位，必须按规定申请检验，并提供有关材料。为了应对渔业船舶特别是远洋渔船使用进口设备和产品监督检验管理不力的局面，2001 年 6 月，农业部渔船检验局出台《关于渔业船舶用进口产品检验的暂行规定》，要求加强组织领导，明确了检验方式和技术标准，防止进口船用产品未经检验就装船使用，阻止质量低劣、走私和废旧机器设备等不能满足渔业船舶技术条件的产品，以保证渔业船舶及从业人员的生命财产安全。2002 年 5 月，农业部和国家安全生产监督局发布《渔业船舶报废暂行规定》，明确国家对渔业船舶实行强制报废制度以及报废标准、报废程序和监督管理，对海洋钢质捕捞渔船、海洋木质捕捞渔船、海洋玻璃钢渔船等规定了不同的报废年限，规定国家对渔业船舶实行强制报废制度。为了遏制渔业船舶事故频发态势，2003 年 6 月，农业部发出关于实施《渔业船舶报废暂行规定》有关问题的通知，进一步明确程序，强化执行力度。但迫于渔民生计，渔船强制报废制度遇到执行难问题。农业部调整了老旧渔船管理政策，制定发布《农业部关于加强老旧渔业船舶管理的通知》，旨在通过加大老旧渔船检验频次等措施，解决老旧渔船的安全使用问题。考虑到渔业船舶事故高发和安全生产的严峻形势，2003 年 6 月，农业部渔船检验局印发关于《渔业船舶延期报废检验管理办法》的通知，规定了受理延期报废检验的条件，按照要求组建渔业船舶延期报废评审专家组，切实做好渔业船舶维修及延期报废评定和审批工作。

三、人为因素风险与管控

人是从事生产和防范风险的唯一能动力量，需要适应作业环境并且根据环境改变做出及时的判断与调整，这对海洋捕捞从业者的职业素养提出了很高的要求，并在很大程度上决定了海洋捕捞业承担风险的能力。影响渔船作业安全的人为因素可归结为个体因素、工作环境因素和管理因素[①]，可见人的因素包括个体和整体两个层面，然而这两方面都潜伏着一些隐患。目前我国渔船生产经营较为粗放，不少人是半渔半农或非渔劳动力，甚至是外地打工者[②]。在沿海大多数地区，内陆农民已逐渐代替传统渔民成为捕捞业主要劳动力。牛盾[③]指出，渔船具有“三农”特性，渔业船舶与交通船舶不同，其经营主体主要是千家万户的渔民、农民，渔船个体小，数量大，停泊分散，组织化程度低，这就决定了其管理方式与交通船舶不同，要从国家“三农”政策出发，以农村工作的方式方法做好渔船管理工作。在实地调查的捕捞从业人员中，来自辽宁省的占总数的 48.9%，河南省、山东省、吉林省，黑龙江省等其他省份占比过半。被调查者的受教育程度最高为大学，最低为小学或没上学，其中未上学或小学文化程度有 34 人，占总数的 37.0%；初中文化程度有 49 人，占总数的 53.3%；高中或中专文化程度有 8 人，占总数的 8.7%；大学或大专有 1 人，占总数的 1.1%。捕捞作业违规违章现象较为突出，又存有侥幸心理[④]，造成渔船生产经营管理的水平较为低下。从业人员素质不高带来了巨大的风险隐患，

---

① 任玉清，李昕，姚杰. 影响渔船作业安全的人为因素分析[J]. 水产科学，2003(3)：40－41.

② 杨培举. 60 万艘渔船安全状况堪忧[J]. 中国船检，2006(1)：34－38.

③ 牛盾. 用科学发展观指导渔船管理工作，全面提升渔船检验能力和水平[A]//农业部渔业局. 中国渔业年鉴(2006). 北京：中国农业出版社，2006.

④ 任少波，凌峰，李伟. 从一起火灾事故浅谈渔船安全监管[J]. 河北渔业，2002(2)：54.

王启友[1]认为渔船事故中人为责任事故的比例可达76.1%。综上所述,提高船员素质,健全渔船作业的科学管理制度,能够有效地增强海洋捕捞业安全生产管理的能力。1982年11月19日,农牧渔业部发布《渔业海员证管理使用规定》。为了提高职务船员的有关单项专业技能,1986年7月,中华人民共和国渔政渔港监督管理局发布《渔业船员专业训练发证办法》,指出渔业船员的专业训练包括海上求生、救生艇筏操纵、船舶消防、海上急救,以及根据需要确定的其他专业训练科目。为了提高内河渔业船舶船员的技术素质,保障渔业船舶生产和航行安全,1994年8月农业部发布、2004年7月修订的《内河渔业船舶船员考试发证规则》,规定了船员职务和证书等级、考试科目,要求以理论考试为主,辅助以实际操作。为不断提高海洋渔业船员的技术水平,保障渔业船舶航行和生产作业安全,1995年2月农业部发布,经过1997年12月和2004年7月两次修订的《中华人民共和国海洋渔业船员考试发证规则》,规定了职务证书及职务船员配备标准,以及考试资格和手续,船员考试和考核、证书签发和审证的要求。针对渔业船舶普通船员,1998年3月农业部发布、2004年7月修订的《中华人民共和国渔业船舶普通船员专业基础训练考核发证办法》,规定渔业船舶普通船员实行持证上岗制度,各类渔业船舶普通船员应当经过专业基础训练,包括对船员进行的海洋与气象常识、航海大意、轮机大意、水手工艺、海上求生、船舶消防、海上急救、救生艇筏操纵、海洋防污、海损事故紧急处理等十项内容的基础理论学习和实际操作训练。2014年农业部发布的《中华人民共和国渔业船员管理办法》,进一步明确了渔业船员任职和发证、渔业船员配员和职责、渔业船员培训和服务、渔业船员职业管理与保障等条款,有助于捕捞业安全生产和健康发展。此外,还加强了对捕捞渔民和船东船长的培训。2005至2007年,沿海11个省(自治区、直辖市)3年共培训涉外渔民16万多人,对提高渔业船员依法、安全从事渔业活动,稳定我国涉外渔业生产形势,维护人民根本利益发挥了重要作用。2009至2010年组织实施了10万海洋渔船船东船长安全生产管理培训,提高了渔民的安全生产意识,强化落实了渔业安全生产主体责任。

渔业,特别是捕捞业属于高投入、高风险行业。渔业风险大于农业风险。渔民遇到灾害的后果严重。渔业生产是一个高风险、极不稳定的行业,生产中发生的意外往往是船毁人亡,其后果通常是渔民个人、渔民家庭甚至渔民的亲朋好友所无法承受的[2]。在以合股经营和个体经营为主体的渔业经济体制下,一旦遭受一场大

---

① 王启友.人为因素对渔船航行安全的影响[J].湛江海洋大学学报,2001(6):48-52.

② 韩立民,任广艳,秦宏."三渔"问题的基本内涵及其特殊性[J].农业经济问题,2007(6):93-96.

的海损事故，就有可能使船东倾家荡产或家破人亡，很难及时恢复生产，也直接影响渔区社会安定。积极探索在市场经济条件下符合我国国情的渔业保险制度，总的方向是引导渔民参加各种形式的人身保险、互助保险，鼓励、引导渔船参加涉外渔业保险，发展壮大渔船船东互保事业，探索国家支持渔业政策性保险的具体方式，提高渔业救济能力。1954 年 4 月 29 日，农业部、内务部发出《关于加强渔业救济工作的通知》。1956 年 10 月 13 日，水产部、全国总工会、全国商业工会联合发出为在水产系统实行劳动保险条例的联合通知，经国务院批准先在国营和地方国营水产企业仿照商业系统，实行劳动保险，以鼓励职工生产热情。捕捞业孕育着巨大的保险潜在需求，我国各级政府部门和相关机构一直高度重视海洋捕捞保险业的发展，不断探索满足捕捞业快速发展带来的保险需求。

四、渔业安全生产基础设施建设

渔港是渔业安全生产最重要的基础设施，是渔区经济发展的重要依托。大多数渔港是历史形成的天然港池，避风设施缺乏，港池及掩护水域偏小，码头设施陈旧老化，渔船补给、渔货交易及加工等配套设施普遍不完善[①]。1956 年 9 月 8 日，水产部许德珩部长对水产基本建设工作提出："必须在国家支持与帮助下，改进生产和安全的设备、建筑必要的渔港，这是我们对渔业生产刻不容缓的措施。"1975 年，农林部在山东省胶南县召开第一次全国群众渔港建设会议，制定与明确了建设原则是"民办公助、自力更生"。会后，群众渔港建设迅速展开，并引起国家有关部门的重视，从此群众渔港建设被正式纳入国家基建计划项目。1987 年 10 月 10 日，农牧渔业部公布中国沿海 491 处重点渔港名称。重点渔区渔港、林区和垦区场部建设要与小城镇发展结合起来。1989 年 7 月 3 日，李鹏总理签署国务院令，发布《中华人民共和国渔港水域交通安全管理条例》，自 8 月 1 日起施行。1991 年 5 月 4 日，国务院批准农业部《关于加强群众渔港建设的报告》。群众渔港按其服务范围和吞吐能力划分为三级：几省共用并常有外籍渔轮停靠，年卸港量在 2 万吨以上的为一级渔港；主要供本省使用，年卸港量在 1 万吨以上，2 万吨以下的为 2 级渔港；一般属本县(市)渔船停泊，年卸港量在 1 万吨以下的为三级渔港。建设资金采取民办公助方式，以渔民自筹为主。中央主要对一级渔港建设给予适当扶持；二、三级渔港建设由地方政府给予资助。为保障渔港及渔港水域正常航行与作业秩序，充分发挥渔港效能，保证渔业航标等安全设施处于正常使用状态和保护渔港水

① 闫玉科. 南海海洋捕捞渔民增收问题研究[J]. 农业经济问题，2013(12)：88－93.

域环境，1993 年 10 月，农业部、国家计委联合发布《渔港费收规定》，指出渔港费用由中华人民共和国渔港监督机关负责征收、使用和管理，并规定了计费方法以及船舶港务费、停泊费、靠泊费、货物港务费的征收办法。1994 年 12 月，根据渔业安全生产的需要，我国南海区地方渔政部门在我国南沙海域美济礁建设渔船避风设施。为了加强渔港建设的宏观管理，针对沿海新建和扩建渔港的总体规划，1993 年 9 月，农业部发布《渔港总体规划编制办法（试行）》，规定了渔港总体规划的编制原则、主要任务、主要内容。对于管理规范、产权无争议的渔港，农业部发布了经县级以上政府审查通过的沿海和内陆渔港名单。1990 年 6 月，农业部公布了沿海首批确定的 279 个渔港。1990 年 12 月，农业部公布了第二批沿海的 434 个渔港。1993 年 2 月，农业部公布了第三批沿海的 159 个渔港。1995 年 5 月，农业部公布了第四批沿海的 26 个渔港。1997 年 3 月，农业部公布了第五批沿海的 121 个渔港和首批内陆水域 8 个渔港。

国务院 1997 年在批转的农业部《关于进一步加快渔业发展的意见》中指出，群众渔港建设要实行国家、地方与群众投资相结合，实行民办公助、以港养港的办法。2000 年修改的《中华人民共和国渔业法》增加一条规定，渔港建设应当遵守国家的统一规划，实行谁投资谁受益的原则。在目前已投资建设的国家一级群众渔港中，由于国家补助资金少，渔民自筹资金较困难，建设渔港所需大量资金通过各种渠道筹集后，往往只能满足避风和停泊等渔港最基本的功能，许多相关的陆域配套设施不能完善。2007 年，安排基本建设投资 1 亿多元，加强渔港等安全基础设施建设。2009 年开展了“文明渔港”创建活动。2010 年启动“平安渔业示范县”创建活动。2009 年 1 号文件提出扩大渔港、渔船航标、渔船安全设施等建设规模。2010 年 1 号文件指出增加渔政、渔港、渔船安全设施等建设投入。2013 年 1 号文件强调加强避风港建设。2013 年颁布的《国务院关于促进海洋渔业持续健康发展的若干意见》指出要加快渔港等基础设施建设。

此外，通信、导航等公共设施建设能够为渔业安全生产提供良好公共服务，有效预防和化解生产事故的发生。1955 年 3 月 29 日，国务院发出关于在渔业生产合作社重点建立收音站的指示。1964 年，水产部下达《海上灯塔紧急求援暂行办法》；同年，水产部下达《关于加强水产系统无线电台通信管理的意见的通知》。1964 年，水产部发出《关于进一步加强渔业航标工作的意见》。1965 年，水产部发布《关于国营渔轮上建立超短波和视觉通信的规定》；同年，水产部下发《国营渔轮通信联络组织的通知》。经农业部批准，1995 年 11 月开始建设“近海渔业安全救助通信网”，计划在 1997 年年底前在沿海建设 121 座“安全网”岸站，为在离我国海岸线50海里以内的渔船提供安全通信保障和气象与海况预报及紧急警报服务。为了加强渔业无线电管理，维护渔业通信秩序，保障各种无线电业务的正常进行，1996年8月，国家无线电管理委员会发布《渔业无线电管理规定》，明确农业部渔业无线电管理机构及其职责，规定了渔业无线电台的设置和使用、频率管理、渔业无线电监测和监督检查、收费以及渔业无线电设备的研制、生产、销售、进口等内容。1997年7月28日至8月3日，农业部渔业局在福建省召开近海渔业安全救助通信网通信现场会议。2008年发布了《渔业航标管理办法》。2013年2月6日召开国务院常务会议，研究确定促进海洋渔业持续健康发展政策，提出加快渔船更新改造和渔业装备研发，加强渔港建设和管理。提出培育壮大渔民专业合作社和海洋渔业龙头企业；加快渔政、渔港等基础设施建设，支持海洋渔船升级改造；将渔业纳入农业用水、用电、用地等方面的优惠政策范围。

为加强搜救能力建设，1989年7月18日，国务院、中央军委批复同意在交通部建立中国海上搜救中心。该中心负责全国海上搜救工作的统一组织和协调。国务院有关部门和军队有关部门配合中心做好海上搜救工作。为解决航道拥挤和渔船增多引起的碰撞问题，1983年9月20日，农牧渔业部颁布《渔船作业避让暂行条例》。交通运输部和农业部于2009年12月签署了《水上安全管理合作备忘录》，防止渔船商船碰撞。

五、渔业安全生产的监督管理

我国水产品年产量占世界的三分之一，拥有世界四分之一的渔船，六分之一的捕捞量，渔业生产安全问题突出，需要树立安全生产理念，夯实安全生产管理根基。渔业主管部门一方面加大渔港、救生、消防、通讯、导航设备、灾害预警预报等基础设施的投入，另一方面强化渔政执法管理，推动建立健全法规制度，完善渔船检验、登记、使用、报废环节的监管，严禁超风级、超海区、超员、超载作业，客观上降低了海洋捕捞作业面临的风险水平。1953年1月28日至2月4日，农业部召开第三届全国水产工作会议，要求海洋渔业生产重视作业安全。1954年9月，农业部党组向中央呈报《关于水产工作的报告》，提出安全措施在渔区应当统一领导，具体业务由水产部门负责进行。1956年3月，商业部发出《关于迎接春汛，加强对渔民生产领导的指示》，指出要加强海洋渔业生产安全。1960年，水产部党组向中共中央农村工作部呈报《关于目前水产工作几个问题的请示》，提出加强捕捞生产的安全措施，对渔民的生产安全，各地必须予以重视。1962年，交通部、水产部发出《关于加强海上非机动船安全管理，严格贯彻〈非机动船海上安全航行暂行规则〉的联合指示》。1973 年,国务院、中央军委发出《关于成立海上安全指挥部的通知》,指出搞好国轮的安全航行,并按照国际义务为海上船舶提供气象服务、对遇难外轮进行救助,以及防止船舶污染海域,是关系到我国政治影响和人民生命财产的大事。1987 年 6 月 11 日,农牧渔业部发出通知,要求各级水产部门和渔政渔港监督机构加强海洋渔业生产安全工作,防止生产中沉船、死亡渔民重大恶性事故的发生。针对多年来海洋渔船使用的聚苯乙烯泡沫塑料的包布救生圈,材质和包布易粉碎,2002 年 12 月,渔船检验局发出《关于海洋渔船停止使用聚苯乙烯泡沫塑料救生圈的通知》,指出已经有新材质救生圈面市,要求从 2003 年 1 月 1 日起,所有海洋渔业船舶新配救生圈一律使用新材质,对在用的旧式救生圈提出了淘汰更新的时间要求。

改革开放以来,渔业快速发展也伴随安全事故高发的问题,尤其是个体经营者设备落后、管理水平不高潜伏很大的安全隐患。捕捞渔民普遍文化程度低、培训工作覆盖率低,导致部分船员不按操作规程作业,临水作业不穿救生衣,不按规定显示号灯号型,航行瞭望中不能正常识别和回馈信号,增加了捕捞生产作业的危险性①。1988 年 4 月 20 日,农业部发出《关于授权海区渔政分局加强海洋渔业生产安全管理工作的通知》,进一步落实安全责任。2000 年 5 月,农业部渔业局召开的全国渔业安全工作会议,是 20 多年来首次专题研究、部署渔业安全工作的会议。2000 年 5 月 13 日,杨坚局长在全国渔业安全工作会议上的讲话《牢固树立责任重于泰山的思想,全面加强渔业安全管理工作》中表示,造成渔业海损事故频繁发生的主要原因有:第一,渔民安全意识淡薄,无证上岗、违规操作现象严重;第二,渔船严重超龄使用,船体残旧,设备老化,是重大海损事故的主要隐患;第三,超航区违规作业现象突出,是发生重大海损事故的重大隐患;第四,渔业航标建设、维修停滞,航标损坏严重,失去了助航导航的作用;第五,渔港建设滞后,产权不明,被占、失修、淤滞严重,使一些渔港已失去了渔船回港避风的作用;第六,渔业安全通讯系统不健全,部分渔船通讯设备落后,不能及时了解、掌握台风、海浪等变化状况,渔船发生海难事故不能得到及时有效救助;第七,渔场生产秩序不良,渔事纠纷酿成的重大事故时有发生。

政府对安全生产高度重视,接连发出紧急通知要求落实管理责任,遏制生产事故高发态势。例如 1989 年 1 月 17 日,农业部发出《关于加强海洋渔业安全生产管理工作的通知》;1999 年 12 月 10 日印发《关于加强海洋渔业安全生产的紧急通知》;2001 年 6 月 15 日印发《关于进一步加强渔业安全生产工作的紧急通知》;2002 年 5 月 10 日发布《关于开展渔业安全生产检查的紧急通知》。2003 年 4 月 17 日,

① 闫玉科.南海海洋捕捞渔民增收问题研究[J].农业经济问题,2013(12):88-93.

农业部发布的《关于加强渔船海上作业安全的紧急通知》指出，2003 年沿海地区连续发生多起渔业海难海损事故，给渔民生命财产造成极大损失，渔业安全形势严峻，提出各级渔业行政主管部门要高度重视渔业安全生产管理工作；各级渔业行政主管部门要进一步加强安全教育工作；各级渔业行政主管部门要进一步完善渔业应急值班体系建设；各级渔业行政主管部门要加强对渔业船舶检验发证、登记、进出港签证等与渔船安全紧密相关环节的监督检查；严格执行重、特大事故的统计报告制度。2008 年发布了《国务院办公厅关于加强渔业安全生产工作的通知》，指出要加强渔业安全设施和装备建设，加强渔业安全管理与监督，提高渔业安全生产应急能力，强化渔业安全生产的保障措施，加强组织领导。《渔业船舶水上安全事故报告和调查处理规定》明确规定了事故报告、事故调查、事故处理和调解事项。1983 年 9 月，农牧渔业部发布《渔船作业避让暂行条例》，明确各类渔船避让的通则，拖网渔船之间的避让责任和行动、围网渔船之间的避让责任和行动、漂流渔船之间的避让责任和行动，以及能见度不良时的行动规则和号灯、号型、灯光信号，确保采取有效的避让船舶及其渔具。1989 年 7 月，国务院发布的《渔港水域交通安全管理条例》，对船舶状况、船员素质和培训、监督管理等提出了明确要求。1989 年 8 月，农业部、交通部联合发出的《关于水上交通安全管理分工的通知》，明确了交通部和农业部就港航监督、船舶检验等水上交通安全管理问题的分工。为了保证渔业船舶航行作业的安全，规范渔业船舶值班标准，1999 年 11 月，农业部发出《渔业船舶航行值班准则(试行)》，规定渔业船舶所有人、船长、值班人员的责任，明确航行及捕捞作业、锚泊值班、交接班、轮机和无线电值班的要求。2001 年 3 月，农业部发出关于对渔业船舶实施《国际安全管理规则》的通知，指出 500 总吨及以上国际航行、作业的渔业捕捞和其他船舶，要在指定日期前满足《国际安全管理规则》的要求。《安全生产法》规定了生产经营单位的安全生产保障、从业人员的权利和义务、安全生产的监督管理、生产安全事故的应急救援与调查处理等事项。《海上交通安全法》提出了船舶检验和登记、航行、停泊和作业、安全保障、海难救助等方面的要求。2013 年颁布的《国务院关于促进海洋渔业持续健康发展的若干意见》指出，要大力加强渔业安全生产管理；健全安全生产责任和管理制度，加强宣传和培训，深入开展“平安渔业示范县”和“文明渔港”创建；加快建设渔船信息动态管理和电子标识系统，进一步规范渔船流转管理，加强渔业安全应急管理体系建设，尽快普及配备渔船救生筏、船舶自动识别系统、卫星监控系统、渔船通信设备等安全设施；强化海洋渔业气象服务，完善渔业安全应急预案，合理布局救助力量；积极引导渔船编队生产，鼓励渔船开展相互支援和自救互救。

第五章 水产养殖业持续增长的公共政策

我国是世界第一水产养殖大国，养殖产量占世界养殖产量和我国水产总产量的70%左右，成为世界上唯一的养殖产量超过捕捞产量的国家。中国水产养殖业发展取得的辉煌成就，在于很好地发挥了比较优势，充分调动了各种资源要素，也源于相关政策的成功实施。世界渔民和养殖渔民人口为3 800万人，其中1/3为专职，亚洲占85%。而中国从事渔业生产的劳动力为1 302万人，占世界渔民(含养殖渔民)的1/3。水产品产量占全球水产品产量的三分之一以上，为城乡居民膳食营养提供了三分之一的优质动物蛋白。

从政策目标来看，首先是保障水产品充足供应。我国是世界第一人口大国，保障人们食物供应的任务十分艰巨。传统的粮食安全观已经不能适应新的形势发展要求。渔业作为大农业的重要组成部分，提供了大约三分之一左右的动物蛋白，而且随着收入的增加和生活水平的提高，水产品在食物篮子中的比重还会不断增加。由于捕捞产量基本稳定甚至有所下滑，所以养殖产品在保障水产品供应方面会承担更加重要的责任。其次是确保水产品质量安全。相对于捕捞产品而言，养殖产品安全的问题较为明显。在发展养殖业过程中，从育苗、药物、饲料、设施、水质等方面施加了更多的人为因素，有助于加速鱼类成长，但也埋下了产品质量方面的安全隐患。而食物质量关乎人们的健康和生命，因此受到社会和政府的高度重视。水产品质量安全问题涉及的因素很多，仅靠市场主体的自我约束还不够，因此加强市场监管势在必行。再次是保持良好的生态环境。水产养殖依靠优良的生态环境，也对生态环境产生着重要影响，所以维护良好的生态环境是水产养殖业发展的一个重要目标。随着经济社会快速发展，产生了大量工农业的生产、生活污染，由于一段时期内，过于强调经济增长的发展目标，环保工作被放到了次要位置，大量污染进入水体当中，给水域生态造成了很大压力。养殖业自身的过密化和不适当投药、投饵等，也给水域带来了较大污染压力。水域环境污染，反过来又影响了水产养殖业的健康发展。所以，环境友好型发展模式，已经成为水产养殖业健康成长的内在要求。

第一节 “以养为主”政策

我国海域辽阔，海岸线总长度有32 000多公里，其中大陆岸线18 000多公里。海洋渔场面积150多万平方公里，有经济价值的鱼、虾1 500多种。可利用的沿海水域和内陆江河、湖库池塘资源丰富，发展养殖的潜力十分巨大。

新中国成立初期，渔业资源非常丰富，资源开发能力尤其是生产工具落后，增加渔船设备，提高捕捞能力就可以大幅度提升产出。但当时就预见到，捕捞能力很快就会超出渔业资源可承受能力，因此提出了“养捕并举”甚至“以养为主”的观点，这是难能可贵的，然而大规模发展养殖的条件尚不具备。直到20世纪70年代，渔业资源衰退的形势极为严峻，加之当时开始推行市场化的改革，捕捞效益下滑明显，渔业发展转向“以养为主”才有了现实可能。经过新中国成立以后特别是改革开放以来的高速发展，水产养殖业实现了历史性的跨越。这其中大量生产要素包括资金、劳动等投入发挥了关键作用。但是，我国水产养殖业综合技术效率不高，纯技术效率和规模效率都相对偏低①。渔业购机补贴未能达到降低水产养殖户购机成本和激励养殖户提高技术水平的目的，但能够激励养殖户扩大生产规模②。因此，不断优化的政策供给是养殖业大发展的一个秘诀。

一、“养捕并举”的探索

新中国成立以后，党和政府高度重视水产养殖业的发展。1949年12月19日，政务院发布《关于生产救灾的指示》，要求各地根据当地自然条件，“靠山吃山，靠水吃水”，组织灾民生产自救。1956年12月，毛泽东主席对水产部负责人说：“三山六水一分田，渔业大有可为。”1958年1月20日至2月3日，水产部在北京召开全国水产工作会议。提出调动一切积极因素，进一步依靠合作社，放手发动广大渔民和农民，普遍开展淡水养殖和海水养殖事业。我国海洋捕捞的机械化程度快速提高，捕捞能力与海洋资源之间的矛盾逐渐突出。在认识到发展水产养殖业的重要

---

① 张成，张伟华，高志平．我国水产养殖业技术效率和全要素生产率研究[J]．农业技术经济，2014(6)：38－45.

② 陆建珍，徐翔．渔业购机补贴政策效果评价——基于广东、海南两省426户淡水养殖户数据的分析[J]．农业经济问题，2014(12)：25－33.

性和巨大潜力后，甚至将养殖摆到了比捕捞更重要的地位。1953年农业部提出淡水渔业生产以“养殖与捕捞相结合，逐步发展养殖”为方针，广泛利用池塘、沟渠、水库、湖荡进行养鱼。在积极举办农村社队的同时，水产养殖受到了前所未有的重视，提出积极利用一切可以利用的水面，运用好湖泊、沼泽、水库等资源发展淡水养殖；海水养殖业要利用好浅海、滩涂、港湾资源，从事贝、藻、鱼类养殖。1958年7月1日，《红旗》杂志第三期发表水产部高文华副部长的文章《养捕之争》，标志着水产养殖发展的迅猛势头。1959年水产部召开全国水产工作会议，肯定了“以养为主，积极发展捕捞”的方针，指出一年的实践初步证明了“以养为主，积极发展捕捞”的方针是符合中国实际的，要求淡水养殖继续大力加强人工孵化和充分利用天然种苗，攻破苗种关；海水养殖应以港养为重点，实行鱼、虾、贝、藻并举，全面发展。在当时养殖比重大大低于捕捞比重的历史背景下，这反映了急于求成的思想。随后，1959年7月，水产部在天津市召开12个省、市水产工作座谈会，确定水产方针由过去的“以养为主、积极发展捕捞”改为“养捕并举”，养殖又回到了与捕捞平起平坐的地位。1959年9月，水产部在上海召开全国水产工作会议，提出为了高速度地多快好省地发展中国的水产生产，还必须实行养捕并举，两条腿走路的方针，发展湖泊生产，有计划地发展港养。1960年，中共中央转发中央办公厅整理的《关于我国沿海贝类、藻类蕴藏量和产量情况》的材料。材料指出，我国沿海自然生长着大量的可供食用的贝类和藻类，估计蕴藏量可达几百万吨，而目前产量较少，应大力开发利用，以改善沿海灾区群众的生活和城市副食品供应。1962年12月12日至1963年1月5日，水产部在北京召开全国水产工作会议，提出海淡并举，养捕并举，国营和集体并举，因地制宜，多种经营，有步骤地发展海淡水养殖。1963年，中共中央、国务院批转水产部党组《关于全国水产工作会议情况的报告》，指出各级党委和人委在加强农业战线的同时，必须加强对水产业的领导，这是解决吃的问题的一个重要途径。1963年3月29日，《人民日报》发表社论《用更大的力量发展水产业》，社论说，水产业是国民经济的一个重要部门。我国大陆海岸线18 000多千米，内陆总水面约2亿～3亿亩，但目前淡水养殖面积不到1/5，港湾滩涂的养殖面积不到1/10。可见，为了追求产量的增长，当时就发现捕捞渔船和能力增加很快，捕捞增长的态势难以持续，政府在新中国成立之后很短的时间内就把发展养殖放在重要地位，甚至提出了“以养为主”的建议。但在养殖一时难以突破和增加的条件下，保持产量增加还可以继续挖掘捕捞的潜力，于是“养捕之争”很快转回到“养捕并举”。从产量来看，捕捞产量占绝对优势地位。1965年，全国水产品总产量达到298.43万吨，其中捕捞产量236.56万吨，占79.26%；养殖产量61.88万吨，占

20.74%。1976年,全国水产品总产量达到447.61万吨,比1965年298.43万吨增长50%,其中捕捞产量343.81万吨,占76.81%;养殖产量103.8万吨,占23.19%。

二、"以养为主"政策的确立

改革开放以来,逐步确立了养殖业的主导地位。一方面,资源衰退日益严重,沿海面临着无鱼可打的局面。另一方面,市场取向的改革,使得效益考量更加重要,捕捞业的亏损促使经营者转型。还有,养殖技术的突破,制度的完善打开了养殖业发展的新局面。1977年3月12日,农林部在北京召开全国林业、水产工作会议,对水产生产方针进行了重大调整,确定了"充分利用和保护资源,合理安排近海作业,积极开辟外海渔场,大力发展海淡水养殖"的生产方针。李先念副总理要求各级政府支持水产业发展,转变对渔业"思想上没有位置,组织上没有班子,计划上没有盘子,物资供应上没有路子"的状况。在1979年2月的全国水产工作会议上,对我国的渔业发展确定了"大力发展养殖,这是今后增加产量的主要来源"的指导思想。在这一思想指导下,我国海、淡水养殖面积不断扩大,海、淡水养殖产量连年大幅度增长。1979年4月,国务院批转国家水产总局《关于全国水产工作会议情况的报告》,批语中指出,水产是国民经济中不可缺少的一个重要组成部分。我国有辽阔的海洋和内陆水面,水产资源丰富,发展水产事业的条件很好。但是,它的重要性至今还没有被我们一些同志所认知。这些年来,水产品产量和质量,都远远不能满足人们生活和社会主义建设的需要,这种状况必须尽快改变过来。各地要切实加强对水产工作的领导,全面地、完整地执行农林牧副渔五业并举的方针。各有关部门也要积极支持渔业生产,努力把水产事业搞上去。报告中指出,我国有可以养殖的内陆水面七千五百万亩,浅海滩涂七百四十万亩,发展海、淡水养殖的潜力极大。但因经济政策不合理,又缺乏资金、物资、饲料,内陆水面只利用了百分之六十,单产很低;浅海滩涂已利用的不到百分之十五,而且养的主要是贝藻,鱼虾极少。1979年9月,中共第十一届四中全会通过《中共中央关于加快农业发展若干问题的决定》,提出要充分利用开发水面和滩涂,以极大的努力发展淡水和海水养殖业,因地制宜地养殖鱼、虾、贝、蛙、海带、紫菜等各种水生动植物,并且积极扩大精养面积。要由一定的机构或专人负责,从资源的调查和利用、资金和物资的扶持、技术指导、产品加工等各方面做出切实的安排,以保证各类养殖事业能够得到迅速的发展。要逐步建成一批渔业基地,在城市郊区也要大力发展各种水产养殖事业,有条件地推广工厂化养鱼、养虾。1981年12月,国家水产总局在北京召开全国水产厅(局)长会议,提出养殖在上升,以养殖为重点,发挥水产优势是第一个任务。1984 年 11 月 25 日,《中国农民报》发表评论员文章,全面开发水域,大力发展养殖业。1985 年开始从战略高度对渔业发展进行了新的定位:以养殖为主。1985 年颁布的《中共中央、国务院关于放宽政策、加速发展水产业的指示》是渔业政策的里程碑,指出我国发展水产养殖业历史悠久,条件优越,内陆可以养殖的水面也有近一半没有利用。水产业确是一项大有希望、大有前途、大有可为的事业,应当实行以养殖为主,养殖、捕捞、加工并举,因地制宜,各有侧重的方针。

养殖业的发展取决于体制改革和突破,需要充分调动国家、企业、集体、家庭等各方面力量,使群众渔业成为主体力量,国家队成为引领行业发展的"领头羊"。1956 年 3 月 19 日,商业部发出《关于海淡水养殖中急需解决的若干问题的指示》,指出沿海滩涂港湾的贝、藻、鱼类养殖,主要和集中产区应由国家经营,国家不便经营的可组织群众大力经营,成立中国水产养殖总公司。1979 年 11 月,国家水产总局发出《关于成立中国水产养殖公司的通知》。1980 年 10 月 17 日,新华社报道,中共安徽省委决定放宽渔业政策,改革渔业体制,以集体养鱼为主,国家、集体、个人一起上。1980 年 10 月 19 日,胡耀邦批示:我感到水产问题(捕捞和养殖)和水域开发与保护问题(开发、垦殖、污染等)还没有布开局面,没有一个统一的初步设想,建议在调查研究的基础上讨论一次。1980 年 11 月 14 日,新华社报道,发展社队养鱼,是加快发展水产业的重要措施,指出 1979 年社队养鱼产量占全国淡水渔业总产量的 65%。发展社队养鱼,成本小,见效快,收益大,是加快发展水产业的重要措施,也是使农村社队和社员尽快富裕起来的途径。1981 年 3 月 30 日,中共中央、国务院转发国家农委《关于积极发展农村多种经营的报告》,指出我们的方针是决不放松粮食生产,积极开展多种经营,要发挥集体和个人两个积极性。1981 年 5 月 4 日,国务院批转国家水产总局《关于当前水产工作若干问题的请示报告》,批语指出,多年来,我国水产事业发展不快,水产品量少质次,市场供应紧张,当前在调整中又面临许多生产管理方针和政策问题急待解决;希望能调动各方面的积极性,使我国渔业能有一个较大的发展。1982 年 3 月 21 日,《中国农民报》报道,我国农村社队集体和社员家庭养鱼产量占全国淡水养鱼总产量 137 万吨的 70%。1984 年 9 月 3 日,中央书记处、国务院听取农牧渔业部党组汇报后,中央领导同志指出,水产业还是薄弱环节,政策上还没有完全放开,搞得不活,缺少致富门路。1985 年 4 月 24 日,《经济日报》发表评论员文章,立足千家万户,放手发动水产。1986 年制定的《中华人民共和国渔业法》随后沿用了这一提法。在政策上,明确了养殖业承包大户及捕捞业以船为基本核算单位的合法性。这一系列方针、政策的调整,使中国渔业发展迎来了一个新高潮,进入了一个新的发展阶段,其后我国渔业快速发展，水产品产量大幅增长，渔民收入显著增加。1986 年 1 号文件指出，以往单打一抓粮食生产，并没有达到更快增产粮食的目的，反而造成农村经济停滞的局面。近几年开展了多种经营，包括发展经济作物，发展林、牧、渔业，发展农村工业、建筑业、运输业、服务业等，结果粮食增产速度大大加快，农村经济全面繁荣。这为发展水产养殖业解除了思想枷锁。1997 年 1 月，国务院批转农业部《关于进一步加快渔业发展的意见》，提出树立"大农业、大粮食"观念，加大开发力度，推动水产养殖向深度和广度发展。水产品总产量大幅度增长，1999 年达 4 122 万吨，比 1978 年增长 7 倍多，水产品养殖产量比 1978 年增长了 14.5 倍。水产品总量自 1990 年起连续位居世界首位。水产品占有量逐年提高，从 1978 年的 4.8 千克提高到 1999 年的 32.7 千克，超过了世界平均水平。2000 年，国有渔业水产品产量仅占总产量的 4.7%。

在政策和社会投入共同作用下，水产养殖产量突飞猛进，带动水产总量上了一个新台阶。1988 年全国水产品总产量（原标准）1 060.97 万吨，比上年增长 11.1%，仅次于日本、苏联，居世界第三位。其中养殖产量 532.14 万吨，在我国历史上首次超过捕捞产量。我国成为世界上水产养殖产量超过捕捞产量的唯一国家。1998 年 1 月 15 日，《人民日报》发表专栏"菜篮子：十年巨变"。在 1987—1997 "十年菜篮子"建设中，产品的生产持续快速增长，扭转了副食品供应长期短缺局面，其中水产品增速最快。肉类、禽蛋、奶类、水产品、蔬菜、水果的总产量分别增长 1.8 倍、2.55 倍、1.14 倍、2.7 倍、1.02 倍和 2 倍。2010 年我国水产养捕比例达 71∶29，水产养殖成为水产业名副其实的主体。

三、海水养殖发展政策

海水养殖的发展离不开政策支持，计划经济时期就以增加产量为目标大力发展近海养殖。1957 年 10 月 26 日，《人民日报》公布了《1956—1967 年全国农业发展纲要（修正草案）》，提出积极发展浅海养殖业，加强鱼类、藻类、贝类的养殖。1961 年 6 月 2 日，水产部发出《关于抓紧当前海水养殖生产的几点意见》，提出海带收获要求做到颗颗上岸；海港养殖要充分利用水面，充分投放鱼虾苗种，整修堤坝闸门，加强饲养管理；贝类养殖要抓好牡蛎附苗和滩涂人工管养，管养的滩涂，要订出生产措施，做到增产，劳力安排要做到渔农结合。改革开放以来，破除发展海水养殖的观念和思想障碍，支持海水养殖业做大做强。1980 年 11 月 19 日，《人民日报》发表评论员文章，大力发展海水养殖业。1982 年 1 月 13 日，《光明日报》报道，在杭州召开的全国海水增养殖的发展方向和重点讨论会上，专家、教授们指出，由于捕捞过量，我国海洋渔业产量在近期内不会有大的增长，在这种情况下，发展海水增养殖已成为增加水产品的主要途径。1982年9月12日，胡耀邦批示：沿海围垦和养殖问题是个专门问题，直接靠它们生活的，我估计有上千万人，间接靠其生活的至少要加一倍。但这个专门问题，我们过去走了弯路，这几年情况已经发生了很大变化。如果我们在这方面指导对头了，这上千万人，80年代就可以首先进入"小康"之家。从这个角度上看，这实在是件意义重大之事，因此决不可轻视。1982年11月24日，新华社报道，中国第一次大规模的海岸带和海涂资源的综合调查工作，已在北起鸭绿江口，南到北仑河口的10个省、市、自治区的沿海广大地区铺开。这次调查是1979年8月国务院批准的。1982年11月25日，农牧渔业部印发《全国海水养殖工作会议纪要》，指出加速发展海水养殖业有利于沿海渔民增加收入，尽快地富裕起来，要充分认识发展海水养殖业的重大意义和作用，把海水养殖业提到更高的地位，像重视耕地一样重视浅海滩涂的利用，并采用正确的政策，调动一切积极因素，实行"充分利用浅海滩涂，因地制宜增殖养殖，鱼虾贝藻全面发展，加工运销综合经营"的方针。对滩涂的利用要因地制宜，统筹兼顾，发挥优势。1985年12月，农牧渔业部在河北省唐山市召开全国海水养殖会议。这是继1982年福州会议之后又一次规模盛大的海水养殖会议。会议提出发展海水养殖业，要继续贯彻"充分利用浅海滩涂，因地制宜养殖增殖，鱼虾贝藻全面发展，加工运销综合运营"的生产方针。

通过技术水平和生产条件的逐步完善，海水养殖区域渐进地从滩涂、浅海向深海拓展。1956年3月19日，商业部发出《关于海淡水养殖中急需解决的若干问题的指示》，指出了浅海养殖水面的使用问题；沿海滩涂港湾的贝、藻、鱼类养殖，主要和集中产区应由国家经营，国家不便经营的可组织群众大力经营；成立中国水产养殖总公司。1956年3月29日，商业部发出《关于迎接春汛，加强对渔民生产领导的指示》，指出充分利用渔村半劳力与妇女劳力，发展海水养殖。1962年10月，国家科委水产组在北京召开会议，制定了《全国十年水产科学技术发展规划草案》，部分科学家在《关于加强水产科学技术工作大力发展水产事业的若干紧急建议》中提出大力开发浅海、滩涂和港湾养殖、增殖事业，国家应从各方面给予指导和扶持。1962年9月20日，水产部办公厅印发《海水养殖汇报会纪要》，认为海水养殖是有成绩的，生产有了发展，技术有了进步，国营场在供应集体的苗种及示范方面起了不少作用，集体养殖也有广泛的发展；提出海带养殖巩固提高，贝类养殖迅速恢复生产，港养生产努力提高单位产量，海参、鲍鱼、扇贝、珍珠贝等珍贵产品，海味品要继续试养，还要因地制宜地抓产量高、收益大、苗种易于解决的养殖品种。改革开放以来，特别是离岸深海养殖和深水网箱的实践探索，可养殖海域大为增加。近年来，“蓝色粮仓”上升为国家粮食安全的战略保障，“蓝色粮仓”的食物供给能力还有较大提升空间，海水养殖集约化水平仍可提高。海水增养殖拓展空间较大，－15米等深线以内海域目前已经开发面积不足20%①。

伴随着养殖海域的不断拓展，养殖品种也从常规种类延伸到价值高、收益好的名贵经济鱼类。海水养殖历程经过了起步期(1950—1958)，海带养殖的兴起，第一次海水养殖浪潮；徘徊期(1959—1976)，紫菜养殖在60年代快速发展，从70年代起，贻贝养殖迅速发展并形成规模化；发展期(1977—1991)，对虾养殖成为80年代的亮点，筏式贝类养殖迅速发展；成熟期(1992年至今)，网箱养鱼在90年代快速发展，掀起海水养殖又一轮浪潮，蛤类养殖发展速度很快，以海参、鲍鱼为代表的海珍品养殖在90年代开始迅速发展，深水网箱和工厂化养鱼等集约化生产方式于90年代后期逐渐兴起②。1972年10月4日，新华社报道：我国水产品获得丰收，许多地区通过科学实验，使紫菜北移、海带南移获得成功。1973年11月，农林部、外贸部在北京召开养鳗生产专业会议，交流国内外养鳗生产的情况，研究有关政策，初步制定明年鳗鱼生产和养鳗试点的规划。会议认为，要充分发动群众，把发展养鳗生产作为一项重要任务来抓，以扩大出口，支援国家社会主义建设。1974年9月，农林部水产局在辽宁省金县召开沿海10个省、市和北京市参加的海珍品重点产区座谈会，主要研究发展海参、干贝、鲍鱼、鱼肚、鱼翅等高档海味品的生产，研究确定重点生产基地，加强生产和市场管理，增加收购，交流加工经验。1975年3月，农林部水产局、科教局在福建省福清县召开全国海水养殖经验交流会。1987年3月，农牧渔业部在辽宁省大连市金县召开全国海水养殖会议，提出要巩固提高藻类，积极发展贝类，稳步扩大对虾，重点突破鱼、蟹，加速拓展海珍品；做到以虾(鱼)带贝，以贝保藻，以藻养珍，在海水养殖生产中形成相互促进的良性循环。1990年1月，全国海水养殖座谈会在福建省福州市召开，提出的指导思想是，因地制宜调整产品结构，鱼、虾、贝、藻协调发展，稳步增产优质适销的海水养殖产品。海水养殖结构调整的原则是，巩固提高对虾、扇贝，适度发展藻类，重点突破鱼、蟹，大力拓展贻贝和滩涂贝类，稳步扩大多品种增殖规模。

通过实施规划和项目，提高科技水平和劳动生产率，借助外力带动海水养殖业发展。海水养殖业中的人力资本仍是增强中国海水养殖产品国际竞争力的一大因

① 韩立民，李大海.“蓝色粮仓”：国家粮食安全的战略保障[J].农业经济问题，2015(1)：24-29.

② 李大海，潘克厚，韩立民.我国海水养殖业的发展历程[J].中国渔业经济，2005(6)：11-13.

素，这与海水养殖业的劳动密集型产业特征相一致[①]。劳动力和资本投入对水产品产量的贡献高于扩大养殖面积的贡献[②]。1986 年 1 月，由联合国世界粮食计划署援助我国渤海湾海水养殖项目，建设 2 220 公顷养虾池及孵化场、冷库等，开始执行。1991 年 10 月，农业部水产司在山东、辽宁召开了“两岛一湾”浅海滩涂渔业综合开发现场经验交流会。1991 年 12 月，农业部印发《加速“两岛一湾”浅海滩涂渔业综合开发的意见》。“两岛一湾”即辽东半岛、山东半岛和渤海湾，是我国海水养殖主产区。1994 年 3 月，农业部水产司在石家庄市召开“中国北方海水养殖和沿海资源管理”项目(原“两岛一湾”项目)第四次工作会议。优势产区的建立，不仅提供了大量优质水产品，还在提高海水养殖发展水平起到了良好示范作用。

通过实施鼓励和支持政策，我国海水养殖业迅猛发展，取得了辉煌成就。1986 年我国海水养殖产量为 86 万吨，其中对虾产量 15.32 万吨，成为世界第一养虾大国。1989 年我国海水养殖总产量达 154 万吨，创历史最高纪录，跃居世界首位。

四、淡水养殖发展政策

政府一直鼓励和重视淡水渔业发展。淡水养殖取得了很大成绩，为保障食物安全做出了很大贡献。美国学者莱斯特·布朗 1994 年的报告《谁来养活中国》震动了中国和世界，他在回答《环球时报》采访时说：中国的淡水渔业发展得好，这是一个重大贡献。淡水养殖所取得的辉煌成就，离不开建国以后的密集政策支持。1952 年 4 月 8 日，农业部发出《关于大力发展淡水养殖事业的通报》，号召发展淡水养鱼事业。1953 年 1 月 28 日至 2 月 4 日，农业部召开第三届全国水产会议，提出淡水渔业生产以“养殖与捕捞相结合，逐步发展养殖”为方针，广泛利用池塘、沟渠、水库、湖荡，进行养鱼。1954 年 9 月，农业部党组向中央呈报《关于水产工作的报告》，提出要发展淡水养殖。1956 年 3 月 19 日，商业部发出《关于海淡水养殖中急需解决的若干问题的指示》，指出了湖泊、沼泽、水库养殖水面的使用问题；成立中国水产养殖总公司。1957 年 10 月 26 日，《人民日报》公布了《1956—1967 年全国农业发展纲要(修正草案)》，提出利用一切可能养鱼的水面，发展淡水养殖业。1958 年 3 月，水产部在江苏省无锡市召开淡水养鱼技术交流会议。1958 年 9 月，水产部在湖南省衡阳市召开全国淡水养殖会议。1960 年 4 月 7 日，水产部党组向

---

① 陈雨生，房瑞景，乔娟. 中国海水养殖业发展研究[J]. 农业经济问题，2012(6)：72-77.

② 孙炜琳，刘佩，高春雨. 我国淡水养殖渔业技术效率研究——基于随机前沿生产函数[J]. 农业技术经济，2014(8)：108-117.

中共中央农村工作部呈报《关于当前发展淡水渔业生产几个问题的报告》，提出扩建鱼种池；发展多种经营；推进渔业机械化和渔业机械的综合利用；组织专业队伍，提高技术水平；开发新区渔业；勘察水面进行规划。1962 年 10 月，国家科委水产组在北京召开会议，制定了《全国十年水产科学技术发展规划草案》，部分科学家在《关于加强水产科学技术工作大力发展水产事业的若干紧急建议》中提出要提高池塘养鱼产量，扩大湖泊养殖和增殖水面。1979 年 12 月，国家水产总局发送《十八省市区水产局长座谈会纪要》，提出抓好商品鱼基地建设、城郊养鱼和广大农村养鱼，加速养殖生产的发展。1980 年 5 月 29 日，《人民日报》社论：重视和发展淡水渔业。1980 年 6 月 2 日，中央书记处听取关于水产工作的汇报，赵紫阳指示，发展淡水养殖事业，主要靠政策，靠科学。大水库养鱼，可以考虑采取两种办法，一种是统一经营，另一种是同水库有关的各个方面组成合股公司，各单位都是股东，联合经营。1981 年 11 月 15 日，《红旗》杂志第二十二期发表文章《发展淡水养殖，繁荣农村经济》。1982 年 10 月 17 日，中共中央、国务院发出关于批转农牧渔业部《关于加速发展淡水渔业的报告》的通知。批语指出，当前，鱼是各种副食品中最紧缺的，城乡到处吃鱼难。必须在抓紧粮食生产的同时，发展畜牧和水产业，逐步而适度地改变居民的食物构成，希望各级党委和政府要像“重视耕地一样重视水面的利益”。报告中提出，要落实水面使用权，长期使用不变。首次在农村规定，由养鱼能手承包较大面积的水面，经过批准，可以吸收 3～5 个学徒或帮手搞小业主式的经营。1982 年 12 月 1 日，《人民日报》报道，1982 年冬，邓小平同志在同国家计委负责人谈话时指出“淡水养鱼很有前途”。1989 年 4 月，上海市市长朱镕基就水产品有效供给，指出要挖掘淡水鱼养殖的潜力。1989 年 11 月，农业部水产司在江苏省无锡市召开了全国淡水渔业经验交流会议，这是继 1982 年全国淡水渔业工作会议以来又一次专题研究淡水渔业发展的规模较大的会议，提出全面开展池塘改造工作，普及精养高产技术，推进大面积的平衡增产；积极开发利用大中型水域，推广“三网”养鱼和立体生态开发技术。

在发展淡水养鱼过程中，我国高度重视养殖技术研发和引进、交流。1984 年 9 月，由联合国世界粮食计划署援助我国浙江省、天津市改造、利用低洼盐碱地，发展淡水养鱼的项目在北京举行签字仪式。1985 年 8 月，农牧渔业部水产局在北京召开西安等 10 个市所辖 23 个县利用低洼盐碱地发展淡水养殖第一次会议；同月，农牧渔业部水产局在广东省顺德县召开池塘养鱼增产技术及基础理论研究论证会。1986 年 12 月，由联合国世界粮食计划署援助我国江西省鄱阳湖低洼地改造，建设 1500 公顷鱼池及相应设施、改善渔农民社会经济条件的项目开始执行。1987 年 1

月，农牧渔业部水产局组织有关单位举行河蟹养殖专题研讨会，并作出加速发展河蟹增养殖业，尽快解决京津沪吃蟹问题；同月，由世界银行援助我国的八省市淡水养鱼项目，包括新建鱼池 11 100 公顷，改造现有鱼池 6 100 公顷，建设饲料厂，冷库等开始执行。1987 年 7 月，全国流水养鱼现场会议在四川省眉山县召开。1987 年 10 月，农牧渔业部水产局在安徽省滁县地区召开全国河蟹人工养殖、增殖座谈会。养鱼技术的快速进步，有力促进了我国淡水渔业的发展。我国淡水养殖总体上技术效率较高，未来大幅度提高淡水养殖产出将主要依赖于技术进步①。

城郊养鱼，既紧密连接城市市场，又能发挥养鱼基地的优势，为解决计划经济时期“吃鱼难”问题做出了重要贡献。1957 年 2 月，水产部在北京召开全国水产工作会议，提出推广城郊养鱼事业。1957 年 7 月 1 日，城市服务部、水产部发出《关于在城市郊区和邻近地区发展淡水养鱼的联合通知》。1960 年 1 月 14 日，水产部党组向中共中央农村工作部呈报《关于目前水产工作几个问题的请示报告》，提出大力发展城郊渔业，积极建立渔业基地。次日，中共中央农村工作部转发水产部党组的请示报告，指出目前各地着重抓一下城郊养鱼和建立商品基地的工作，是十分必要的。1973 年 10 月，农林部在湖南省衡阳市、湖北省武汉市召开第一次全国城郊养鱼现场经验交流会。1974 年 10 月，农林部在江苏省南京市召开全国第二次城郊养鱼现场经验交流会。1974 年 11 月 8 日，农林部印发《第二次全国城郊养鱼现场经验交流会议纪要》，国务院领导同志对发展城郊养鱼十分重视，指示凡有水面的都可以养鱼。发展城郊养鱼要切实贯彻“以粮为纲，全面发展”和“农、林、牧、副、渔五业并举”的方针，牢固树立城市郊区要为城市服务的思想，纠正单一经营，忽视渔业，盲目毁塘的偏向。1975 年 10 月，农林部在江西省南昌市召开第三次全国城郊养鱼现场会议，指出发展城郊养鱼，建设城郊商品鱼基地，自力更生地改善城市人民吃鱼的问题，已引起许多城市党委的重视。1976 年 9 月，农林部在黑龙江省佳木斯市召开第四次全国城郊养鱼现场经验交流会。1977 年 11 月，为解决大城市及工矿区鱼货供应，农林部水产局在北京召开江苏、湖南、河北水产局及三省有关县座谈会，会议讨论决定在吴县、沅江、安新等县试建淡水商品鱼基地。1977 年 12 月，农林部在合肥市和无锡市召开第五次全国城郊养鱼现场会议，研究了稳产高产鱼塘面积扩大、产量增加、单产增加等。1978 年 1 月 10 日，农林部发出《关于办好以养鱼为主的副食品生产基地的通知》。1979 年 12 月，国家水产总局在湖北

---

① 孙炜琳，刘佩，高春雨. 我国淡水养殖渔业技术效率研究——基于随机前沿生产函数[J]. 农业技术经济，2014(8)：108－117.

省洪湖县召开全国淡水商品鱼基地座谈会。1984 年 1 月，农牧渔业部在广州市召开全国城市水产品产销工作会议，提出要大力建设商品鱼基地，积极发展城郊养鱼。1987 年 12 月，我国第一个水产品综合商品基地在湖北省洪湖开始兴建。

稻田养鱼既能生产粮食，又能增加水产品产量，提高了农民收入，可谓“一举两得”。1983 年 8 月，农牧渔业部水产局在四川省温江县召开全国稻田养鱼经验交流现场会。1990 年 10 月，农业部水产司、农业司在四川省重庆市联合召开全国第二次稻田养鱼经验交流会，提出今后发展稻田养鱼的指导思想是，紧密结合中低产水田改造、水田耕作制度改革和推广水田半旱式耕作技术，在确保粮食增产的前提下，积极发展不同形式的稻田养鱼，扩大与提高并重，重点突出开发中低产田和贫困地区，进一步发展与完善多元种养结合的水田立体生产模式，推动水田集约化综合经营，增加淡水鱼产量，提高水田经济效益，促进农村经济发展。1994 年 9 月，全国稻田养鱼(蟹)现场经验交流会在辽宁省盘锦市召开，会议认为，发展稻田养鱼不仅仅是一项新的生产技术措施，也是在农村中一项具有综合效益的系统工程，既是抓“米袋子”，又是抓“菜篮子”，也是抓群众的“钱夹子”，是一项一举多得、利国利民、振兴农村经济的重大举措，一件具有长远战略意义的事情。1994 年 12 月，经国务院同意，农业部印发了《关于加快发展稻田养鱼促进粮食稳定增产和农业增收的意见》。1996 年 4 月，全国稻田养鱼现场会在江苏省徐州市召开，会议确定了“九五”期间我国稻田养鱼规划，通过良好政策的引导，有力促进了稻田养鱼规模和效益的提高。1994 年 9 月 24 日，《人民日报》报道，我国农村稻田养鱼面积已达 1 540 万亩，其规模居世界之首。

随着养殖技术的进步和品种增多，水产品的供应更加丰富，现在市场上大部分渔业产品来自养殖，有效满足了人们的优质蛋白需求。尤其是为了促进捕捞业的健康发展，江河湖海普遍实施了伏季休渔政策，而且禁渔的时间越来越长，禁渔区域基本做到了全覆盖，提供鲜活水产品的任务更加艰巨。养殖水产品可以发挥养殖周期灵活调整的优势，选择合适时机上市销售，填补禁渔期内鲜活产品的市场空白，更好地适应消费者的需要。在农业产业结构调整的逐步深入进程中，水产养殖业以其比较效益在农业中占有相对优势地位，引起了各级政府、各行各业(如种植业者)和社会各界投资者的重视。渔业生产既不与粮食争耕地，又不与畜牧业争草原，在农业各产业中，比较效益较高。通常增加动物蛋白质需要粮食转化，而渔业生产的特点是不消耗或少消耗粮食，捕捞业是直接利用天然的渔业资源，水产养殖与其他畜禽饲养业相比，饲料转化率高，同样的产出对粮食消耗小。不仅如此，渔业生产占用的是非耕地宜渔资源，对粮食安全有着显而易见的重要作用。1964 年

10月18日,《人民日报》报道:我国淡水养鱼事业不断发展,全国淡水养鱼面积比去年同期增长26%,全国淡水养殖面积比1957年增长了43%,全国淡水养鱼产量,相当于解放初期产量的20多倍。全国可利用发展养鱼的水面,已经有1/4得到利用,但经过"以粮为纲"、填湖造地等增加粮食产量的措施,淡水养殖事业一度遭遇大滑坡。1978年我国淡水鱼产量还没有恢复到20年前的历史最高水平。1979年,全国围湖造田比解放初期减少湖泊水面达2 000万亩以上,淡水鱼产量占全国水产品的产量,由1959年的40%下降到1978年的20%。改革开放以来我国淡水养鱼事业飞速发展。1983年,淡水养殖产量达到142.8万吨,居世界第一位,比1978年增长87.4%,平均每年递增13.2%,全国人民食用的淡水鱼中,80%以上是人工养殖的"家鱼"。1984年9月14日,《人民日报》报道,淡水养殖产量创最高纪录。1987年全国淡水网箱养殖面积已扩大到6 000多亩,比上年增加51.9%。根据联合国粮农组织统计,水产养殖向全球提供的水产品继续增加,从1970年占渔业总产量的3.9%增加到2002年的35.5%。水产养殖增长率大大高于所有其他动物食品的生产。中国以占农业人口2%的渔民为中国百姓提供了1/3的动物蛋白质。

第二节　水域滩涂使用政策

发展水产养殖,足够数量和质量的水域滩涂是基础。从数量方面来看,随着养殖技术的不断进步,养殖水域从滩涂、岸边走向浅水和深水区域,带动了养殖面积的拓展;同时也要看到,经济社会发展使得大量企业占用岸线和水域,传统的养殖区域在退缩。从质量来看,工农业生产和生活污染的非法排放,造成大量水域的生产力下降,水域的质量问题不容忽视。

一、水域保护政策

水域是水产养殖业发展的基础,因此政府不仅关注水域的数量,而且重视水域的质量。我国渔业以养殖为主,发展的领域主要在海洋和江河湖泊,在荒水、荒滩和宜渔低洼地,必须保障渔业生产者依法享有长期而稳定的水域、滩涂承包经营权和使用权。1949年12月19日,政务院发布《关于生产救灾的指示》,要求各地根据当地自然条件,"靠山吃山,靠水吃水",帮助灾民生产自救。但由于改革开放前对粮食生产的片面强调,造成宜渔水域水面大幅减少,养殖水域保护形势非常严峻。1979年1月11日,国家水产总局负责人向《光明日报》记者发表谈话:围湖造田必须制止。1979年发布的《关于全国水产工作会议情况的报告》指出，严禁围湖填塘，已经围垦而得不偿失的，要退田还湖。1979年3月13日，《人民日报》发表评论员文章《渔区要以渔为主》。1979年4月5日，《人民日报》发表新华社记者述评《围湖造田，得不偿失》。述评说，我国许多地方违背客观规律，盲目地围湖造田、毁塘种粮，致使江河、湖泊的水面逐年缩小，引起水域变迁，淡水渔业资源遭到很大破坏，鱼产量连年下降。据统计，新中国成立以来，全国围湖造田减少湖泊水面达2 000万亩以上。淡水鱼产量占全国水产品的产量由1959年的40%下降到1978年的20%。1978年我国淡水鱼产量还没有恢复到20年前的历史最高水平。1979年12月13日，《人民日报》发表文章，要求保护浅海滩涂资源，反对盲目围海造田。1982年2月14日，《人民日报》发表评论员文章，要求"像重视土地一样重视水面"。1982年10月17日，中共中央、国务院发出关于批转农牧渔业部《关于加速发展淡水渔业的报告》的通知，指出各级党委和政府要像"重视耕地一样重视水面的利益"。1985年颁布的《中共中央、国务院关于放宽政策、加速发展水产业的指示》指出，指出要像重视耕地一样重视水域的开发利用。同时要处理好农渔用地的关系。农业部渔业局副局长李健华①认为，处理好发展渔业与发展粮食生产的关系，不在基本农田里挖鱼塘，我国渔业以养殖为主，发展的领域主要在海洋和江河湖泊，在荒水、荒滩和宜渔低洼地。《中华人民共和国渔业法》规定，县级以上地方人民政府应当采取措施，加强对商品鱼生产基地和城市郊区重要养殖水域的保护。《中华人民共和国渔业法》规定，禁止围湖造田；沿海滩涂未经县级以上人民政府批准，不得围垦；重要的苗种基地和养殖场所不得围垦。

进入21世纪，经济快速发展对水域滩涂形成了挤压，渔业水域、滩涂使用权益得不到应有的保护，渔民"失海""失水"现象增多，水域使用权的保护力度还不够。水域是发展水产养殖的基础资源，因此确保一定数量和质量的水域对于水产养殖业至关重要。近年来，经济社会发展很快，沿海一带随着海洋规划不断调整，传统的养殖作业区逐步消失，"失水""失渔"现象突出，合理补偿机制尚没有建立。我国水产养殖的主体是个体，多是从集体承包经营，加之许多承包经营期限短，合同不规范，致使渔民缺乏稳定的水域使用权，制约了水产养殖业的可持续发展。虽然出台了一些水域保护和确权法律法规，但一些地方政府担心影响地方经济发展，迟迟没有出台区域水域发展规划，水域使用权保护也没有上升到土地资源保护的高度，

① 李健华. 在全国农业工作会议渔业专业会上的讲话[A]//农业部渔业局. 中国渔业年鉴(2004). 北京：中国农业出版社，2004.

造成水域使用权的保护还面临重重压力。农业部渔业局副局长李健华[①] 2003年8月9日指出，近年来，一些地方盲目推进海域拍卖，挤占了当地渔民和转产转业渔民的生产生存空间，侵害了他们的正当权益，对渔业资源养护和管理也带来不利的影响。海洋渔业面临日益严峻的资源和环境约束。由于城市开发、港口建设、海底电缆铺设、滩涂围垦等占用渔业水域、滩涂的现象逐年增多，加之一些地方推行海域有偿使用制度和海域拍卖制度，造成大批渔民失海和失业。在工业化和城市化发展进程中，优良的渔业水域、滩涂被大量占用，传统的养殖区域受到挤压[②]。2000年修改通过的《中华人民共和国渔业法》增加了一条，规定"县级以上地方人民政府应当采取措施，加强对商品鱼生产基地和城市郊区重要养殖水域的保护"。《海域使用管理法》指出，海域属于国家所有，单位和个人使用海域，必须依法取得海域使用权，海域使用权人依法使用海域并获得收益的权利受法律保护，任何单位和个人不得侵犯。2013年颁布的《国务院关于促进海洋渔业持续健康发展的若干意见》指出，到2015年，将海水产品产量稳定在3 000万吨左右，海水养殖面积稳定在220万公顷左右，其中海上养殖面积控制在115万公顷以内。

二、海水养殖水域滩涂政策

水域和滩涂是海水养殖的主要投入要素，海水养殖业的快速发展伴随着水域、滩涂面积的扩大和立体化利用。新中国成立初期很长一段时间，对海洋的食物索取主要体现在捕捞方面，然而我国人多地少的国情，决定了我们必须从海洋获得更多的食物，仅靠海洋自然生产决定的捕捞，依然难以满足人们的需求。因此，我国在海水养殖方面做了不懈探索。1963年3月29日，《人民日报》发表社论《用更大的力量发展水产业》，指出水产业是国民经济的一个重要部门，我国大陆海岸线18 000多千米，港湾滩涂的养殖面积不到1/10。1985年颁布的《中共中央、国务院关于放宽政策、加速发展水产业的指示》指出，我国发展水产养殖业，历史悠久，条件优越，沿海可以养殖的浅海滩涂有百分之八十以上尚未开发。水产业确是一项大有希望、大有前途、大有可为的事业。

从海域使用的区位来看，经历了从滩涂、浅海到深海的发展历程。初始阶段，人们在滩涂和岸边采集自然生长的海藻和贝类，采集天然苗种，在滩涂和岸边进行养殖

---

① 李健华. 在沿海渔业厅(局)长工作座谈会[A]//农业部渔业局. 中国渔业年鉴(2004). 北京：中国农业出版社，2004.

② 韩立民，任广艳，秦宏."三渔"问题的基本内涵及其特殊性[J]. 农业经济问题，2007(6)：93－96.

生产。港湾养殖成为向海洋延伸的理想场所，风平浪静，水域环境较为熟悉，船舶出行较为便利。1958 年 9 月 19 日，水产部发布《关于大力发展海港养殖的指示》。1959 年 1 月，水产部召开全国水产工作会议，肯定了“以养为主，积极发展捕捞”的方针，要求海水养殖应以港养为重点，实行鱼、虾、贝、藻并举，全面发展。1959 年 9 月，水产部在上海召开全国水产工作会议，提出有计划地发展港养。1961 年 6 月 2 日，水产部发出《关于抓紧当前海水养殖生产的几点意见》，提出海港养殖要充分利用水面，充分投放鱼虾苗种，整修堤坝闸门，加强饲养管理。1985 年 12 月 28 日，《人民日报》发表评论员文章，指出浅海滩涂潜力大。1987 年 5 月 26 日，《人民日报》评论员发表文章认为“养海”才能“吃海”，评述要积极开发“黄金海岸”，大力发展海水养殖业。2014 年 11 月，我国首个“深远海大型养殖平台”项目在北京启动，该平台由十万吨级阿芙拉型油船改装而成，能够提供养殖水体近 8 万立方米，满足 3 000 米水深以内的海上养殖，并具备 12 级台风下安全生产、移动躲避超强台风等优越功能。

除了港养，由于便于管理，池塘养鱼一直是重要的养殖方式。近年来，依靠科技工作者的努力，掌握了更多鱼类习性、海水运动和气候变化的规律，将养殖水域拓展到浅海和深海，养殖方式也发生了很大变化，有浮筏养殖、吊笼养殖、网箱养殖，养殖工具也更加现代化，体现了工业装备的强大作用，借助先进生产工具，人们能更好驾驭复杂的养殖环境，使得养殖区域不断扩大。1981 年 11 月 30 日，赵紫阳总理在五届人大四次会议政府工作报告中指出，发展农村经济，首先要合理利用现有耕地，同时一定要把大片的山地和丘陵、广阔的草原、大小江河和星罗棋布的湖泊塘堰以及海涂海域都逐步地、合理地、充分地利用起来。1982 年 11 月 25 日，农牧渔业部印发《全国海水养殖工作会议纪要》，指出加速发展海水养殖业，有利于沿海渔民增加收入，尽快地富裕起来，要充分认识发展海水养殖业的重大意义和作用，把海水养殖业提到更高的地位，像重视耕地一样重视浅海滩涂的利用，并采用正确的政策，调动一切积极因素，实行“充分利用浅海滩涂，因地制宜增殖养殖，鱼虾贝藻全面发展，加工运销综合经营”的方针。对滩涂的利用要因地制宜，统筹兼顾，发挥优势。海水养殖由沿岸池塘养殖向深海网箱养殖发展是海水养殖业发展必然趋势①。1988 年 4 至 5 月份，赵紫阳总书记视察山东半岛时，围绕水产养殖和水产品收购问题指出，“网箱养鱼效益很高，是值得提倡的”。“海水养殖，网箱养鱼，增加产量，可以解决蛋白质的问题，中国应想办法多搞点水产”。1988 年 5 月，赵紫阳总书记主持召开的中央财经领导小组会议提出，请农业部对海水养殖和网

---

① 陈雨生，房瑞景，乔娟. 中国海水养殖业发展研究[J]. 农业经济问题，2012(6)：72 - 77.

箱养鱼进行专题研究，订出规划，采取相应的政策和方法，支持各地海、淡水养殖业的发展。1990 年 8 月，宋平到烟台、威海、青岛视察，参观了渔业基地，指出，“我国海岸线很长，岛屿又多，要充分利用起来。有这么多的劳动力，再加上科学技术，开发海洋是很有前途的，将来会成为一个海产的大国”。“山东要把开发海洋放在重要的位置上来抓，要像抓农业那样抓海洋开发，把可以利用的海面都利用起来，促进渔业向广度和深度进军”。2013 年颁布的《国务院关于促进海洋渔业持续健康发展的若干意见》指出，推广深水抗风浪网箱和工厂化循环水养殖装备，鼓励有条件的渔业企业拓展海洋离岸养殖和集约化养殖。

近年来还出现了一种新型的养殖方式——工厂化养殖，看似从海洋又回到了陆地，然而跟之前的滩涂、岸边养殖有很大不同。工厂化养殖实施全封闭和人工控制的养殖环境，对鱼类养殖的人工干预，使得养殖的科学化程度提高，养殖产出和效益也有明显增长。另外，养殖用水实现了循环利用、达标处理，减少了传统海水养殖造成的日益严峻的环境污染。可见，工厂化养殖是一种集约、高效、环保的生产方式，值得大力提倡和推广。

海域使用不仅有面积的不断拓展，还有利用层次的逐步深化。传统海水养殖对水域的使用比较单一，例如滩涂养殖，但随着海域使用面积的扩大和深度的增加，水面可以进行浮筏养殖，水体可以吊笼养殖或者网箱养殖，水底则进行增殖生产。这样不仅提高了海域使用的效率，还提高了投入产出率。这是因为不同水域养殖构成了一个内在的食物链条。例如，浮筏生产的海带可以作为吊笼生产海参的食物，而海参的排泄物又成为海底贝类的食物。

三、淡水养殖水域使用政策

我国淡水养殖历史悠久，《养鱼经》、桑基鱼塘生动展示了古代劳动人们的勤劳和智慧。计划经济时期，面对粮食生产和供应的严峻形势，国家实施“以粮为纲，农林牧副渔全面发展”的政策，虽然时常强调渔业生产的重要性，但最基础的粮食生产还无法保证，又不能依靠进口解决粮食问题，因此耕地不仅要提高质量，还要不断扩大面积。渔业生产的水面不断被压缩，鱼塘面积不断缩小，填湖造地大量进行，例如鄱阳湖、洞庭湖面积大幅缩小。

随着粮食生产形势好转，保证粮食生产的压力有所缓解，大中城市一度普遍出现的“吃鱼难”成为较为突出的问题。为了解决这一困扰政府的难题，扩大养殖面积成为自然的对策。先是举办城郊养鱼，逐步建立起来商品鱼基地，随后又把池塘、水库等水域充分利用起来。随着政府确定“以养为主”的政策，更是要求把一切可利用的水面都充分利用起来。1974年11月8日，农林部印发《第二次全国城郊养鱼现场经验交流会议纪要》，国务院对发展城郊养鱼十分重视，指示凡有水面的都可以养鱼。发展城郊养鱼要切实贯彻“以粮为纲，全面发展”和“农、林、牧、副、渔五业并举”的方针，牢固树立城市郊区要为城市服务的思想，纠正单一经营，忽视渔业，盲目毁塘的偏向。大江大河、湖泊都纷纷开展养鱼事业。1983年1号文件《当前农村经济政策的若干问题》提出，将不宜耕种的土地还林还牧还渔，要着重提高单位产量，讲求经济效益。1984年11月25日，《中国农民报》发表评论员文章《全面开发水域，大力发展养殖业》。1987年12月8日，我国第一个水产品综合商品基地在湖北省洪湖开始兴建。1990年7月9日，在全国大中城市副食品工作会议上，李鹏总理作重要指示：我国有丰富的水面还没有完全被利用，这些资源都可利用。这几年水产发展的速度比较快，但是人均占有量在世界上还是偏低的。要进一步利用江河湖泊，还有一些池塘，发展水产养殖业。在淡水养殖政策的支持下，我国淡水渔业养殖面积和产量都有很大进步。1964年，全国淡水养殖面积比1957年增长了43%，全国淡水养鱼产量，相当于解放初期产量的20多倍。全国可利用发展养鱼的水面，已经有1/4得到利用。1987年全国淡水网箱养殖面积已扩大到6 000多亩，比上年增加51.9%。1994年，我国农村稻田养鱼面积已达1 540万亩，其规模居世界之首。

四、水域确权政策

我国海域为国家所有，淡水水面分为国有和集体所有。在国有产权不变的前提下，养殖生产经历了国营、集体经营、家庭经营和企业经营等不同的形式，水域使用也由国家使用、集体使用转向家庭使用、企业使用。在计划经济时期，急于追求生产关系的先进性，使得生产关系一度脱离生产力发展阶段的要求，渔业生产关系也概莫能外。公有公营成为当时的生产方式，在解决机械化生产、科技投入、两极分化等问题方面发挥了重要作用，然而窒息了生产活力，加之水产养殖分散生产带了监督成本太高，难以有效监督造成“干多干少一个样”，生产积极性下降，无论是国有水产企业还是公社集体经济，都出现了连年亏损，也阻碍了水产养殖业的发展。在发展家庭水产养殖业过程中，相应的水域承包权、使用权等产权配套政策需要加快完善。渔业资源产权化是解决渔业问题的根本途径①。改革开放以来，市场化进程的不断推进要求经营主体自主经营、自负盈亏，水域使用权与所有权分离

① 刘舜斌.我国渔业资源产权化管理的理论探讨[J].农业经济问题，2009(3)：93-98.

成为产权明晰的首要前提。1981年5月29日,《人民日报》发表了《一场关于承包渔场的争论》一文,引发了在报上展开农村经济改革中关于陈志雄承包渔场问题的讨论。1981年12月1日,《红旗》杂志发表文章,指出发展渔业的指导思想要有一个根本性的转变,承包制实施对于养殖业是一次革命性的变革。1982年1号文件提出,在经济比较发达,已形成了较细的专业分工和技术分工的社队,则一般是由劳力按农、林、牧、副、渔、工等项分业和某些技术分工而实行专业承包。1982年10月17日,中共中央、国务院发出关于批转农牧渔业部《关于加速发展淡水渔业的报告》,提出要落实水面使用权,长期使用不变;首次在农村规定,由养鱼能手承包较大面积的水面,经过批准,可以吸收3～5个学徒或帮手搞小业主式的经营。1983年1号文件"当前农村经济政策的若干问题"提出,国营农、林、牧、渔场,是国家重要的商品生产基地,应实行经济责任制,农工商综合经营,努力增加商品产量,为提高商品质量,做出更大的贡献。林业、牧业、渔业、开发荒山、荒水以及其他多种经营方面,都要抓紧建立联产承包责任制,要建立和健全承包合同制。1985年颁布的《中共中央、国务院关于放宽政策、加速发展水产业的指示》指出,水产养殖的责任制,能够包到户的都要包到户;承包面积可以不限,有的还可向外县、外省开放。1985年3月1日,《经济日报》发表评论员文章,要求"抓住大好时机,发展水产养殖业",指出全国已有90%以上的养殖小水面落实了生产责任制。1985年4月24日,《经济日报》发表评论员文章,要求立足千家万户,放手发动水产。1985年5月,国务院办公厅转发农牧渔业部《关于改进大中城市农牧渔业工作的报告》,提出调整农村结构,形成以服务城市为目标,近、中、远相结合和配套的环状生产布局;建设鱼商品基地,注意发展名、优、特、新产品;扶持农民发展家庭经营,尤其要重视发展养殖专业户、联合体和专业村。1986年1号文件提出,国家无力经营的山林、草场、水面,可以承包给当地群众经营,也可以划出部分资源与当地群众联营。《渔业法》提出集体所有的或者全民所有由农业集体经济组织使用的水域、滩涂,可以由个人或者集体承包,从事养殖生产。承包经营自农业生产取得成功,水产养殖也纷纷采取承包经营的方式,统分结合的双层经营体制在确保水域集体所有权不变的前提下,放开水域的承包经营权。小水面纷纷实行承包经营方式。1981年3月,胡耀邦同志在中共中央书记处八十八次例会讨论发展农村多种经营时,列举了发展淡水养鱼一事。他说,我国淡水面积总共大约有3亿亩,可以利用的有7 500万亩,水库有4 000万亩,要重视可用的淡水水面,把水塘包给生产队或个人养鱼、种菱角、种莲藕。三五年内,应该争取淡水鱼产量达到四五百万吨。

我国的大江大湖、水库资源丰富,海水养殖向深水推进过程中,养殖水面越来越大。与小水面便于管理和承包经营不同，大水面如何确权一开始就成为一个难题，我国对此进行了积极探索。1980 年 6 月，中央书记处听取了关于水产工作的汇报。赵紫阳指示，大水库养鱼，可以考虑采取两种办法：一种是统一经营，另一种是同水库有关的各个方面组成合股公司，各单位都是股东，联合经营。1982 年 11 月，农牧渔业部部长率中国农业代表团访问菲律宾，访问期间着重考察了该国的水产养殖业，特别是大水面围栏养殖。回国后，要求水产局在江苏省太湖等大水面搞试点，我国的围栏养殖从此开始迅速发展起来。1983 年 9 月 26 日，胡耀邦批示，中国特别是南方水面很大，要认真重视开发。小水面好办，大水面究竟如何，要继续研究实验。1984 年 8 月，《人民日报》发表社论《让"聚宝盆"多多献金》，评述放宽政策，充分利用大中型水域，发展渔业生产，增加社会财富。1985 年颁布的《中共中央、国务院关于放宽政策、加速发展水产业的指示》指出，要重视大水面的开发利用，要研究解决有关联营的形式、收益分配以及大水面养殖的生产技术问题；凡能划界的要划界，明确水域使用权，落实经营权；划界有困难或有争议的，应由上一级政府组织有关各方联合开发，合理分配收益，不得因有争议而长期丢荒、闲置。1985 年 11 月，农牧渔业部在北京召开全国水产厅(局)长会议，认为坚持国家、集体、个人一起上，提出要在池塘大面积精养高产和大中型水面、浅海滩涂的开发利用上有个突破。

养殖证制度是确保养殖渔民长期而稳定的水域滩涂使用权的法律制度。水域使用一开始以承包经营的形式，承包合同、期限等都没有明确的法律规定。为了进一步明确双方的权利和义务，政府出台了养殖水域滩涂确权发证的政策。1981 年国务院批转国家水产总局《关于当前水产工作若干问题的请示报告》的通知中明确规定"对水面、滩涂的所有权和使用权，已经确定的不要轻易变动，没有确定的要尽快确定下来"。《中华人民共和国渔业法实施细则》提出，使用全民所有的水面、滩涂，从事养殖生产的全民所有制单位和集体所有制单位，应当向县级以上地方人民政府申请养殖使用证。全民所有的水面、滩涂在一县行政区域内的，由该县人民政府核发养殖使用证；跨县的，由有关县协商核发养殖使用证，必要时由上级人民政府决定核发养殖使用证。2000 年修改通过的《中华人民共和国渔业法》增加了一条，规定"县级以上地方人民政府在核发养殖证时，应当优先安排当地的渔业生产者"，将养殖证发放范围由全民所有制、集体所有制单位扩大为单位和个人。规定国家对水域利用进行统一规划，确定可以用于养殖业的水域和滩涂。单位和个人使用国家规划确定用于养殖业的全民所有的水域、滩涂的，使用者应当向县级以上地方人民政府渔业行政主管部门提出申请，由本级人民政府核发养殖证，许可其使用该水域、滩涂从事养殖生产。核发养殖证的具体办法由国务院规定。集体所有的或者全民所有由农业集体经济组织使用的水域、滩涂，可以由个人或者集体承包，从事养殖生产。县级以上地方人民政府在核发养殖证时，应当优先安排当地的渔业生产者。截至2000年年底，全国共发放养殖使用证31.1万本，发证面积156.78万公顷，占养殖面积的25%。为加强对水产养殖业的宏观管理，进一步完善养殖证制度，维护渔业养殖生产者的合法权益，促进水产养殖业持续健康发展，2002年3月，农业部印发《完善水域滩涂养殖证制度试行方案》，指出建立水域滩涂养殖规划制度，国家对水产养殖水域、滩涂实行养殖证制度。养殖证是生产者使用水域滩涂从事养殖生产活动的合法凭证，要按照发证范围、发证办法、实施步骤开展工作。2010年5月，农业部发布《水域滩涂养殖发证登记办法》，明确水域滩涂养殖权。水域滩涂养殖权是指依法取得的使用水域、滩涂从事水产养殖的权利，明确了国家所有水域滩涂的发证登记、集体所有或者国家所有由集体使用水域滩涂的发证登记，以及变更、收回、注销和延展水域滩涂养殖权等事项的办理要求。2007年，《中华人民共和国物权法》获得通过，该法"用益物权编"第123条规定，"依法取得的使用水域、滩涂从事养殖、捕捞的权利，受法律保护"。这是我国民事基本法律首次明确规定渔业养殖权和捕捞权，意味着渔民的合法权益不仅受行政法保护，还受民法保护。2010年5月24日出台的《水域滩涂养殖发证登记办法》，明确了国家所有水域滩涂的发证登记、集体所有或者国家所有由集体使用水域滩涂的发证登记。

相关法律法规的不断完善，加之各部门的高度重视，我国养殖水域确权面积和比例有很大提高。2004年年底全国发放养殖证15万本，占全国养殖总面积的40%。2006年年底，全国共发放养殖证28.4万本，确权水域滩涂面积343.6万公顷，确权发证率57.1%。其中，全民水域养殖证83 635本，确权水域滩涂面积203万公顷；集体水域养殖证20万本，确权水域滩涂面积140万公顷；县级养殖水域滩涂规划出台率31.2%；地(市)级养殖水域滩涂规划出台率25%；5个省出台了省级养殖水域滩涂规划。截至2010年年底，全国已有9个省级、87个地市级和1 107个区县级人民政府出台了养殖水域滩涂规划，核发养殖证37万多本，确权面积493万公顷，确权发证率68%。"十二五"时期县级水域滩涂规划出台率从2010年的39%提高到2015年的100%，养殖证发放率从2010年的68%提高到2015年的100%。截至2013年12月底，全国已有11个省级、147个地(市)级和1 365个区(县)级人民政府颁布实施本行政区域养殖水域滩涂规划；全国累计核发新版《水域滩涂养殖证》137 203本，确权登记面积391万公顷。截至2014年年底，确权登记水域、滩涂面积达456万公顷，占总养殖面积的55%。

五、水域流转政策

水域流转是水产养殖发展到一定阶段的产物。在计划经济条件下，水域滩涂实行国营和集体经营，经营目标没有利润倾向，使用由国家和集体决定，也谈不上流转的问题。自从水域滩涂使用权与所有权分离后，水域滩涂使用权在一定时期内相对稳定，而经营者的变动比较频繁，出现了水域使用权流转的需要。随着现代水产养殖业的发展，规模经营成为一个趋势。大户养殖、现代渔业需要较大面积水域，而水域使用权相对分散，建立水域使用权流转制度越发重要。通过规范、便利的交易平台，使水域使用权通过合理的价格转让到使用者手中。国务院1997年批转的农业部《关于进一步加快渔业发展的意见》中指出，推进水产养殖业形成适度规模经营。《海域使用管理法》规定，海域使用权可以依法转让。水域的确权和颁发证书工作，对于水域适度规模化流转发挥了积极的影响。

第三节　水产健康养殖政策

近年来，水产品质量安全受到社会广泛关注。养殖操作不规范、非法添加抗生素和使用药物等，影响了人们的食物安全和身体健康。而养殖水域的污染，也会生产出不安全的水产品。今后我国水产养殖业不应再盲目追求数量的过快增长，而是要转移到健康养殖、生态安全的可持续发展模式上来。健康养殖是一个系统工程，需要从人员、水质、饲料、技术、管理等多方面付出努力。

一、生产环境治理的措施

陆源污染来源广泛，包括化肥和农药、禽畜粪便、村镇居民生活污水、企业生产污水、生活垃圾等，涉及环保、农业、水利、城建、规划等多个行政执法机关。养鱼先养水。海洋污染加速了渔业资源的衰退。大连新港溢油事故、蓬莱溢油事故、2011年日本“311大地震”核泄漏等都对渔业生产造成严重影响。海域污染面积逐年扩大，沿岸海域环境质量呈恶化趋势，严重威胁鱼、虾、贝等海产生物的生存[①]。鱼类生活在水体之中，水域环境状况对海水养殖业的影响很大。自然界的鱼类可以自由地游动，选择最适于它们成长的条件，对特定水域的依赖较小。浮筏、网箱养殖海域多位于港湾和近岸浅海附近等相对固定的水域，虽然海水是流动的，但海水交

---

① 储英奂.发挥比较优势，进一步发展中国海洋渔业[J].中国农村经济，2003(11)：44－49.

换和净化的速度并不快，因此具体海域的水质状况就决定了养殖海产品的成长环境。多年来依靠铺摊子式的粗放经济发展模式带来大量的污染，工业化、城镇化产生了大量生产、生活污水，其中相当部分污水未经净化甚至未处理就直接排入海洋。如大连湾部分海域已达富营养化程度，湾内局部海域已出现赤潮现象，赤潮又引起鱼类的损害和死亡。① 陆源污染污染物大量进入海洋，部分污染严重的地方甚至出现了鱼类绝迹的现象，遏制陆源污染的高排放势头已刻不容缓。

水质状况直接影响鱼类的生长质量，关系海洋渔业的发展。改革开放以来，经济社会快速发展，工业和农业污水、污染急剧向近海扩散，使得近海渔业资源下降，甚至出现了"无鱼可打"的局面。海洋渔业产业发展与近岸海洋生态环境之间的矛盾尚未得到有效缓解。② 重视对水域污染的治理和水质保护刻不容缓。1979 年 2 月，国务院环境保护领导小组、国家建委、国家经委、国家水产总局发出《关于颁发〈渔业水质标准〉的通知》，包括水质标准、水质保护、水质监测。同月，国务院发布《水产资源繁殖保护条例》，提出对水域环境的保护，禁止向渔业水域排弃有害水产资源的污水、油类、油性混合物等污染物质和废弃物。《中华人民共和国渔业法实施细则》提出，各级渔业行政主管部门，应当对渔业水域污染情况进行监测；渔业环境保护监测网，应当纳入全国环境监测网络。1983 年 12 月，国务院发布的《防止船舶污染海域管理条例》规定了船舶防污和设备、船舶油类作业及油污水的排放、船舶装运危险货物、船舶垃圾处理、使用船舶倾倒废弃物、船舶污染事故的损害赔偿等内容。1984 年，农牧渔业部水产局批准成立全国渔业环境监测网。1984 年 11 月，《中华人民共和国水污染防治法》施行，后经 1996 年 5 月修正，包括水环境质量标准和污染物排放标准的制定、水污染防治的监督管理、防止地表水和地下水污染等，明确了渔业污染事故的执法处理。1985 年 3 月，国务院发布的《海洋倾废管理条例》规定，主管部门对海洋倾倒区应定期进行监测，加强管理，避免对渔业资源造成有害影响。1988 年 4 月，中华人民共和国渔政渔港监督管理局发出《关于加强渔港水域环境保护工作的规定》，指出国家渔政渔港监督管理机构主管渔港水域和渔业船舶防止污染的环境保护工作，我国的机动渔业船舶必须配齐《海洋环境保护法》和《防止船舶污染海域管理条例》规定的防污设备及经渔船检验部门签发的有效的防污证书、证件。1988 年 5 月，国务院发布的《防止拆船污染环境管理条

---

① 王惠卿，林长青，孙国炜．大连湾海域赤潮的生物学调查及探讨[J]．环境保护科学，1987(1)：29－36．李震，刘景泰．大连湾海域水体富营养状况分析[J]．中国环境监测，2000(1)：38－41．

② 杨林，苏昕．产业生态学视角下海洋渔业产业结构优化升级的目标与实施路径研究[J]．农业经济问题，2010(10)：99－105．

例》特别指出，国家渔政渔港监督管理部门主管渔港水域拆船的环境保护工作，负责监督拆船活动对沿岸渔业水域的影响。1989 年 7 月，国务院批准国家环保局发布执行《中华人民共和国水污染防治实施细则》。为保护渔业水域生态环境，1989 年 8 月，国家环境保护局批准"渔业水质标准"为中华人民共和国国家标准。1990 年 6 月，国务院发布的《防治陆源污染物污染损害海洋环境管理条例》，对申报登记、排放标准以及固体废弃物、废水等都作了规定。《海洋环境保护法》专列一章《防治陆源污染物对海洋环境的污染损害》，指出包括入海排污口位置选择、申报、严格控制工业废水、生活污水排放、沿海农田合理使用农药、化肥、禁止转移危险废物等。1990 年 9 月，国家海洋局发布实施《中华人民共和国海洋倾废管理条例》。1991 年 1 月，中国农业环境保护协会渔业环境保护专业委员会成立。1994 年 6 月，《中国环境状况公报》公布，指出 1993 年全国渔业水域生态环境恶化状况未能得到有效控制，渔业水域污染日趋严重。1995 年 9 月，农业部发布并经 2004 年 7 月修订的《长江渔业资源管理规定》，提出加强渔业水域环境保护，防止长江水域污染。为加强渔业水域环境的监督管理，科学合理地计算因污染事故造成的渔业损失，1996 年 10 月，农业部发出《水域污染事故渔业损失计算方法规定》，明确了污染事故渔业损失量的计算、污染事故经济损失量的计算方法。1997 年 3 月，农业部发布《渔业水域污染事故调查处理程序规定》，包括污染事故处理管辖、调查与取证、处理程序等内容，以便及时、公正地调查处理渔业水域污染事故，维护国家、集体和公民的合法权益。1997 年 4 月 1 日，贯彻执行《水污染防治法》经验交流会在上海市召开，对渔业水域污染事故的调查处理及渔业环境检测等工作作了具体部署。《中华人民共和国渔业法》规定，各级人民政府应当采取措施，保护和改善渔业水域的生态环境，防治污染。1999 年 12 月，国家环境保护总局发布的《近岸海域环境功能区管理办法》，指出近岸海域环境功能区分为四类，其中一类近岸海域环境功能区包括海洋渔业水域、海上自然保护区、珍稀濒危海洋生物保护区等，二类近岸海域环境功能区包括水产养殖区、与人类食用直接有关的工业用水区等，还对近岸海域环境功能区的划定和管理作了规定。2003 年 7 月，农业部发布《水产养殖质量安全管理规定》，指出水产养殖用水应当符合农业部《无公害食品海水养殖用水水质》(NY5052—2001)或《无公害食品淡水养殖用水水质》(NY5051—2001)等标准，禁止将不符合水质标准的水源用于水产养殖。2004 年 2 月发布、2004 年 7 月修订、由农业部发出的《渤海生物资源养护规定》提出，养殖废水排放应符合国家有关排放标准，池塘清淤应进行合理处理，防止水域污染。为了应对渤海海域发生的较大面积赤潮，做好赤潮灾害防治工作，2004 年 6 月，农业部发出《关于加强渤海赤潮灾害防治工作的紧急通知》，要求落实管理责任制，密切关注赤潮灾害动向，加强渔业水域生态环境监测，加大赤潮灾害防灾减灾力度，加强养殖水域及养殖产品中的生物毒素监测。2011 年中央 1 号文件指出建立水功能区限制纳污制度；确立水功能区限制纳污红线，从严核定水域纳污容量，严格控制入河湖排污总量；各级政府要把限制排污总量作为水污染防治和污染减排工作的重要依据，明确责任，落实措施；对排污量已超出水功能区限制排污总量的地区，限制审批新增取水和入河排污口；建立水功能区水质达标评价体系，完善监测预警监督管理制度。2012 年中央 1 号文件强调开展水产养殖生态环境修复试点。2013 年颁布的《国务院关于促进海洋渔业持续健康发展的若干意见》指出，要严格控制陆源污染物向水体排放，实施重点海域排污总量控制制度。

渔业水域污染加剧，赤潮频发，污染事故增多，海水生态环境改善的程度已无法满足海水养殖发展的需要，甚或成为制约海水养殖潜力继续释放的短板①。由于养殖生产高密度、集约化的方式，自身污染日趋严重，养殖发展受到很大限制。农业部、国家环境保护总局联合发布的《中国渔业生态环境状况公报(2001)》，指出 2001 年度离岸较远的海水鱼虾类产卵场、稚幼鱼索饵场、越冬场及内陆一些重要河流上游等渔业水域水质良好，基本没有受到污染，适合鱼类的繁殖和生长，栖息在这些水域的鱼类品质优良；近岸海域、河口及内湾部分渔业水域受到一定程度污染；而江河、湖泊鱼类产卵场、索饵场及洄游通道等渔业水域污染仍较严重。沿海水域的重化工业、石油开采都隐藏着巨大的污染隐患，一旦发生事故，对相邻水域的渔业生产会造成重大损失，为此建立生态损害补偿制度尤为关键。2012 年，与中国海洋石油总公司、康菲公司成功签订《蓬莱 19-3 油田溢油渔业损失赔偿补偿协议》，妥善处理了养殖渔民赔偿工作，养殖渔民和渔业资源共获赔 13.5 亿元，推动了生物资源养护和生态环境修复。

养殖过于密集不利于水产品的质量安全。海水养殖本身也形成了水域污染，尤其是没有实施严格的养殖总量控制，渔民为追求更多的产出，考虑到短期利益，实施高密度养殖，加之投饵、用药过多，造成水域污染。日本渔场的共同利用和私人经营追求利润的矛盾的表现是密殖，典型例子是以给饵养殖为主的渔场，由于排泄物和残饵使渔场污染、老化②。养殖结构布局的不合理导致渔业生产集中在某些区域尤其是近海，这些海域往往水流平缓，水深较浅，海水自净能力差，一旦养殖

① 王秀娟，胡求光. 中国海水养殖与海洋生态环境协调度分析[J]. 中国农村经济，2013(11)：86-96.

② [日]清光照夫，岩崎寿男. 水产经济学[M]. 王强华，李艺民，译. 北京：海洋出版社，1996：238.

密度增加，就会引起局部海域水域污染。近岸进行高密度的海带人工养殖是大连星海公园海滨浴场产生严重有机污染的重要根源之一[①]，污染状况对海水养殖生产又会带来不利影响，引起环境与养殖生产的恶性循环。大连湾小孤山海域养殖的牡蛎连续发生大面积死亡，致病原因一是氨氮对海洋生物的毒性，另一个是牡蛎高密度养殖大大超过了海域环境的负荷能力，海水中的营养物和养殖自身的污染，造成海水富营养化[②]。过于密集养殖对环境的影响已经显现，超出了资源环境条件的承载能力，产生的污染不能有效自我净化，反过来又妨碍渔业的正常成长。遭受污染的水产品对人们的生命健康具有很大危害，也会受到市场的抵制。1988 年 1 月，上海市市民食用来自江苏省启东县沿海被粪水污染的毛蚶，全市爆发甲型肝炎，发病人数达 310 746 例，死亡 47 人。1997 年 6 月 4 日，农业部渔业局发出《关于加强渔业生产环境和卫生质量监督管理的通知》，指出我国渔业生产环境和水产品卫生质量监督管理等方面都存在不少问题，已严重影响我国水产品出口；我国出口欧盟的贻贝类产品被发现有危害人体健康的副溶血性弧菌；欧盟发布的 97/20/EEC 指令未把我国列入允许对其出口双壳贝类产品国家；美国称自 1997 年 12 月 18 日前，凡未建立 HACCP 方案（即危害分析和关键控制点）的水产品生产企业的出口产品不得进入美国市场。为尽快与国际水产品质量监督管理水平接轨，保证水产品卫生标准，要求从加强对双壳贝类生产环境和卫生质量监督管理入手，逐步扩展到对全部水产品生产环境和卫生标准监督管理，帮助水产品加工厂建立 HACCP 方案，推广先进的质量管理方法。为此，1997 年 10 月，国家技术监督局批准成立“中国水产品质量认证管理委员会”暨“中国水产品质量认证中心”，设在中国水产科学研究院内。1997 年 11 月，中华人民共和国渔政渔港监督管理局印发《贝类生产环境卫生监督管理暂行规定》。因此要确定海域养殖容量，对海水养殖总量、密度进行控制，确保养殖区的污染排放量不超过海域自身的净化能力[③]。2002 年 3 月，农业部印发《完善水域滩涂养殖证制度试行方案》，指出在使用水域滩涂从事养殖生产时，养殖证持证人要按照规划合理布局，科学投饵、用药，不得造成水域环境污染。《中华人民共和国渔业法》规定，从事养殖生产应当保护水域生态环境，科学确定养殖密度。《海洋环境保护法》提出，海水养殖应当科学确定养殖密度，并应当合理投饵、施肥，正确使用药物，防止造成海洋环境的污染。1999 年 5

① 张校. 海带人工养殖与海滨环境污染——大连市星海公园海带污染事故调查[J]. 环境保护科学，1988，14(3)：55－60，67.

② 刘现明. 大连湾小孤山养殖海域富营养评价及牡蛎死因分析[J]. 海岸工程，1997(3)：41－46.

③ 王秀娟，胡求光. 中国海水养殖与海洋生态环境协调度分析[J]. 中国农村经济，2013(11)：86－96.

月制定、2001 年 11 月修订的《饲料和饲料添加剂管理条例》，对饲料和饲料添加剂的审定与进口管理、生产、经营和使用进行了规范管理，使用饲料添加剂应当遵守国务院农业行政主管部门制定的安全使用规范。2013 年颁布的《国务院关于促进海洋渔业持续健康发展的若干意见》指出，要控制近海养殖密度。《全国渔业发展第十三个五年规划(2016—2020 年)》，指出要科学划定养殖区域，明确限养区和禁养区，科学确定养殖容量和品种。

二、推广生态养殖的政策

首先，推行科学养殖方式。按照海洋经济远景规划及海水养殖规划要求，科学确定相关海域的养殖容量，使养殖水产品的数量、品种与环境、资源禀赋相协调，逐步完善健康养殖模式。2003 年 7 月，农业部发布《水产养殖质量安全管理规定》，指出健康养殖指通过采用投放无疫病苗种、投喂全价饲料及人为控制养殖环境条件等技术措施，使养殖生物保持最适宜生长和发育的状态，实现减少养殖病害发生，提高产品质量的一种养殖方式。生态养殖指根据不同养殖生物间的共生互补原理，利用自然界物质循环系统，在一定的养殖空间和区域内，通过相应的技术和管理措施，使不同生物在同一环境中共同生长，实现保持生态平衡、提高养殖效益的一种养殖方式。《海洋环境保护法》指出，国家鼓励发展生态渔业建设，推广多种生态渔业生产方式，改善海水养殖状况。

深入实施海水养殖标准化示范工程，加大渔业科技推广力度，使养殖从业者掌握必要的技术要领，带动广大养殖户走上科学养殖道路。适应不同品种的习性，科学搭配养殖品种，既可以分散投资，降低养殖业户承担的风险水平，又提高了产出效益水平。

其次，克服分散的小生产模式弊端。目前海水养殖业的主体是遍布各处的个体渔业，其处于企业组织形式的最低层次。现代海水养殖业需要先进的设施、饲料、技术、管理、信息、资本等诸要素，而从个体渔业所拥有的有限资本而言，更多地运用劳动来替代较为昂贵的资本，使得他们往往因陋就简，生产经营比较粗放，造成抵御各种风险的能力不高。养殖生产者基本是当地渔(农)民，文化和专业素质不高①，生产经营者囿于家庭或者家族的范围之内，相对于市场经济的内在要求——在尽可能广泛的地域寻找最有竞争力的人才，显然遥不可及，降低了个体渔业驾驭风险的能力。例如，渔民不懂得渔药的科学原理，造成 2006 年曾发生我国

---

① 高广斌，耿红卫，邹积波，等.大连沿海网箱养殖现状及存在的问题[J].中国水产，2006(8):13,15.

鳗鱼产品孔雀石绿超标、紫菜中扑草净超标、鳗鱼产品中硫丹超标的现象①。显而易见，渔民素质整体不高潜伏着海水养殖业的巨大风险隐患。因此要注重推动水产健康养殖示范场建设，调动小规模水产养殖户的积极性，提高安全生产水产品的能力。水产业健康发展需要高素质的生产和技术人员，对于确保水产品质量安全至关重要。研究发现，户主受教育程度对海水养殖户渔药合理施用行为具有积极影响②。但水产从业者的文化素质不高，亟需技术推广人员的指导和帮助。由于缺少专业技术人员和无公害养殖技术基础知识，高达 1/3 的养殖企业根本不了解滥用渔药的负面影响③。为加快水产科学技术进步和科技成果的推广运用，破解当时市县水产技术推广机构不健全、乡镇一级机构寥寥无几的难题，1992 年 1 月，农业部水产司发出《关于抓紧落实水产技术推广服务体系建设工作的通知》，要求充分认识水产技术推广服务体系建设的重要性和紧迫性，加强领导，抓紧机构人员编制的测算调查，研究制定具体实施方案，把好进编人员质量关。为加强乡镇水产站的管理，更好地为渔民及水产生产服务，促进水产业持续稳定发展，1992 年 11 月，农业部发布《乡镇水产站管理办法(试行)》，对机构、人员、工作任务、经营服务、管理、奖惩等进行了明确规定。1995 年 4 月，农业部渔业局印发《加强水产技术推广体系建设的意见》，指出水产技术推广体系面临基础差、经费短缺，以及缺少必须仪器、设备、培训场地和试验示范基地的问题，要深入贯彻执行《农业法》和《农业技术推广法》，加快乡镇水产站建设，多渠道解决资金，增加对水产技术推广的经费投入，充分发挥国家、地方的积极性，提高推广人员的素质，进一步改善水产技术推广人员的工作、生活条件，充分调动科技推广人员的积极性，加快水产技术推广体系建设，以提高技术进步对渔业发展的贡献。2003 年 7 月，农业部发布《水产养殖质量安全管理规定》，指出水产养殖专业技术人员应当逐步按国家有关就业准入要求，经过职业技能培训并获得职业资格证书后，方能上岗。

最后，积极发挥水产养殖示范场的带动作用，引领行业健康发展。1999 年 8 月，农业部和财政部共同决定在辽宁、山东、江苏、上海、天津、广西和青岛实施 7 个对虾健康养殖示范项目，支持水产健康养殖示范场创建。2009 年中央 1 号文件指出扩大水产健康养殖示范区(场)建设，加快农业标准化示范区建设，推动龙头企业、农民专

---

① 李清. 科学用药，规避风险，确保我国水产品出口贸易健康发展——日本水产养殖用药规定解析[J]. 中国兽药杂志，2007(9)：41－44.

② 陈雨生，房瑞景. 海水养殖户渔药施用行为影响因素的实证分析[J]. 中国农村经济，2011(8)：72－80.

③ 王世表，阎彩萍，李平，等. 水产养殖企业安全生产行为的实证分析——以广东省为例[J]. 农业经济问题，2009(3)：21－27.

业合作社、专业大户等率先实行标准化生产，支持建设绿色和有机农产品生产基地。2013 年 2 月份印发《农业部办公厅关于开展 2013 年农业部水产健康养殖示范场创建活动的通知》，各地养殖企业和农民专业合作社等单位踊跃参与，1 131 家创建单位获得农业部水产健康养殖示范场。2014 年 12 月，农业部公布农业部水产健康养殖示范场（第九批）名单，正式授予 793 家单位示范场称号。至此，已命名的部级水产健康示范场总数已达 5 354 家。另外，海水养殖业风险牵动着广大养殖户、经济合作组织、龙头企业、金融机构和政府，相互交织的利益共同体使得他们可以形成合力，以建立有效的合作机制共同应对生产经营者海水养殖业的高风险。通过引入龙头企业、专业合作社等现代化经营组织，可以将其先进的技术和管理经验分享给分散经营的养殖业户，既充分发挥了群众渔业生产积极性，又提高群众渔业乃至整个行业抗风险的能力。

三、渔药使用的监管举措

健康养殖的一个重要环节是养殖投入物的监管，主要是病害防治所使用的药物。由于养殖密度大、污染等多重原因，水产养殖病害比较严重。病灾是制约中国海水养殖业可持续发展的重要因素之一①。2004 年上半年，广东省对虾发病率高达 60%以上，湛江市绝产面积占全部放养面积的 38%以上；江苏省南通市文蛤、紫菜，由于陆源污染及病害问题几乎全军覆没。根据全国水产养殖动植物病情测报，全年共检测 90 个水产养殖种类的 207 种病害，近 70%的大宗养殖种类都有不同程度的病害，造成直接经济损失 110 亿元。水产养殖病害防治基础研究滞后，低毒高效新渔药以及疫苗、水质调控剂等研发能力较弱，不能适应当前养殖业尤其是集约化养殖发展的需要。

渔药是指为提高水产增养殖产量，用以预防、控制和治疗水产动植物的病、虫、害，促进养殖对象健康成长，增强机体抗病能力以及改善养殖水体质量所使用的一切物质。我国从 20 世纪 50 年代开始鱼病研究，当时提出了“全面预防，积极治疗”的方针，本着“防重于治，防治相结合”的原则，重视渔药在防治鱼病中的作用。渔药从 80 年代才开始起步，80 年代末，全国生产渔药的厂家还寥寥无几。之后随着水产养殖业的快速发展以及病害日益严重，渔药社会需求量越来越大，渔药生产厂家越来越多。疫苗等安全、有效的专用渔药研发滞后导致在养殖、保鲜、运输、加工过程中不合理使用农药、兽药或化工产品的现象较为普遍②。渔药的滥用和非法

---

① 陈雨生，房瑞景，乔娟. 中国海水养殖业发展研究[J]. 农业经济问题，2012(6)：72－77.

② 杨林，苏昕. 产业生态学视角下海洋渔业产业结构优化升级的目标与实施路径研究[J]. 农业经济问题，2010(10)：99－105.

使用，一方面破坏养殖水环境，加剧水生动物病害，形成恶性循环；另一方面，水生动物耐药性增强，药物在体内积聚，残留量增大，严重威胁消费者身体健康。药物残留问题成为制约水产品出口的首要问题。1997 年 5 月，国务院发布施行《农药管理条例》。1999 年 4 月，财政部和农业部联合发出《水产种苗和病害防治补助费使用管理暂行办法》，对水产种苗和病害防治资金的筹集原则、补助经费的补助对象、补助范围以及该项经费的申报程序、申请内容等都作了明确规定。2000 年起，农业部渔业局组织开展了水产养殖动植物病情测报工作。2000 年 9 月 7 日，印发了《渔药推荐目录及使用方法》，2002 年 8 月 14 日发布了《水产品药物残留专项整治计划》。2003 年 5 月 29 日印发的《关于进一步做好 2003 年水产品药物残留专项整治工作的通知》，指出渔用投入品还存在三个方面的问题，严重影响水产品的质量安全。一是"三无"（无批准文号、生产许可证和生产企业信息）渔药和标签不规范渔药依然充斥市场，甚至有地下黑市非法销售禁用渔药；二是捕捞产品使用的保鲜、防腐剂非常混乱，良莠不齐；三是苗种场在育苗过程中依然有人用氯霉素以及其他禁用药物防治病害的现象。这些问题都是造成水产品药物残留超标的隐患。为此需要提出有针对性的清理整顿措施。还要从源头上控制水产品药物残留，实施对出口供货的养殖场、捕捞船注册登记，建立健全养殖生产日志、用药记录、加工原料监控记录和水域环境监测记录制度。2004 年 4 月，国务院发布《兽药管理条例》，对兽药研制、生产、经营、进出口、监督管理都有详细规定，明确兽药的正确使用规范。特别指出，水产养殖中的兽药使用、兽药残留检测和监督管理以及水产养殖过程中违法用药的行政处罚，由县级以上人民政府渔业主管部门及其所属的渔政监督管理机构负责。农业部办公厅 2007 年 9 月 4 日印发了《水产品药物残留专项整治行动方案》，提出加强现场检查、加强药物残留抽检、建立责任追究制度、推进健康养殖行动、强化生产自律等重点任务。2009 年中央 1 号文件指出开展专项整治，坚决制止违法使用农药、兽（渔）药行为。

对虾是国际市场上的畅销品，出口创汇效果好，在政府扶持下，一度发展很快。我国 1978 年起步对虾养殖业，1988 年已成为世界上第一养虾大国。但 20 世纪 90 年代前后曾遭遇了大范围、长时期的病害困扰。政府从对虾养殖病害的原因入手，提出了引导产业复兴的举措。1989 年 1 月，农业部转发《全国对虾养殖顾问组三年工作总结的报告》和《加强宏观控制协调发展对虾养殖业的建议》。1989 年 10 月，根据田纪云副总理"千万不可将刚刚兴旺起来的养虾业垮下去，要坚决砍掉不合理的摊派，在成本升高、虾农亏本的情况下，适当减一点税也是可以考虑"的批示，国务院办公厅会同农业部、财政部、经贸部、农业银行、国家物价局和税务局的有关负责人开会，研究防止养殖对虾业大滑坡问题。1991年1月，全国鱼虾贝藻病害防治网络机构办公室成立，挂靠中国水产学会。1993年8月，农业部在天津市召开北方五省、市对虾病害防治工作座谈会；同年9月，农业部在杭州市召开南方六省（市、区）对虾病害防治工作座谈会。1993年10月，全国对虾养殖工作会议在湛江市召开，会议总结交流各地发展对虾养殖和病害防治工作中的经验、教训，分析虾病爆发的原因和病因，认为恢复和发展对虾养殖业的指导思想和目标是，以病害综合防治为重点，注意经济效益和生态效益并重，从实际出发，调整养殖结构，优化养殖模式，推广生态养殖，加速科技攻关，力争使对虾病害防治在明年内有重大进展，在两到五年内得到有效控制，确保对虾养殖生产迅速恢复并持续稳定发展。1994年5月，农业部水产司转发《对虾爆发性流行病防治及控制技术课题第一次会议纪要》。1994年6月，全国虾病综合防治工作会议在大连市召开。1994年10月，农业部渔业局在青岛市召开"对虾爆发性流行病防治技术研究"课题工作及学术交流会。1995年1月，全国对虾养殖病害防治示范区工作会议在北京召开，会议确定在沿海16个省市区、计划单列市建立18个对虾养殖病害防治示范区。1995年7月，农业部渔业局发出《全国对虾养殖病害防治示范区验收办法》。1996年1月30日至2月2日，全国农业工作会议在北京召开，提出"九五"期间重点抓水产养殖病害防治体系。1996年12月，农业部渔业局发出《关于转发全国对虾养殖专家顾问组〈1996年全国对虾养殖生产形势分析及今后我国对虾养殖健康管理的几点建议〉的通知》。1997年4月，农业部渔业局转发《1997年对虾养殖病害综合防治示范区工作会议纪要》。1998年7月，国家安排6000万元专项资金，用于全国水产苗种体系和病害防治体系建设。1998年9月，"全国水产养殖病害防治网络"第四届委员会工作会议在天津市召开。

四、养殖生产监管的政策

"多宝鱼"事件等水产质量问题发生，影响了消费者的信心，不利于促进水产品市场的健康发展，因此政府必须履行好监管责任。水产养殖业产业化程度不高，水产品市场竞争力较弱。多数地方水产养殖业仍是以家庭为主体的小农经济的经营方式，存在设备陈旧、技术落后、资源不足、无法保障产品质量等问题。柳正[①]指出，中国养殖品种多达100余种，70%以上的养殖产量来源于传统的养殖方式，生

① 柳正.加强水域、滩涂渔业使用权益法律保护，促进渔业持续稳定健康发展[A]//农业部渔业局.中国渔业年鉴(2006).北京：中国农业出版社，2006.

产单位小而分散，组织化程度不高，给区域化布局、规模化生产等现代生产方式的实施带来了诸多困难。同时，缺乏市场信息和完善的流通体系，组织化、专业化和标准化程度低，小生产和大市场的矛盾日益突出，与发展现代渔业的要求还存在较大差距。例如，多数养殖企业不愿采用安全水产品生产技术①；而合作社、农业龙头企业实施水产品自检显著高于养殖大户②。水产养殖户年龄高、安全意识薄弱及生产技术差，以及养殖技术标准文本难以执行是当前未实施自检的经营主体采取内部质量控制面临的主要障碍，政府监督与培训对水产经营主体自检行为促进效果明显③。这说明，为了增进水产品质量，除了提高养殖规模化和组织化之外，仅靠生产经营者的自律是不够的，需要增加外部约束。

通过规范的法律手段，严格监管责任，推动落实生产者主体责任，是加强水产品质量安全工作的基础。加强对养殖户的质量安全教育，对养殖户强化质量安全控制行为是非常重要的，但食品质量安全监管制度才是约束生产者不当质量安全管理行为的有效手段④。1982 年 6 月，国家标准局、卫生部发布《水产品卫生管理办法》，提出了渔获物从捕捞到海上保鲜，陆上装卸、运输、加工、销售等各个环节的操作要求。为了保证贝类卫生质量，保障消费者得到优质、无污染的贝类，1997 年 11 月，农业部发布《贝类生产环境卫生监督管理暂行规定》，根据生产区域水环境质量和贝类卫生质量检测结果，把贝类生产区域划分为三类，其中第一类区域内养殖或捕捞的贝类可以直接投放市场供食用，第二类区域内的贝类需经净化或暂养处理后才能投放市场供食用，第三类区域的贝类禁止供人类食用。2003 年 9 月 1 日，为提高养殖水产品质量安全水平，保护渔业生态环境，促进水产养殖业的健康发展，制定《水产养殖质量安全管理规定》。2006 年 1 号文件指出要扩大优质水产品养殖。2009 年，《农业部关于全面推进水产健康养殖，加强水产品质量安全监管的意见》，提出全面推进水产健康养殖，加强水产品质量安全监管，强化保障措施。《中华人民共和国渔业法》规定，合理投饵、施肥、使用药物，不得造成水域的环境污染，从事养殖生产不得使用含有毒有害物质的饵料、饲料。2013 年颁布的《国务院关于促进海洋渔业持续健康发展的若干意见》指出，要加强投入品管理，减少养殖污染，加大水产养殖池塘标准化改造力度，推进近海养殖网箱标准化改造，大力推

① 王世表，阎彩萍，李平，等. 水产养殖企业安全生产行为的实证分析——以广东省为例[J]. 农业经济问题，2009(3)：21 - 27.

② 鄢贞，周洁红. 现代农业经营主体实施水产品自检行为研究[J]. 农业技术经济，2015(5)：59 - 67.

③ 鄢贞，周洁红. 现代农业经营主体实施水产品自检行为研究[J]. 农业技术经济，2015(5)：59 - 67.

④ 陈雨生，房瑞景. 海水养殖户渔药施用行为影响因素的实证分析[J]. 中国农村经济，2011(8)：72 - 80.

广生态健康养殖模式。

经过集中整治和共同努力,我国水产品质量有了巨大进步,但面临的任务依然任重道远。例如 1999 年 7 月 26 日农业部渔业局发布《关于冻虾仁产品质量检查结果的通报》,指出样品不合格率达 52.2%,主要存在的问题是:滥用添加剂、净含量严重不足、产品标签不符合标准、规格未达到标示量、产品感观有缺陷。到 2013 年,国内市场销售的主要水产品种综合合格率 99.1%。通过完善相关的法律法规和政策,进一步规范了渔民的养殖行为,提高了养殖户的质量安全意识。在完善立法的同时,还加强了执法检查,严肃查处违规添加等易导致质量不安全的行为,从源头上排除违规生产行为,但水产质量安全不容忽视。大连市食药监局完成了 2015 年度第一季度海参及其产品的专项监督抽检工作,共抽检样品 239 批次,检出不合格样品为 44 批次,样品不合格的原因均为硝基呋喃代谢物或孔雀石绿超标①。水产质量安全工作尽管取得了很大进步,但离消费者的期待还有一定距离,要保持严格执法的高压态势,对质量安全问题采取"零容忍"的态度,减少社会影响强烈的质量安全事件发生。2017 年 1 月,农业部副部长于康震在全国渔业渔政工作会议上指出,水产品质量还存在不少安全隐患,鳜鱼、乌鳢市场监测合格率偏低,孔雀石绿、硝基呋喃残留超标还比较突出。

第四节　渔业增养殖政策

传统的捕捞业受制于资源,资源的可再生能力远远跟不上捕捞能力的快速增长。而养殖业往往局促在一个狭小空间,环境容量和压力大,发展潜力受到制约。增养殖则突破了传统的捕捞和养殖模式,将传统的海洋捕捞和养殖结合起来,符合生态环保的要求,实现了可持续发展。我国扩大海水增养殖面积的潜力是很大的②。《中华人民共和国渔业法》规定,县级以上人民政府渔业行政主管部门应当对其管理的渔业水域统一规划,采取措施,增殖渔业资源。

一、人工鱼礁政策

人工鱼礁是一种资源养护措施,在保护鱼类生长环境的同时实现了较快增长。1983 年 12 月 14 日,胡耀邦总书记批示,扩大沿海投放人工鱼礁的建议,是发展渔

---

① 大连市食药监局最新发布:海参抽检 239 批次 44 批次不合格[N]. 大连日报,2015-6-25.

② 陈君. 试论我国海洋渔业发展方向的转变[J]. 中国农村经济,1999(12):32-36.

业一项很好的建议。1983 年 12 月 17 日，胡启立批示，朝鲜在元山港内有意识地保留了一艘战争时期的沉船，不予打捞，现已成了极好的人工鱼礁。1984 年 3 月，农牧渔业部印发《中央领导同志对发展人工鱼礁建设批示》。1984 年 4 月，农牧渔业部水产局在广州召开第二次全国人工鱼礁推广试验座谈会，并成立全国人工鱼礁推广试验协作组。1984 年 5 月，农牧渔业部批转水产局《关于安排落实人工鱼礁推广试验工作的报告》。1984 年 9 月，农牧渔业部水产局印发《全国人工鱼礁推广试验技术协作组实施办法(暂行)》。1984 年 11 月 10 日，新华社报道，我国最近在黄海北部鸭绿江口的近海渔场投放人工鱼礁。1985 年颁布的《中共中央、国务院关于放宽政策、加速发展水产业的指示》指出，对沿岸、近海的渔业资源，既要认真保护，又要合理利用，还应采取人工放流苗种、建造鱼礁等措施改造渔场环境，增殖资源。2004 年 2 月发布、2004 年 7 月修订、农业部发出的《渤海生物资源养护规定》，提出设置人工鱼礁，应当进行环境影响和增殖效果评估，并由农业部或沿岸省、直辖市人民政府渔业行政主管部门统一组织实施；设置人工鱼礁不得妨碍船舶航行，不得影响海底管道、缆线等设施，并应事先公告。2006 年 2 月 14 日国务院印发的《中国水生生物资源养护行动纲要》，指出要建设人工鱼礁(巢)。制定国家和地方的沿海人工鱼礁和内陆水域人工鱼巢建设规划，科学确定人工鱼礁(巢)的建设布局、类型和数量，注重发挥人工鱼礁(巢)的规模生态效应。建立多元化投入机制，加大人工鱼礁(巢)建设力度，结合减船工作，充分利用报废渔船等废旧物资，降低建设成本。2007 年，沿海投放报废渔船 235 艘改造沉礁，投放钢筋混凝土构件礁、石块礁 1.6 万多个，人工鱼礁建设总体积约 86.4 万空立方米。2013 年，《国务院关于促进海洋渔业持续健康发展的若干意见》明确要求“加强人工鱼礁投放”。《中华人民共和国渔业法实施细则》提出，在“机动渔船底拖网禁渔区线”外侧建造人工鱼礁的，必须经国务院渔业行政主管部门批准；在“机动渔船底拖网禁渔区线”内侧建造人工鱼礁的，必须经有关省、自治区、直辖市人民政府渔业行政主管部门或其授权单位批准。建造人工鱼礁，应当避开主要航道和重要锚地，并通知有关交通和海洋管理部门。

二、海洋牧场政策

传统的渔业要么是捕捞，要么是养殖，前者依赖于生物的自然成长规律，后者则将渔业生产安排在一个人为的狭小空间，与大海相隔离。海洋牧场则实现了传统捕捞和养殖的统一，既使鱼类自由生活在广阔的海洋，又施加了人为的养殖设施、食物等，达到了“耕海牧鱼”的目标。海洋中的渔业资源并不是取之不尽、用之不竭的，海洋农牧化是海洋渔业的发展方向①。根据《中国水生生物资源养护行动纲要》提出的“建立海洋牧场示范区”的部署安排，2007 年以来中央财政对海洋牧场建设项目开始予以专项支持。2013 年颁布的《国务院关于促进海洋渔业持续健康发展的若干意见》指出，发展海洋牧场，加强人工鱼礁投放，加大渔业资源增殖放流力度，科学评估资源增殖保护效果。蓝色牧场综合发展潜力呈现上升趋势，综合发展潜力上升仍具有较大空间②。建设海洋牧场既是保护海洋环境、恢复海洋资源的有效渠道，又是基于生态系统、环境友好的海水增养殖渔业生产方式。

海洋牧场是保护和增殖渔业资源、修复水域生态环境的重要手段。蓝色牧场发展潜力的评价包括自然资源禀赋、产业经济基础、环境修复投入、科技投入四个方面③。按照规划，从 2015 年起，我国将通过 5 年左右时间，在全国沿海创建一批区域代表性强、公益性功能突出的国家级海洋牧场示范区，充分发挥典型示范和辐射带动作用，不断提升海洋牧场建设和管理水平，积极养护海洋渔业资源，修复水域生态环境，带动增养殖业、休闲渔业及其他产业发展，促进渔业提质、增效、调结构，实现渔业可持续发展和渔民增收。我国首批 20 个国家级海洋牧场示范区，包括天津大神堂海域，河北山海关海域、祥云湾海域、新开口海域，辽宁丹东海域、盘山县海域、大连獐子岛海域、海洋岛海域，山东芙蓉岛西部海域、荣成北部海域、牟平北部海域、爱莲湾海域、青岛石雀滩海域、崂山湾海域，江苏海州湾海域，浙江中街山列岛海域、马鞍列岛海域、宁波渔山列岛海域，广东万山海域、龟龄岛东海域等④。海洋牧场示范区将带动区域性渔业资源养护、生态环境保护和渔业综合开发。为推动海洋牧场建设，从 2011 年开始，大连市财政安排专项资金用于引导支持海洋牧场项目建设。当年出资 5 000 万元共扶持海洋牧场项目 44 个，发展海洋牧场规模 26.8 万亩，吸引社会投资 20.2 亿元。其间，市发改委给予全市 6 个区市县 28 个海洋牧场建设项目下达专项资金 3 500 万元，带动社会投资 18.1 亿元，发展海洋牧场规模 23.2 万亩；市财政局下拨专项资金 1 500 万元，扶持建设长海县海洋牧场示范区项目 16 个，发展海洋牧场规模 3.1 万亩，吸引社会投资 2.1 亿元⑤。实现海洋农牧化需要一个强有力的技术支撑，需应用现代科学技术和现代

---

① 陈君. 试论我国海洋渔业发展方向的转变[J]. 中国农村经济，1999(12)：32－36.

② 胡求光，王秀娟，曹玲玲. 中国蓝色牧场发展潜力的省际时空差异分析[J]. 中国农村经济，2015(5)：70－81.

③ 胡求光，王秀娟，曹玲玲. 中国蓝色牧场发展潜力的省际时空差异分析[J]. 中国农村经济，2015(5)：70－81.

④ 首批 20 个国家级海洋牧场示范区获批[N]. 中国海洋报，2015-12-10.

⑤ 大连财政专项资金支持海洋牧场建设[N]. 大连天健网，2012-12-18.

工业装备来武装传统渔业，用现代管理科学来管理传统渔业，使传统渔业向现代化栽培渔业转化。① 中国水产学会海洋牧场研究会经中国水产学会批准依托大连海洋大学成立，是推动现代海洋牧场技术创新、科技合作、学术交流、技术服务、知识普及与推广等为主要职责的全国性学术研究机构。研究会的成立为我国和大连地区科学地建设海洋牧场，保全海洋生态环境，养护渔业生物资源，促进海洋渔业转型升级提供了全新的国家级平台，为我国海洋牧场建设的科学发展提供了理论与技术交流保障。②

三、增殖技术交流和基地建设的政策

在渔业资源加剧衰退的背景下，发展增殖渔业具有战略意义。早在 1985 年 11 月，农牧渔业部在北京召开全国水产厅(局)长会议，就提出要在资源增殖有个突破。增养殖业带有典型的技术密集型特征，为此我国积极开展了增养殖技术交流。1984 年 11 月，农牧渔业部水产局在山东省青岛市召开全国对虾增值经验交流会，会议就人工放流增殖经验进行了交流，研究了发展对虾放流增殖的政策、措施，以及需要解决的有关问题。1984 年我国在山东南部沿海进行对虾放流增殖获突破性进展，增殖的对虾大大超过该海区的自然捕捞量，放流回捕率为 7%，达到世界先进水平。1985 年 5 月，农牧渔业部水产局、渔政渔港监督管理局、黄渤海区渔业指挥部在山东省蓬莱县召开渤海渔业增殖和对虾生产管理工作座谈会。1989 年 11 月，农业部水产司在江苏省无锡市召开了全国淡水渔业经验交流会议，提出大力开展增殖工作。1990 年 10 月，农业部水产司在山东省烟台市召开渤海水产资源增殖基本建设工作座谈会。

增殖放流技术含量高，在重视国内科研力量的同时，必须积极借鉴国外先进经验。1985 年 11 月，农牧渔业部水产局与日本海外渔业协力财团签署《渤海水产资源增殖技术合作备忘录》，日方向我渤海水产资源增殖实验基地营口实验站提供器材设备，并派遣专家与中方合作开展以中国对虾和梭子蟹为主的增殖放流试验，项目为期 3 年。1988 年 5 月，中日两国政府就北戴河水产增殖中心实验站装备计划项目换文，该项目由日方提供科研仪器和育苗设备，开展牙鲆、真鲷、黑鲷、对虾的苗种生产和放流，于 1990 年 4 月底完成。1988 年 11 月，中日营口项目第三次混合委员会在辽宁省营口市召开。至此，日本海外渔业协力财团与我国合作的第一个

① 陈君. 试论我国海洋渔业发展方向的转变[J]. 中国农村经济，1999(12)：32－36.

② 中国水产学会海洋牧场研究会在大连成立[N]. 大连日报，2016-05-08.

项目——营口对虾、梭子蟹增殖放流，经过3年的努力，顺利完成。1990年2月，农业部水产司与日本海外渔业协力财团签署《小麦岛水产增殖项目实施备忘录》，由日方提供设备器材并派遣专家与中方黄海水产研究所合作，进行以真鲷苗种生产和放流为主的技术转移，项目为期3年。1990年5月，由日本国际协力事业团援助的渤海增殖基地北戴河中心实验站落成。1994年1月，农业部水产司与日本海外渔业协力财团签署福建省《东山湾水产增殖项目协议书》，由日方提供设备器材并派遣专家与中方合作，开展杂色鲍和杜氏鰤苗种繁育，于1996年12月结束，取得鲍鱼和高体(杜氏)鰤的人工育苗均超过预定指标的科技成果。

建立增养殖基地，提升基地建设层次和水平，为增殖放流提供资源和技术支撑。1982年11月，"国家水产总局渤海水产增殖科学实验基地"和"国家水产总局太湖水产增殖科学实验基地"分别改名为"中国水产科学研究院渤海水产增殖科学实验基地"和"中国水产科学研究院太湖水产增殖科学实验基地"。1983年6月，农牧渔业部批准建立渤海水产增殖科学实验基地北戴河中心试验站，重点研究鱼、虾、贝、海珍品苗种培育和增殖技术，为渤海湾增殖发展做好示范、推广和技术培训工作。

四、推动增殖放流发展的措施

增殖放流是保障资源可再生能力的公益事业，投入产出比较高，根据近年来放流估算，增殖放流的投入和产出比为1∶6到1∶10，因此增殖放流大有可为。增殖放流需要大量资金投入，根据其公益性特点，逐步建立了以专项基金为主的多元化资金投入机制。国务院1983年批转的农牧渔业部《关于发展海洋渔业若干问题的报告》中指出，改造渔场环境，人工放流苗种，增殖近海资源，是发展海洋渔业的一项战略措施；对主要经济鱼虾，要像收取育林基金和经济作物技术改造费一样，逐步实行收取海洋渔业资源保护、增殖基金的办法，专款用于管理和增殖资源。1983年12月，农牧渔业部发出《关于对虾资源保护增殖基金有关事项的通知》。1984年6月26日，天津市在渤海湾进行了对虾人工放流，共投放人工培育幼虾618.9万尾，这是农牧渔业部水产局组织利用对虾保护增殖基金，首次在渤海进行的对虾增殖放流。同时，山东省、辽宁省也进行了对虾增殖放流。1985年10月，农牧渔业部、财政部联合印发《黄渤海对虾资源保护增殖基金的征收及使用管理的规定》。1988年10月，农业部、财政部、国家物价局联合发布《渔业资源增殖保护费征收使用办法》，指出凡在中华人民共和国的内水、滩涂、领海以及中华人民共和国管辖的其他海域采捕天然生长和人工增殖水生动植物的单位和个人，必须依照本办法缴纳渔业资源增殖保护费，实行取之于渔、用之于渔的原则。渔业资源费用于渔业资源的增殖、保护，使用范围主要涉及增殖和保护，包括购买增殖放流用的苗种和培育苗种所需的配套设施，修建近海和内陆水域人工鱼礁、鱼巢等增殖设施；为增殖渔业资源提供科学研究经费补助；为改善渔业资源增殖保护管理手段和监测渔业资源提供经费补助。1989 年 10 月，农业部、国家物价局联合发布施行，经 1997 年 12 月和 2001 年 12 月修订的《黄渤海、东海、南海区渔业资源增殖保护费征收使用暂行办法》，指出渔业资源费用于渔业资源的增殖、保护，明确了各海区收取渔业资源费的范围和标准，列出了可增加或减免渔业资源费的情形。《中华人民共和国渔业法》规定，县级以上人民政府渔业行政主管部门可以向受益的单位和个人征收渔业资源增殖保护费，专门用于增殖和保护渔业资源。

随着工农业发展和污染加剧、捕捞过度，渔业资源衰退加剧，需要将增殖放流当做常态工作，普遍重视起来，一些地方组织开展的增殖放流对恢复渔业资源发挥了重要作用。2003 年 4 月，农业部发出《关于加强渔业资源增殖放流工作的通知》，要求各级渔业行政主管部门要加强领导，将渔业资源增殖放流作为保护渔业资源、增加渔民收入、促进渔业可持续发展的重要措施，省、自治区、直辖市及计划单列市渔业行政主管部门要对渔业资源增殖放流工作进行统筹规划，各地要加大渔业资源增殖放流资金投入，将经费计划纳入同级人民政府财政预算。2004 年 2 月发布、2004 年 7 月修订、农业部发出的《渤海生物资源养护规定》，指出国家鼓励单位和个人投资，采取人工增殖放流、人工鱼礁建设等多种形式，增殖渤海生物资源。大范围洄游性品种的人工增殖放流，由农业部黄渤海区渔政渔港监督管理局统一规划，统一组织实施。区域性和定居性品种的人工增殖放流可以由沿岸县级以上地方人民政府渔业行政主管部门在辖区渔业水域的非养殖区组织实施。2006 年 2 月 14 日国务院印发的《中国水生生物资源养护行动纲要》，指出我国水生生物资源养护工作取得了一定成效：（一）制定并实施了一系列养护管理制度和措施。（二）建立了较为完整的养护执法和监管体系。（三）初步形成了与养护工作相适应的科研、技术推广和服务体系。存在的主要问题：（一）水域污染导致水域生态环境不断恶化。（二）过度捕捞造成渔业资源严重衰退。（三）人类活动致使大量水生生物栖息地遭到破坏。每年增殖重要渔业资源品种的苗种数量达到 400 亿尾（粒）以上；按照谁开发谁保护、谁受益谁补偿、谁损害谁修复的原则，开发利用者应依法交纳资源增殖保护费用，专项用于水生生物资源养护工作；对资源及生态造成损害的，应进行赔偿或补偿，并采取必要的修复措施。提出了渔业资源保护与增殖行动、生物多样性与濒危物种保护行动、水域生态保护与修复行动。2009 年 3 月 24 日，为规范水生生物增殖放流活动，科学养护水生生物资源，维护生物多样性和水域生态安全，促进渔业可持续健康发展，根据《中华人民共和国渔业法》《中华人民共和国野生动物保护法》等法律法规，农业部发布《水生生物增殖放流管理规定》，各级渔业行政主管部门应当加大对水生生物增殖放流的投入，积极引导、鼓励社会资金支持水生生物资源养护和增殖放流事业。水生生物增殖放流专项资金应专款专用，并遵守有关管理规定。渔业行政主管部门使用社会资金用于增殖放流的，应当向社会、出资人公开资金使用情况。2010 年 12 月 19 日，农业部印发《全国水生生物增殖放流总体规划（2011—2015 年）》，总体规划就 2011—2015 年增殖放流的指导思想、目标任务、适宜物种及水域、区域布局等提出了意见，是全国开展增殖放流工作和组织增殖放流活动的指导性规划。

2006 年中央财政安排资金 3 119.5 万元用于渔业资源增殖放流，全国共放流品种 90 多个，数量达到 163.9 亿尾(粒)，投入放流用资金约 2.4 亿元。近海海域放流海水鱼类 3.27 亿尾，对虾类 21.65 亿尾、贝类 4.97 亿粒、蟹类 1.64 亿只、海蜇 6.92 亿只。2007 年全国累计放流各种经济鱼类苗种 193.5 亿尾(粒)，投入资金 2.08 亿元，分别比上年增加了 21.1%和 16.2%。2009 年中央 1 号文件指出投入增殖放流资金 7.1 亿元，全国各地开展增殖放流活动 1 700 多次，放流苗种达到 289.4 亿尾，积极推进海洋牧场和人工鱼礁建设，强化增殖放流等水生生物资源养护措施。2010、2012 和 2014 年中央 1 号文件都提出要搞好水生生物增殖放流。2013 年，中央财政增殖放流转移支付项目资金 3.2 亿元，带动全国共投入增殖放流资金 10.07 亿元，放流重要水生生物苗种和珍稀濒危物种达 336.5 亿尾(只)，有效促进了渔业资源恢复，实现了渔业增效、渔民增收。

长江是我国的母亲河和重要的鱼类宝库，但在居高不下的捕捞强度压力下，资源衰退形势严峻，实施长江资源保护意义重大。2003 年长江渔业资源增殖放流实施方案提出，实行“减少捕捞强度与养护增殖资源并举”的方针，利用禁渔期所创造的鱼类休养生息的良好时机，在沿江 10 省(直辖市)放流“四大家鱼”和其他长江经济鱼类苗种约 3 300 万尾。

第五节　苗种政策

我国是世界上第一养殖大国，养殖产量接近全球产量的 70%，自然需要大量的苗种。从水产品养殖结构看，养殖品种单一，结构雷同，新的优良品种少，名特优产品的养殖比例低[①]。适于养殖的优良水产苗种遗传改良率仅为 16%，远低于种

① 王爱香，韩立民. 我国渔业发展面临的问题与对策建议[J]. 农业经济问题，2003(9)：50-53.

植业和畜牧业[①]。苗种的质量还决定着养殖的效益。水产养殖生产中大多使用未经改良的野生苗种，直接影响了效益的提高。农业部渔业局副局长柳正[②]表示，苗种是水产养殖生产第一物质基础；从我国水产养殖业发展的历程看，推广应用优良苗种是提高水产品产量和质量的最经济、最有效的途径，是提高水产养殖发展水平的决定性因素；据专家测算，水产养殖采用良种后，一般可增产15%～20%。良种推广还可以提高养殖品种抗病能力，使发病率下降，养殖过程少用药或不用药，不仅能提高养殖水产品质量，满足国内的消费需求，减少进口，而且还可以增强我国水产品国际竞争力。但苗种生产又是一个资金和技术密集型的战略性新兴产业，政府需要着眼于基础性、公益性领域，而企业更多关注成果转化和市场开发。因此优化政策投入，调动社会资金的广泛参与，成为苗种产业可持续发展的重要推动力量。

一、海水育苗政策

苗种生产关系海水养殖的成败，依赖天然苗种难以满足对虾养殖的需要，因此对虾育苗受到高度重视。为了迅速解决苗种生产与发展对虾养殖的矛盾，1979年开始在全国重点养虾地区，有组织、有计划地进行了对虾人工育苗科研成果的推广应用和生产攻关工作，到1981年取得了重大进展，不同程度地突破了东方对虾、长毛对虾和墨吉对虾人工育苗生产关。对虾苗种问题的解决，标志着我国对虾养殖基本上摆脱了自然控制，初步掌握了苗种的主动权，开始进入了全人工养虾的新阶段，这对发展对虾养殖、保护和增殖对虾资源都有十分重要的意义。1982年3月，国家水产总局在山东省青岛市召开对虾工厂化育苗鉴定会，与会专家一致认为，对虾工厂化育苗的成功，使我国对虾的育苗原理与方法都已进入了世界先进行列。从此我国养殖对虾不再依赖天然虾苗。1985年7月，农牧渔业部发出《关于我国养殖对虾种质资源和育苗技术保密问题的通知》。1985年9月，农牧渔业部水产局在江苏省赣榆县召开全国对虾亲虾越冬经验交流会，指出推广人工培育亲虾越冬，逐年减少从海区捕捞亲虾育苗，做到三年内用于育苗的亲虾基本自给，这是保护和增殖海区自然资源，发展养虾生产的需要，也是发展水产生产的重大决策，符合广大从事捕捞和养殖的渔(农)民的根本利益。由于鳗鱼的国际市场需求和价值

---

① 杨林，苏昕．产业生态学视角下海洋渔业产业结构优化升级的目标与实施路径研究[J]．农业经济问题，2010(10)：99－105．

② 柳正．在全国水产苗种管理现场会上的讲话[A]//农业部渔业局．中国渔业年鉴(2006)．北京：中国农业出版社，2006．

较高，鳗鱼人工繁殖没有突破，一些国家和地区从我国进口鳗苗，影响了国内鳗鱼生产和出口创汇。1986年4月，国务院办公厅发布《关于发展鳗鱼生产、控制鳗苗出口的通知》，指出要严格控制鳗苗捕捞和出口。鳗苗的生产、收购、出口一律实行许可证制度，实行凭证捕捞、凭证收购、凭证出口，对鳗苗出口业务实行统一管理。1987年8月，农牧渔业部水产局在辽宁省大连市召开全国对虾亲虾越冬经验交流会，提出到1990年实现养殖亲虾自给，1991年不再用海捕亲虾育苗。为保护和合理利用水产种质资源，维护水产苗种生产者、经营者和使用者的合法权益，2005年1月，农业部修订了《水产苗种管理办法》，对种质资源保护和品种选育、生产经营管理、进出口管理进行了具体规定，能够促进水产养殖业健康发展。《中华人民共和国渔业法实施细则》规定，禁止捕捞中国对虾苗种和春季亲虾。

在政策支持和科研人员的努力下，多个品种的育苗也纷纷取得重大进展。1986年2月19日，《人民日报》报道，我国水产科技攻关，鱼虾蟹工厂化育苗成功。1986年7月23日，《人民日报》报道，大黄鱼育苗从试验发展到批量生产，为恢复发展大黄鱼资源开辟了新途径。1991年5月17日，《人民日报》报道，中国科学院海洋研究所研究员张福绥等科技人员，把美国大西洋海湾扇贝引进到我国海域养殖，使我国发展成为世界养扇贝第一大国。鳗鱼是我国的主要出口创汇品种，但人工育苗是一个难题，更多地依赖天然苗种。1992年6月，为了扭转不顾国家利益，擅自在通航水域捕捞鳗鱼苗和开采黄沙，经国务院原则批准，交通、农业、地矿、水利、公安部发出《关于切实加强通航水域捕捞鳗鱼苗和开采黄沙管理的通知》，要求组织有关部门对捕捞鳗苗实行统一管理，严禁捕捞鳗鱼苗。1997年11月，农业部发出《关于加强鳗鲡养殖和苗种管理的通知》。

二、淡水育苗政策

我国的淡水渔业发展很快，其中淡水育苗功不可没，育苗和养殖一开始就受到同样关注。1957年2月，水产部在北京召开全国水产工作会议，提出淡水渔业要着重解决鱼苗问题。1959年1月，水产部召开全国水产工作会议，肯定了“以养为主，积极发展捕捞”的方针，要求淡水养殖继续大力加强人工孵化和充分利用天然种苗，攻破苗种关。1960年4月7日，水产部党组向中共中央农村工作部呈报《关于当前发展淡水渔业生产几个问题的报告》，提出扩建鱼种池；淡水育苗需要调动各方面的积极性，国有单位技术水平较高，而集体渔业点多面广，带动作用更加突出。1978年6月，国家水产总局在湖南湘阴县召开全国淡水国营渔场现场经验交流会议，提出把国营渔场的生产高速度搞上去，要充分发挥国营渔场全民所有制的优越性，为国家提供积累，为社队提供苗种，传播生产技术，发挥示范作用。1983年7月，农牧渔业部水产局在黑龙江省哈尔滨市召开“三北”地区鱼苗鱼种生产建设经验交流现场会，提出要动员各方面的力量，大力发展苗种生产，数量、质量并重，积极发展优良品种，集中繁苗，分散育苗，早孵强育，为成鱼生产服务。1985年5月，国务院办公厅转发农牧渔业部《关于改进大中城市农牧渔业工作的报告》，提出建设好鱼虾等良种繁育基地，合理布局，形成种类齐全的良种繁育体系。长江在我国淡水渔业和育种方面有举足轻重的意义。1987年3月，农牧渔业部渔政渔港监督管理局、水产局联合召开长江中下游渔业资源管理工作座谈会，认为长江渔业在我国淡水渔业中占有极其重要的地位，长江是我国淡水渔业的摇篮，多种鱼类资源的宝库，也是发展我国淡水养殖生产的重要原种基地。1989年11月，农业部水产司在江苏省无锡市召开了全国淡水渔业经验交流会议，提出狠抓原种、良种基地等基础设施和服务体系建设，提高良种覆盖率。1990年7月，农业部水产司印发《淡水养殖鱼类苗种生产管理办法(试行)》和《主要养殖鱼类原种、良种生产技术操作规程》。1992年6月，农业部颁发和执行《淡水养殖鱼类原、良种场建设要点(试行)》。

在国家政策支持和科研人员的努力下，淡水育苗取得了辉煌成就。1983年10月，农牧渔业部水产局发出了《关于江苏省综合利用紫菜、海带、对虾育苗室人工培育河蟹成功的通报》。由农牧渔业部和安徽省科委投资兴建的我国第一个河蟹人工半咸水育苗基地，1983年年底在安徽滁县竣工后，1984年首次育成1 050万只蟹苗，为大面积生产河蟹创造了条件。1986年2月，我国水产科技攻关，鱼虾蟹工厂化育苗成功。1987年9月，河北省水产研究所承担的淡水养殖梭鱼全人工养殖技术研究课题，经过五年艰苦摸索，获得成功，该项成果在理论上、技术上均居世界领先水平。1988年5月8日，新华社报道，由中国水产科学研究院长江水产研究所培育的我国鲤鱼杂交新品种——颖鲤试养成功。1993年1月，我国长江水系青、草、鲢、鳙四大家鱼种质资源库工程——湖北省监利县长江故道老江河，通过农业部验收。

三、引进苗种政策

苗种引进是加快我国水产养殖的重要举措，但又要防止对生态系统的破坏，因此必须加强对引进苗种的管理，规范水产苗种引进，防止外来物种入侵。1996年3月，农业部渔业局发出《关于从境外引进水产生产性苗种有关问题的通知》。为防止种质混杂、病害传入，1997年2月，农业部渔业局发出《关于从境外引进部分水产生产性苗种有关规定的通知》，对甲鱼、南美白对虾、各类对虾苗、除斑节对虾以外的各类对虾亲体、卤虫卵、海水龙虾、观赏鱼类的非科研性引种不予办理审批，对欧洲鳗苗、斑节对虾亲体的引进要控制引进数量。1998 年 1 月，农业部渔业局发出《关于加强从境外引进泥蚶苗种免税审批管理工作的通知》。《中华人民共和国渔业法》规定，水产苗种的进口、出口由国务院渔业行政主管部门或者省、自治区、直辖市人民政府渔业行政主管部门审批，水产苗种的进口、出口必须实施检疫，防止病害传入境内和传出境外，引进转基因水产苗种必须进行安全性评价。引进苗种对于水产养殖业发展产生了巨大推动作用。例如，大菱鲆原产北大西洋及其咸淡水交界地区，是名贵的食用鱼。1992 年由中国黄海水产研究所从英国引进，1999 年大规模苗种生产获得成功后，在北方沿海推广养殖，成为海水养殖的重要对象。虾夷扇贝原产于日本和朝鲜，现已引进我国，并已在山东、辽宁等北方沿海进行人工养殖、增殖生产。南美白对虾作为引进的新兴的养殖品种，发展十分迅速，2001 年，全国范围南美白对虾养殖面积、产量、产值分别占对虾养殖面积、产量和产值的 67.2%、75.6%和 68.6%。

四、原、良种评定的政策

原种、良种是育苗的优秀成果体现，因此务必要从原、良种的准入开始，做好评定工作。1990 年 7 月，农业部水产司印发《淡水养殖鱼类苗种生产管理办法(试行)》和《主要养殖鱼类原种、良种生产技术操作规程》。1991 年 12 月，全国水产原、良种审定委员会正式成立。该委员会是在农业部领导下，主管全国水产原、良种审定的权威机构。1992 年 6 月，农业部颁发执行《水产种苗管理办法》《水产原、良种审定办法(试行)》及《水产原、良种审定标准(试行)》。1996 年 8 月，全国水产原良种审定委员会全体会议在海口市召开，审定通过了 33 个养殖对象作为适宜在我国推广的品种(品系、杂交种或引进种)。1997 年 11 月，第二届全国水产原良种审定委员会第一次全体会议在北京召开。1998 年 3 月，农业部印发《水产原、良种审定办法》，2004 年 7 月进行了修订，明确了申请审定的对象、报送的材料、审定的程序。1998 年 12 月，全国水产原良种开发利用协作组在杭州市召开成立大会。根据《中华人民共和国渔业法》，国家鼓励和支持水产优良品种的选育、培育和推广，水产新品种必须经全国水产原种和良种审定委员会审定，由国务院渔业行政主管部门公告后推广，水产苗种的生产由县级以上地方人民政府渔业行政主管部门审批。2004 年 2 月发布、2004 年 7 月修订、农业部发出的《渤海生物资源养护规定》，提出禁止在渤海养殖未经全国水产原种和良种审定委员会审定、农业部批准推广的杂交种、转基因种和其他非渤海原有品种。养殖经全国水产原种和良种审定委员会审定、农业部批准推广的上述品种的，应当严格采取防逃等防护措施，防止其进入天然水域。人工增殖放流的苗种应当由省级以上渔业行政主管部门指定的原良种场、增殖站和水生野生动物驯养繁殖基地提供。禁止在渤海放流杂交种、转基因种及其他非渤海原有品种，但放流经省级以上渔业行政主管部门组织生态安全评估合格、全国水产原种和良种审定委员会审定和农业部批准推广的上述品种的除外。

五、原、良种场建设的措施

原、良种的获得需要从生产环节着手，因此原、良种场的建设非常重要。为提高水产种苗生产质量，保护种质资源，从20世纪80年代初国家开始投资建设国家级水产原、良种场。1985年4月，农牧渔业部印发《农牧渔良种场改革意见》。1985年5月，国务院办公厅转发农牧渔业部《关于改进大中城市农牧渔业工作的报告》，提出建设好鱼虾等良种繁育基地，合理布局，形成种类齐全的良种繁育体系。1986年8月，农牧渔业部发出《关于整顿事业性质的国营海、淡水鱼（苗、原、良）种场（站）的通知》，提出苗种是发展水产生产的物质基础，为群众养鱼提供充足、优质的苗种，有必要进行整顿，解决管理体制、资金无来源和规章制度不健全的问题。1992年6月，农业部在颁发执行《淡水养殖鱼类原、良种场建设要点（试行）》中明确提出要加强原、良种场建设。1994年5月，农业部渔业局在长沙市召开全国水产原良种审定委员会会议，审定了第二批国家级水产原良种场建设计划。1995年6月，农业部渔业局印发《国家级水产原良种场验收办法（试行）》，明确了验收对象、验收内容、申请验收应具备的条件、需要报送的材料以及验收程序和复查的规定。1998年1月，农业部渔业局印发《国家级水产原、良种场基本建设项目管理办法（试行）》《国家级水产原、良种场资格验收办法》。2001年2月，农业部发出了《水产原、良种场生产管理规范》的通知，对组织管理、环境条件、生产设施、生产管理、质量管理、档案管理、销售管理都提出了明确规范。2013年颁布的《国务院关于促进海洋渔业持续健康发展的若干意见》指出，要加强水产原种保护和良种培育，建设一批标准化、规模化的良种生产基地，提高水产良种覆盖率。

经过政策、资金等多方面支持，我国原、良种场建设取得积极成效。1995年12月，农业部渔业局通过青岛市胶州淡水水产良种场为国家级水产良种场验收。这是根据《国家级水产原良种场验收办法（试行）》的规定，第一个通过验收的国家级水产原良种场。1997年6月，农业部发出《关于批准南京罗非鱼良种场为国家级良种场的通知》,明确罗非鱼良种场的任务是引进、保存及选育尼罗罗非鱼和奥利亚罗非鱼良种,保持其优良性状不退化、种质不混杂,为苗种场、养殖场提供优质亲鱼或后备亲鱼。1998 年 4 月,农业部批准江西省瑞昌长江四大家鱼原种场为国家级水产原种场。

苗种使用环节同样需要政策参与。支持信息因素、政策及环境因素、能否得到政府补贴对农户青虾新品种采纳行为有正向影响。[①] 另外,还要加大对水产种质资源等的保护力度。《中华人民共和国渔业法》规定,国家保护水产种质资源及其生存环境,并在具有较高经济价值和遗传育种价值的水产种质资源的主要生长繁育区域建立水产种质资源保护区。2001 年 12 月 8 日制定、2005 年 1 月 5 日重新修订的《水产苗种管理办法》,对种质资源保护和品种选育、生产经营管理、进出口管理作了详细规定。2014 年 11 月,农业部公告 2181 号公布第八批国家级水产种质资源保护区,至此,国家级水产种质资源保护区总数已达 464 处。

---

① 徐翔,陶雯,袁新华.农户青虾新品种采纳行为分析——基于江苏省青虾主产区 466 户农户的调查[J].农业技术经济,2013(5):86-94.

第六章 水产加工业公共政策

水产品加工不仅提高了产品质量，还是重要的增值环节。水产品加工一边连着捕捞和养殖，一边连着销售和市场，是水产整体产业链的中枢，对于带动整个产业的发展壮大，具有重要的关联和牵引作用。

第一节 水产品加工业的现状及发展目标

一、水产加工业的现状

水产品加工业发展历经了从小到大，从简单的冷冻加工到高深的精细加工，从只依靠进口来料加工到地产原料和进口来料加工并举的大规模生产加工，不但生产规模不断扩大，生产能力逐步提高，水产品质量安全管理水平也得到全面提升。但我国水产加工业发展水平还不高，结构不合理，突出表现在水产原材料加工比例低，保鲜加工比例高，精深加工比例低，与发达国家还有不少差距。海洋渔业三次产业配比结构不合理，显著“低度化”，第二和第三产业产值在总产值中占比重较小①。柳正②指出，渔业产业发育不完善，第一、第二、第三产业的比重失调，第一产业的比重约为57.5%，在世界上是最大的。2010年加工水产品比例一直徘徊在35%上下，尤其是淡水产品加工比例仅为16.6%，与日本、加拿大、美国和秘鲁等水产加工业发达国家60%～90%的加工比例相比，差距相当大。可见，我国与西方发达国家相比，无论在水产品加工的比例还是结构上，都有明显的差异。这既有

① 杨林，苏昕.产业生态学视角下海洋渔业产业结构优化升级的目标与实施路径研究[J].农业经济问题，2010(10)：99－105.

② 柳正.加强水域、滩涂渔业使用权益法律保护，促进渔业持续稳定健康发展[A]//农业部渔业局.中国渔业年鉴(2006).北京：中国农业出版社，2006.

加工技术和消费习惯的影响，更重要的是消费能力的不同。我国是世界上最大的发展中国家，人均 GDP 和人均收入排在世界中等偏下水平，消费能力的制约从根本上决定了目前水产品加工业的发展水平。加快渔业发展的关键是渔工商一体化，我国渔业产业链不够长，是渔业发展不足的原因之一，延伸渔业产业链的基本途径，就是发展水产加工业[①]。随着我国经济社会发展步伐的加快，消费水平、饮食习惯、加工技术和能力等都会不断提升，水产品加工业的广阔、深远潜力必将不断显现。

水产加工业加快发展，解决了集中生产与分散上市的矛盾。渔业生产尤其是捕捞业有着明显的季节性，大量产品集中上市，而市场需求则比较均匀，在加工业不发达的年代，极易引起价格的暴涨暴跌，不利于市场的培育和健康发展。现在捕捞的水产品，普遍进行了保鲜加工，产品质量有了保障。加工环节弥补了水产品天然易腐烂的不足，使得大量生产出来的水产品可以有较好的品质进入市场，取得较高的市场价格。

制约发展水产加工业的因素，还亟需突破。从国内需求来看，国内消费者有鲜食水产品的习惯，而且受到收入和消费水平的制约，水产加工品的市场空间较为狭窄。日本、韩国、美国及欧洲等发达国家和地区是水产加工品尤其是高端加工品的重要市场，但国外市场对水产品质量要求高，而且受制于国外经济社会发展状况的波动。国际金融危机发生以来，外需乏力，水产加工品转向内销又对国内市场形成挤压。供给侧亟需进行结构性改革，原料来源不稳定，土地、资金、劳动力成本居高不下，市场供给过剩和有效供给不足同时并存。这些都需要在今后的发展中引起高度重视。

二、水产加工业的政策目标

水产加工业的政策目标，首先是实现渔业的保值和增值。水产品加工作为产业链条上的重要一环，不仅是对捕捞、养殖初级产品的再加工，还拓展了产品增值空间。传统的捕捞和养殖业，大量消耗资源，依靠价格低廉的劳动力，由于市场的过度竞争，渔民获得的市场价格很低。渔业第一产业占绝对比重，三次产业间的相对地位不协调，中国水产品加工比例较低，超过 77%的水产品为人类直接消费[②]。通过实施水产品加工，增加水产品品种，改善供应产品的结构，大量资本、技术和劳

---

① 许国新.加快渔业产业化的影响因素分析与建议[J].农业经济问题，1999(7)：20－23.

② 苏昕.中国渔业产业结构的协调性研究[J].农业经济问题，2009(5)：100－103.

动要素的投入，转化为带有高附加值的加工品，实现了增值目标。我国近海中上层鱼类、小宗经济鱼类、低值鱼类和头足类资源比较丰富，通过加工、开拓市场，扩大消费，增值潜力大[①]。其次是提高渔获物利用率。渔业产品具有高度易腐烂的特性，一旦腐败变质，其使用价值会受到很大影响，产品价格急剧下降甚至一文不值，因此渔业发展一直伴随着防腐技术的不断突破。全世界的水产品总产量已超过1亿吨，但每年至少有12%的水产品变质，36%的低值水产品经加工成为动物饲料等，真正供给人类食用的仅为总产量的一半左右。[②] 历史上曾经长期使用风干、盐干等贮藏方法，后来还探索了冰鲜技术，但由于使用天然冰，产品质量不能很好保证。直到近代，从西方引进保温冷藏技术以来，我国才逐步具备了大量贮存鲜鱼的能力，带动了生产和流通的发展。与此同时，深加工技术的不断变革，如海洋制药的发展，大大拓展了产业发展的空间。大量精细加工的工艺突破，则将原先不能食用的渔产品转化为可以食用的加工品，部分初级产品和一些边角料还被加工成动物饲料，渔产品获得了前所未有的开发利用，由此引发了使用价值和价值的增长。再次是为增加渔民收入作贡献。水产品加工在延伸、拓展产业链条的同时，既增加了产品的价值，也为渔民增收打下了坚实基础。捕捞业和养殖业是渔民收入的主要来源，然而更多的是一种外延式的发展方式，随着生产要素和环境成本的不断抬升，利润空间不断收窄，所以毛收入的增加并不能带来净收入的同步增加，从事捕捞业的部分渔民由于资源衰退的影响甚至滑入了贫困人群。水产品加工则是一种集约高效的发展方式，利润空间大，由此给渔民带来的纯收入就会增加，对于带动渔民增收具有重要的现实意义。

第二节　水产保鲜加工政策

水产品易腐烂的特点使其有效保存至关重要，有效保存不仅能够保持其使用价值，还能获得相应的价值。一旦腐烂变质，其使用价值和价值都会大幅下降，甚至一文不值。因此，渔业生产者历来重视水产品的保质措施，例如腌制、干制等。渔业的发展优势在于产品保鲜保活，市场需求扩大在于它的鲜活[③]。保鲜加工作为初加工的重要方式，有效缓解了集中上市与分散需求之间的时空矛盾，实现了供

① 储英奂.发挥比较优势，进一步发展中国海洋渔业[J].中国农村经济，2003(11):44-49.
② 王爱香，韩立民.我国渔业发展面临的问题与对策建议[J].农业经济问题，2003(9):50-53.
③ 许国新.加快渔业产业化的影响因素分析与建议[J].农业经济问题，1999(7):20-23.

给、需求之间的有效对接,减少了水产品腐烂、变质等造成的损失。1953 年 1 月 28 日至 2 月 4 日,农业部召开第三届全国水产会议,对加强水产品加工提出了要求。1956 年 2 月,商业部在天津市召开全国水产企业职工代表会议,这是新中国建立后规模最大的国营水产企业会,提出积极提高水产加工品的质量。1960 年 1 月 25 日,中共中央农村工作部转发水产部党组的请示报告,指出要迅速改善水产品的加工、利用等工作,提高鱼类鲜活品的供应比重,改善供应条件。1972 年 8 月,李先念副总理在《关于灯光围网渔轮建造完成情况的报告》上批示,光有灯光围网渔轮不行,还要有冷藏船(最好能加工),有了冷藏船还不行,还要有冷藏库;虽然是一个打鱼业,实际上是一个工业;抓一点不行,必须前后要配套。1979 年发布的《关于全国水产工作会议情况的报告》指出,冷冻品不到总产的百分之五,低质咸干品比重大,每年约有三四十万吨腐烂变质。我国水产品除工业原料、供应出口和腐烂损失的以外,可供国内人民食用的每人平均只有五斤多。数量少,质量又差,市场供应十分紧张,人民群众意见很大。水产品加工还处于"一把刀,一把盐"的落后状态。要基本消灭臭鱼烂虾现象,上市鱼货大部分改为鲜活鱼、冰鲜鱼、冷冻鱼或其他加工制品。改进保鲜加工,提高产品质量,这是改善市场供应的有效措施。提高鱼货质量,要从生产第一线的保鲜工作抓起。凡有条件改装的渔轮,要逐步安装制冷机械;新建渔轮,一定要有制冷设备。现有机帆渔船要有计划地改装一部分,带冰出海;新建的要有隔热舱,有的还可配备制冷设备。要恢复船上渔获物冲洗和分类装箱等行之有效的制度。建立从产到销的冷藏流通网。国家要集中力量搞好重点产区和商品基地的冷库、冷藏车船和渔港码头的建设;同时,发动和支持群众大搞小型简易的冷藏保鲜设施。大中城市批发部门也要增设冷藏设备,尽快建立渔用冷藏设备制造工业。国务院 1983 年批转的农牧渔业部《关于发展海洋渔业若干问题的报告》中指出,切实做好水产品保鲜加工工作,千方百计改变水产品在生产和流通过程中活鱼变死鱼、死鱼变臭鱼、臭鱼变烂鱼,国家赔了钱、人民吃不上鱼的状况。要全面规划,合理布局,增加一些冷藏库、冷藏车、冷藏船,解决冷藏储运问题。1984 年 1 月,中共中央发出《关于 1984 年农村工作的通知》(1 号文件),强调要减少腐烂损耗;同月,农牧渔业部在广州市召开全国城市水产品产销工作会议,认为要搞好水产品保鲜加工。1985 年 2 月,农牧渔业部部长谈水产生产方针,强调要加强水产保鲜加工。1985 年 3 月颁布的《中共中央、国务院关于放宽政策、加速发展水产业的指示》指出,水产保鲜加工是提高质量、增加产值、活跃市场的关键,要把它提高到和发展生产同等重要的地位对待;必须注重第一线的保鲜、产地加工和城市销售环节的保鲜;国家要投资建设一批较大规模的冷库、加工厂,同时要鼓励群众集资兴办中小型冷库、工场，发展加工专业户，鼓励个人或联户购置冷藏车船，以适应发展商品生产、改善市场供应的需要。1989 年 11 月，农业部水产司在江苏省无锡市召开了全国淡水渔业经验交流会议，提出突破淡水鱼的保鲜、保活、加工和综合利用技术。国务院 1997 年批转的农业部《关于进一步加快渔业发展的意见》中指出，要大力发展水产品保鲜加工，促进食物结构的优化。在政策促进作用下，水产品保鲜加工发展很快，1985 年大中小型国营水产品冷库 370 多座、冷藏能力已达 25 万吨，群众集资兴建的中小型冷库遍布沿海 200 多个县。2013 年，冰冻、冰鲜等初级加工产品仍是我国的水产品加工主要品种，水产品冷冻加工的比例基本保持在 60%左右。冷冻加工品是我国加工渔产品最重要的组成部分，但从严格意义上讲，这算不上加工品，只是对鲜活渔产品的一种保鲜手段或保鲜方式①。因此，水产品保鲜只是一种初步加工，满足不了更多增值和满足市场多样化的需求，亟需发展水产品精深加工。

第三节 水产深加工政策

随着经济社会发展水平的提高，不仅对于水产品消费的数量越来越多，而且对品质的要求也水涨船高。同时还要看到，我国不同群体的收入和消费差距较大，水产品市场的多层次性特征明显，奢侈品、高档品的市场巨大。水产品深加工为高端市场提供了有效供给。水产品精深加工和综合利用是渔业生产活动的延续，具有高附加值、高科技含量、高市场占有率、高出口创汇率的“四高”特点，发展前景十分广阔②。早在 1959 年 1 月，水产部召开全国水产工作会议，要求水产加工从着重走“小土群道路”向综合利用发展。1979 年发布的《关于全国水产工作会议情况的报告》指出，要大力开展低值鱼、小杂鱼加工综合利用，提高食用价值。1984 年 9 月，中央书记处、国务院听取农牧渔业部党组汇报后，中央领导同志指出，水产业还是薄弱环节，加工业还没有真正破题，养殖、加工比例失调。1985 年 1 月，农牧渔业部在北京召开中国水产品加工工作会议，提出把水产品加工提高到和发展生产同等地位，让全国人民能吃到鲜度好、营养好、品种多样的水产食品，还讨论研究了发展水产品加工业的方针政策及“七五”期间的发展规划和奋斗目标。1985 年 3 月颁布的《中共中央、国务院关于放宽政策、加速发展水产业的指示》指出，要逐步改

① 储英奂. 发挥比较优势，进一步发展中国海洋渔业[J]. 中国农村经济，2003(11)：44－49.
② 王爱香，韩立民. 我国渔业发展面临的问题与对策建议[J]. 农业经济问题，2003(9)：50－53.

变市场上单纯供应原料鱼的现状，努力做到既有鲜活的鱼虾，又有方便食用的加工品，并使各种废弃物得到综合利用，大幅度地提高经济效益。1985 年 5 月 3 日，《人民日报》发表短评《让捕养与加工平起平坐》。1986 年 11 月，农牧渔业部在北京召开全国农业（水产）工作会议，提出近期的发展路子是：发展两头，改善中间，突破加工。突破加工，是发展海水产品和淡水大宗产品的保活、保鲜、加工，加速发展水产品加工业。1991 年 1 月，全国农业工作会议在北京召开，田纪云副总理说，近几年，水产品和水果发展特别快，很重要的一个原因是采取了放开搞活的方针，尊重和运用了价值规律的作用。水产、水果多了以后，都面临一个季节生产、集中上市与均衡供应问题。水产和水果都是鲜活产品，一要研究流通，二要研究贮藏加工，这些问题解决不好，就会直接影响到生产，挫伤农民的积极性。要舍得花点本钱，建设流通和贮藏设施，搞些加工项目。1994 年 1 月，全国农业工作会议在北京召开，提出进一步增加城乡水产品有效供应，扩大对外贸易，狠抓流通加工；同月，国务院公布《九十年代中国农业发展纲要》，提出重视水产品加工和综合利用。1996 年 1 月 30 日至 2 月 2 日，全国农业工作会议在北京召开，提出狠抓流通加工，实施水产品加工综合开发项目。1996 年 10 月，全国水产品加工工作座谈会召开，提出了“九五”期间水产品加工业发展的指导思想和措施。指导思想是：以市场为导向，以效益为中心，以食用加工为主，开展综合利用，加快技术进步，提高质量，创立名牌，培植龙头骨干企业，推进产业化进程，促进渔业经济增长方式的根本转变。主要措施是：(1) 积极开拓国内外市场，发展主导产品，培植龙头企业；(2) 加大水产品质量管理力度；(3) 加强水产品加工技术研究，突破难点；(4) 强化水产品加工行业管理，建立并发挥行业协会对企业的协调、管理和服务功能。国务院 1997 年批转的农业部《关于进一步加快渔业发展的意见》中指出，为适应渔业生产和国内外市场的需要，要努力提高水产品质量，大力发展适销对路的水产品加工业。重点发展淡水鱼、海水中上层鱼以及贝藻类大宗产品、低值产品的精加工、深加工和综合利用，开发多样化的营养、卫生和食用方便的新产品。2002 年，国务院办公厅出台了《关于促进农产品加工业发展的意见》；农业部出台了《全国主要农产品加工业发展规划》，提出水产品加工业的发展重点和布局。2013 年颁布的《国务院关于促进海洋渔业持续健康发展的若干意见》指出，要大力发展海水产品加工和流通。积极发展海水产品精深加工，加快研制加工处理机械、生产线和废弃物处理设备，全面提升水产品加工工艺、装备现代化和质量安全水平。加强海水产品冷链物流体系和批发市场建设，积极发展海上冷藏加工，实现产地和销地有效对接。

海带是重要的海藻产品，在突破了育种、养殖技术以后，海带产量增加很快，一下子从供不应求变为供大于求，亟需开拓新的市场，因此寻求适宜的加工转化技术就变得非常重要，同时支持利用海带制碘也是我国解决碘源的主要途径。为解决海带滞销问题，国家水产总局于1980年曾向国家计委、财政部写过报告，建议组织力量突破胶的质量关。1982年4月，国家水产总局发布《海带制碘工业技术措施使用管理办法》。1983年1月，农牧渔业部中国水产供销总公司在北京召开全国海带制碘工业会议，研究财政补贴、技术改造费等使用管理办法。1983年2月，农牧渔业部下发《海带制碘工业技术措施费使用管理办法》和《1983年海带制碘工业产品财政补贴办法》。1986年2月，农牧渔业部水产局在青岛市召开全国海带制碘工作会议。2000年，国家继续对海带制碘加工业给予资金扶持，用于制碘企业的设备改造、关键技术的改进及推广、综合利用研究和推广等。

从供给侧来说，提高水产品加工的技术水平，是改善供求关系的关键一招。水产品加工可以升值，能够延长产业链，增加就业机会，但我国水产品加工无论是和先进国家比，还是和快速发展的水产业相比，都存在着问题和差距[①]。水产品加工普遍存在"三低""三少"现象，即产品附加值低、技术含量低、市场占有率低和水产品名牌少、名优品种少、龙头企业少，大多数海产品仍停留在腌制、晒干、烘烤切片等简单加工状态[②]。水产品加工业发展离不开有效的技术交流，吸收借鉴发达国家的先进技术，大大缩短了国内外的水产加工技术差距。1956年4月，商业部水产管理总局主办的加工技术训练班在上海开办，主讲人为苏联水产加工专家朱布可夫。1984年11月，应国家科委邀请，日本国际协力事业团调查团一行5人访华，访问期间，同国家科委和农牧渔业部有关人员就上海水产品加工技术开发中心的技术合作交换了意见。1985年9月，农牧渔业部实施协议团与日本国际协力事业团实施协议团在北京签署了《关于中日双方合作研究水产品加工技术会谈纪要》。

在推进水产品加工业发展过程中，需要积极培育技术支撑力量。水产品加工企业规模小、生产设备老化，保鲜、加工技术落后等，严重制约了加工业的发展[③]。同时，还要改造传统工艺和引进先进的生产设备，发挥科技的"第一生产力"作用。中国水产品深加工、精加工能力十分薄弱，水产加工业的技术装备50%还处于20世纪80年代的世界平均水平，40%左右处于20世纪90年代水平，只有不到10%达到目前世界先进水平[④]。1984年5月，农牧渔业部水产局发出《农牧渔业部水产

① 储英奂. 发挥比较优势，进一步发展中国海洋渔业[J]. 中国农村经济，2003(11)：44-49.
② 闫玉科. 南海海洋捕捞渔民增收问题研究[J]. 农业经济问题，2013(12)：88-93.
③ 王爱香，韩立民. 我国渔业发展面临的问题与对策建议[J]. 农业经济问题，2003(9)：50-53.
④ 苏昕. 中国渔业产业结构的协调性研究[J]. 农业经济问题，2009(5)：100-103.

局、上海市水产局关于建立上海水产品加工技术开发中心的协议》。1985年9月，经国家科委批准，我国第一个全国性水产品加工行业的联合技术开发研究机构——上海水产品加工技术开发中心在上海成立。1997年10月，国家技术监督局批准成立“中国水产品质量认证管理委员会”暨“中国水产品质量认证中心”，设在中国水产科学研究院内。1998年2月，经国家质量技术监督局批准，“中国水产品质量认证管理委员会”和“中国水产品质量认证中心”在北京正式成立，是国家质量技术监督局授权的代表国家对水产品质量进行第三方公正评价的机构。

企业是发展水产加工业的主体，要加强行业规范和管理，带动整个行业的有序发展，必须注重行业协会建设。1992年10月，中国水产品加工行业协会经民政部批准正式成立，协会下设水产制冷、水产食品、综合利用、水产制药四个专业委员会。1994年12月，中国水产流通与加工协会成立大会在北京举行。水产加工行业协会的成立，通过积极反映行业诉求，规范行业秩序，促进了行业内企业的交流合作，例如举办交易会、展览会等。协会成立前的1984年12月，农牧渔业部主办的全国首届水产加工品展销会在北京开幕。协会成立后，政府与社会组织的职能实现了有效分离。1994年12月，全国水产加工展示交易会在北京举行。1995年6月，“海峡两岸水产品加工与流通研讨会暨经贸合作洽谈会”在上海举行。1999年9月，中国国际农业博览会在北京全国农业展览馆举办，本届农博会共认定农业名牌产品1 330个，其中渔业名牌产品112个，包括水产养殖36个、水产加工品64个、渔船渔机网具产品12个。

改革开放以来，人们生活水平的提高拉动了对水产加工品的需求，相关政策的实施更是加快了水产加工业的发展。“七五”期间，水产品加工业取得很大进展，1990年全国水产加工品达184万吨，折合原料340万吨，比“六五”末的1985年增长了158%，“七五”年平均增长速度达20.8%，超过了规划的要求。2012年，用于加工的水产品占水产品总产量的36.2%，其中，海水产品加工比例为53.6%，淡水产品加工比例为17.8%。我国水产品加工仍以冷冻产品为主。水产加工区域主要布局在沿海地区。2013年水产品原料的加工率为35.1%，其中，海水产品的加工率为51.4%，淡水产品加工率为18.3%。加强淡水产品的加工能力，能有效提高我国淡水养殖的技术效率[①]。可见，水产品加工比例的提升，对于整个产业的发展都是十分有利的。

---

① 孙炜琳，刘佩，高春雨.我国淡水养殖渔业技术效率研究——基于随机前沿生产函数[J].农业技术经济，2014(8)：108-117.

第七章　水产流通业公共政策

流通环节即狭义的市场概念。在计划经济时期，曾经人为地割裂水产品流通中的购销联系，实行统购统销政策，流通的活力被窒息，生产环节也没有积极性。改革开放以后，从提高收购价格和放开购销渠道开始，直到水产品流通率先全面放开，很好扮演了改革探路者的角色。我国水产发展的巨大成就，其中流通政策的成功推进功不可没。

第一节　水产流通业发展的政策目标

水产流通业的日渐活跃，一方面丰富了市场供应，带来了琳琅满目的水产品，使更多数量和品种能够满足人们多样化的产品需求。从市场业态来看，水产批发市场辐射范围广，交易数量和金额都很多，而各种零售市场如超市、集贸市场等成为销售主渠道。近年来，随着电子商务的快速发展，水产品网上销售发展很快，线上销售满足了少数高端客户的需求，并且逐步走入普通消费者。另一方面，水产流通业的繁荣还带动了渔民增收。渔业是高投入、高风险、高产出的行业，因此渔民的收入普遍高于种植业农民的收入，但还低于城市居民的可支配收入。特别是渔业产值比重较高的地区，渔民收入增长还带动了农民收入的增长，减少了城乡居民收入差距。

但水产流通业的发展壮大，也面临着不少短板，例如，市场诚信建设需要加强。随着相关法律法规纷纷出台，市场监管力量不断得到充实和完善，市场经营中假冒伪劣、以次充好现象有所收敛。但我国水产品流通的主体是个体私有业者，监管难度大，技术和管理水平较低，造成哄抬物价甚至“天价鱼”“天价虾”时有发生，严重影响水产品市场秩序，也不利于促进市场消费。水产品质量问题很大程度上也与诚信体系建设滞后有关。因此，今后要发挥市场监管、行业自律和市场约束的合力，完善诚信体系建设，促进水产品市场的规范、持续发展。水产品冷链物流同样非常重要。水产品流通现代化的首要任务是建设现代化的冷链系统①。由于缺乏可靠的活鲜运输设备和冷藏运输工具，我国水产品运输方式大都是相当原始的常温运输。据统计，我国水产品物流环节上的损失率在25%～30%，而发达国家的损失率则控制在5%以下。②

水产流通业发展的公共政策目标，首先要满足城乡居民多样化的水产品需求。流通环节直接面向市场，服务消费者，能够精准把握消费者的真实需求，便于针对性地满足消费者的需要。我国人口众多、地域广阔，消费水平、消费偏好都有明显的区别，仅靠盲目生产难以满足日渐多样化的需求。水产品的流通，可以积累大量市场一线的数据资料，从中发现消费者的需求规律，判别影响消费需求的各种因素，可以充分判断市场规模和结构，不断挖掘市场潜力。其次是平抑水产品价格波动，保持市场平稳运行。流通环节搭起了生产与消费之间的桥梁，实现了供需双方之间信息的快速传递，能够集合大量的市场和生产信息，使得市场价格变动呈现较为稳定的态势。在信息较为对称的前提下，生产者可以根据市场动向及时组织货源，流通环节可以及时投放充足商品，市场可以快速实现均衡。无论是生产、流通方，还是需求方，都会对价格波动形成一个合理预期，大量的供给方和需求方会形成一个完全竞争的市场，市场价格能够完全反映各方面的信息，不会产生剧烈的变动。再次是通过有效的市场信号传递，提高资源配置效率。通过流通环节，可以发现明确的目标市场，及时组织相适应的货源，协调供应数量、品种、价格、时间等，实现生产与消费的有效对接，减少资源的浪费。若出现流通中不适应市场需求的渔产品，能够及时将以这一信息及时传达到生产方，否则生产方耗费大量资源生产出来的产品，产生大量积压，降价销售甚至销售不出去。在水产品流通环节中，还可以提前知晓消费者的需求变化和新的需要，生产者就可以及时组织相应的货源，有效供给、高效供给的增加，必然会提供渔业资源的配置效率。

第二节　水产品国内流通政策

搞好水产品流通，是实现渔业从生产向消费转移的必不可少的中间环节，是进行渔业现代化建设的重要组成部分③。水产品是人们重要的日常食品，在计划经

① 钱志林，吴万夫.渔业现代化的实质和内涵[J].农业技术经济，1998(1)：38-41.

② 杨林，苏昕.产业生态学视角下海洋渔业产业结构优化升级的目标与实施路径研究[J].农业经济问题，2010(10)：99-105.

③ 钱志林，吴万夫.渔业现代化的实质和内涵[J].农业技术经济，1998(1)：38-41.

济时期曾作为“副业”进行管理，但“吃鱼难”的呼声也经久不息。城市化的发展将显著地推动我国水产品消费需求的增长，户籍制度改革、农村剩余劳动力转移以及社会保障体系的建立和完善等一系列有助于加快城市化进程的措施都将有力推动我国水产品消费增长[①]。流通环节作为供需对接的平台，无论在计划经济时期，还是市场经济时期，都是观察供需状况的现实依据，也是供需矛盾显现最激烈、信息最集中的场所，因此做好流通工作意义重大。

一、水产品购销政策

1. 水产品收购政策

收购是水产品流通的第一阶段，决定了可以流通水产品的数量、结构和质量状况。新中国成立初期，主要采取恢复生产以保障供给的措施，通过加强收购环节的管理以满足市场需求。在恢复生产力基础上，加快了对生产关系的变革，实施了社会主义改造，渔业生产和销售摆脱了私有制的局限，转向倚重公有制经济尤其是国营经济。1954 年 1 月，农业部召开国营水产企业工作会议，提出国营水产企业的方针任务侧重于提高产量以供应市场与工业的需要。1954 年 9 月，农业部党组向中央呈报《关于水产工作的报告》，提出对渔业生产加工、运销、供应、市场管理、互助合作，改造渔业资本家及安全措施等项工作，提出在渔区应当统一领导，具体业务由水产部门负责进行。尽管水产业恢复和发展很快，但与社会日益扩大的生产、生活需求仍然差距较大。随着社会主义“三大改造”事业的逐步完成，我国进入了计划经济时期，水产品收购渠道单一，大部分由国家经营。1957 年 8 月，国务院通过了《关于由国家计划收购（统购）和统一收购的农产品和其他物资不准进入自由市场的规定》。1957 年 10 月，国务院发出《关于统一管理农村副业生产的通知》。1958 年举行的中共八届六中全会，通过了《关于人民公社若干问题的决议》，强调在今后一个历史时期内，人民公社仍应保留按劳分配制度，人民公社的商品生产和商品交换，必须有一个很大的发展。至此，水产品流通也进入了高度计划经济的阶段。1959 年 3 月 29 日至 4 月 4 日，国务院连续发出通知，要求沿海各地抓紧鱼汛旺季捕捞、收购、调运工作。1959 年 5 月，国务院批转水产部《关于当前水产品供销工作情况的报告》，指出水产品是一项重要的副食品和出口物资。做好水产品的收购、出口和调运等工作，不仅有利于国家的建设，增加渔区人民公社和社员的收入，而且对缓和当前肉食紧张也有一定的作用。为了保证水产品收购、出口和调运

① 胡求光，王艳芬．我国水产品的消费特征及其影响因素分析[J]．农业经济问题，2009(4)：97－102．

任务的完成，各地应该加强市场管理，并根据需要，建立和健全水产供销机构。1960年1月25日，中共中央农村工作部转发水产部党组的请示报告，指出目前各地着重抓一下城郊养鱼和建立商品基地的工作，是十分必要的。在生产大发展的基础上，生产部门和运销部门必须通力协作，加强收购，大大提高商品率。1960年9月，水产部在北京召开12个省、市水产厅局长会议，研究关于渔区的自食鱼和鱼货收购问题。1968年11月，国家计划委员会、全国供销合作社、粮食部联合发出《关于下达1968年度主要农副产品收购、调拨计划的通知》，要求各地完成1968年度各项农副产品收购任务。1977年12月，农林部在合肥市和无锡市召开第五次全国城郊养鱼现场会议，分析了今后三年的奋斗目标，提出城郊水产品收购率达到70%以上，城市吃鱼基本自给的标准为每一城市人口平均供应淡水鱼12斤。

在计划经济向市场经济转轨过程中，收购渠道则逐步进行放开，不再由国家垄断收购渠道。1979年10月24日，胡耀邦同志在《淡水鱼收购价格提高了，为啥吃鱼更难了》一文上作批示："人们对商业工作意见不小，当然有些议论要作具体分析，但如何加强党对商业工作的政治思想和政策的领导，如何改进商业工作的经营管理，我觉得确实是个大问题。建议搞一个文件，由中央发出。当然，文件要有较高的思想性、鼓舞性，要充分说理，而不是扣帽子，打棍子。"对文中谈到淡水渔区农民"要撇开商业渠道，送鱼进城，到市场上直接销售鲜活鱼"批示：很好！姚依林同志批示：很赞成淡水鱼由生产队自己出售，不要卡住由水产部门统一收购。1980年6月2日，中央书记处听取关于水产工作的汇报，赵紫阳指示，淡水养殖除少数集中产区，基本上不搞统购、派购，除北京市等少数大城市需要的淡水鱼可以向产区商调一部分以外，其他一律通过市场，采取议购的方式。其他大中城市要鱼，可以直接同产地签订合同。1982年10月，中共中央、国务院发出关于批转农牧渔业部《关于加速发展淡水渔业的报告》的通知，指出鱼是各种副食品中最紧缺的，城乡到处吃鱼难。国家只对国营渔业生产单位和商品鱼基地的产品实行派购政策，其他社队养鱼和社员家庭养鱼，一般不派购。1982年11月6日，赵紫阳总理在农牧渔业部水产局《关于湖南省祁东县鱼货购销问题的调查报告》上批示："这类鲜活商品，要主要靠市场调节，国营公司也可议购议销。为了保证城市必要的定量供应，在集中产区实行派购时，固定派购任务不如按上市比例（即小部分按牌价）收购，这样矛盾要少些。"1983年5月31日，农牧渔业部印发《万里同志在听取全国海洋渔业工作会议情况汇报时的重要讲话》，指出调整水产品价格，解决调鱼难问题，要实行鱼物挂钩搞合同制。1984年1月，中共中央发出《关于1984年农村工作的通知》（1号文件），强调要继续调整农副产品购销政策，继续减少统派购的品种和数量。

1985 年 3 月 11 日，中共中央、国务院发出《关于放宽政策、加速发展水产业的指示》（中发〔1985〕5 号文件），明确提出调整水产品购销政策，水产品全部划为三类产品，一律不派购，水产品收购自此走上了市场化的道路。

2. 水产品销售政策

销售是水产品从生产者到达消费者的最终环节。计划经济时期，受制于生产数量和消费能力的限制，销售环节重点面向城市尤其是大中城市。1955 年 12 月，商业部向国务院呈报《关于召开全国水产座谈会的报告》，确定今后水产工作的方针，提出发掘生产潜力，多产多销，扩大运销经营，增加鲜活水产品的供应，满足城乡和工矿区人民对水产品的需要，供应更多的水产品作为工业原料和组织水产品出口，并进行对私营鱼商鱼贩的社会主义改造。改革开放以来，伴随着渔业生产的发展和人们生活水平的提高，水产品销售扩大到广大城乡。在水产品供不应求的年代，卖方市场的态势决定了消费者处于弱势地位。随着市场经济逐步确立，消费者权益维护逐渐被提上了议事日程。1978 年 8 月 29 日，国家水产总局负责人就水产供销问题答《财贸战线》报记者问“许多城市为什么经常买不到鱼”。1980 年 3 月 7 日，新华社记者报道国家水产总局负责人就市场上鱼少的问题发表谈话：搞好调整，为水产高产创造条件。1980 年 3 月 28 日，万里同志在国家水产总局向国家农委汇报代中央起草文件时作了重要讲话，对抓好市场流通、摆正内外贸关系等问题发表了意见。1980 年 7 月，胡耀邦同志对新华社刊物刊载《这个商品流通渠道应该保护——关于水产品长途贩销的调查》一文的批示：“请水产总局商工商管理局先从解决水产问题着手，然后再考虑解决别的长途运输问题。”1980 年 10 月 19 日，胡耀邦同志对《如何解决重点城市的吃鱼问题？——舟山地区提供了可靠的途径和设想》一文作批示。1981 年 4 月，国家水产总局在天津市召开全国水产供销会议，对调整水产品购销政策和目前基本情况做了研究，并进一步协调产销关系。1981 年 5 月，国务院批转国家水产总局《关于当前水产工作若干问题的请示报告》，批语指出，多年来，我国水产事业发展不快，水产品量少质次，市场供应紧张，当前在调整中又面临许多生产管理方针和政策问题急待解决；希望能调动各方面的积极性，使我国渔业能有一个较大的发展。

在大多数水产品供不应求的背景下，海带则供过于求，销售问题备受困扰，从侧面反映了水产品销售市场化改革的历程。1963 年 5 月，国务院批转全国物价委员会、水产部《关于海带生产和价格问题的报告》，指出解决当前海带滞销积压问题，必须从加强生产指导，努力降低成本，积极扩大推销，合理安排价格等方面同时进行；各地国营商业和供销合作社应该和水产部门密切协作，千方百计地为支援生产、减少国家损失而努力。1963年8月下旬，水产部召开沿海7个省参加的海带生产、供销座谈会，研究海带生产和推销问题，并向国务院农林、财贸办公室作了报告。1963年9月，水产部向国务院农林办公室、财贸办公室呈报了《关于1964年海带生产和供销工作意见的报告》，指出由于海带质次价高，随着市场供应情况全面好转，海带出现普遍积压现象；为了1964年海带生产不亏本、国家不赔钱，必须采取调整生产，降低成本，提高产品质量，减少销售环节，缩小进销差价，扩大销路，降低商业成本，支持生产等措施。1973年9月，农林部在四川省重庆市召开海带销售工作座谈会，交流海带销售工作的经验，研究海带生产计划、质量、价格和经营管理问题。

二、水产品价格政策

1. 水产品收购价格政策

从收购价格看，计划经济时期的大部分时间，水产品实行合同定购和议价收购并行，基本处于政府管制之下。1952年4月，农业部发出《关于加强鱼货运销，认真掌握鱼价的指示》。1959年6月，水产部发出《关于海带收购价格的意见》。1961年4月，水产部召集辽宁、河北、山东、江苏四省水产部门有关负责同志，研究在山东省较大幅度地提高水产品收购价格以后，毗邻地区水产品价格的衔接问题。大家认为，近来渔业生产资料的销售价格有所上升，渔业生产成本有些增加，在粮食收购价格提高以后，适当提高水产品收购价格是必要的。但有关提价的幅度和时间，各有关地区应该相互协商好，然后再向群众宣布。1963年5月，国务院批转全国物价委员会、水产部《关于海带生产和价格问题的报告》，指出解决当前海带滞销积压问题，必须从加强生产指导，努力降低成本，积极扩大推销，合理安排价格等方面同时进行。各地国营商业和供销合作社应该和水产部门密切协作，千方百计地为支援生产、减少国家损失而努力。1964年12月，水产部颁发《水产品调拨作价办法》。1968年6月，中共中央转发国务院《关于1968年收购农副产品奖售标准的通知》。可见，在计划经济后期，水产品收购价格已有所浮动，以此焕发市场的活力，调动生产经营者的积极性。

在开始发展商品经济的阶段，逐步调整水产品价格，缩小工农产品价格剪刀差。1971年8月，国务院发出《关于1971年调整若干工农业产品价格的通知》，决定1971年适当提高部分农副产品的收购价格，降低部分支农产品、机械产品出厂价和销售价。这次调价缩小了工农业产品价格的剪刀差，在一定程度上调动了农民的积极性。1973年7月，国务院批转国家计委《关于1973年调整物价计划的报告》，决定适当提高淡水鱼等产品的收购价格，提价幅度为10%～20%，个别产品提价30%。1973年10月，国家计委发出《关于提高淡水鱼收购价格的通知》。1978年4月，农林部、国家物价总局发出《关于适当调整浙江省海水鱼收购价格的通知》。1979年3月，国家水产总局、国家物价总局发出《关于提高水产品收购价格的通知》。1979年9月，对外贸易部、国家水产总局发出《关于今年秋汛对虾补贴价格的通知》。国务院从1979年3月起，陆续提高了粮食、油脂油料、棉花、生猪、菜牛、菜羊、鲜蛋、水产品等18种主要农产品的收购价格。据国家物价总局计算，以上产品的收购价格，平均提高24.8%；由于提价，预计1979年可使全国农民增加收益约70亿元。1979年发布的《关于全国水产工作会议情况的报告》指出，海水和淡水的水产品收购价格，从1979年春汛起，分别提高20%和30%，并相应扩大品种、规格、鲜度、季节等差价。1980年9月，国家水产总局发出《关于养殖对虾收购价格问题的通知》。1981年7月，国家物价总局等八个部、总局联合发出关于试行《农副产品议购议销价格暂行管理办法（草案）》的通知。1981年9月，国家水产总局转发国家物价总局《关于调整对虾收购价格的通知》。1981年11月，国务院发出《关于整顿东海冬训带鱼议购价格的紧急通知》。1982年4月，国家物价总局、国家水产总局发出《关于整顿东海黄鱼议价的通知》。在计划经济向市场经济转轨过程中，水产品扮演了改革试验田的重要角色，水产品收购价格全面放开。1985年3月11日，中共中央、国务院发出《关于放宽政策、加速发展水产业的指示》（中发〔1985〕5号文件），规定水产品价格全部放开，实行市场调节。伴随价格改革和市场化调节，一举扭转了持续多年的"吃鱼难"问题。

2. 水产品销售价格政策

从计划经济转型到市场经济，水产品销售价格形成机制发生了巨大变化。1979年9月，国家物价总局、商业部、国家水产总局发出《关于提高猪肉、牛肉、羊肉、水产品、鲜蛋等销售价格的通知》。1979年11月，党中央、国务院决定适当提高水产品、肉蛋奶、蔬菜等8种主要副食的销售价格；同时，给每个职工每月补贴5元；在纯牧业县（旗）工作的职工，因肉类消费水平较高，每月补贴8元。1981年7月，国家物价总局等八个部、总局联合发出关于试行《农副产品议购议销价格暂行管理办法（草案）》的通知。1985年颁布的《中共中央、国务院关于放宽政策、加速发展水产业的指示》指出，调整水产品购销政策，水产品全部划为三类产品，一律不派购，价格放开，实行市场调节。1986年1月30日，《人民日报》报道：广东省放开水产品价格后，在价值规律的作用下，水产品生产大幅度增长，改变了"食无鱼"的情况，鲜鱼由供不应求迅速发展到供过于求，出现了南鱼北运到北京、哈尔滨、昆明等25个城市的好形势。1987年9月，国家物价局、农牧渔业部、国家计划委员会联合发出《关于搞好水产品市场供应、稳定鱼价的几项措施的意见》。1989年10月，农业部水产司在江西省井冈山召开全国渔业生产成本和市场价格工作座谈会，讨论了渔业生产成本、市场信息、行业管理和今冬带鱼汛是否实行限价等问题。水产品销售价格在转轨过程中出现过一定程度的波动，但进入市场经济体制以来，水产品价格波动率远远低于畜牧甚至粮食价格变动幅度。农业部渔业局副局长李健华2003年12月26日在全国农业工作会议渔业专业会上的讲话中提到，与粮食市场形势对比，水产品市场却呈现一种稳定状态，价格总水平与上年基本持平，一些大宗常规品种稳中有降，一些名优品种有所提高；总体来看，持续、平稳是发展的主要特征，基本没有大起大落，这与粮食情况有很大不同；这一方面是渔业市场化程度高，自我调节能力强的表现，是它的特点和优势，另一方面是由水产品的产品特性决定的。

三、购销体制改革政策

计划经济时期，水产品总体上实行统购统销体制，窒息了发展活力。1955年10月，国务院发布《关于将水产生产、加工、运销企业划归商业部统一领导的指示》，农业部水产管理总局划归商业部领导，并在商业部成立中国水产供销公司，统一管理水产供销业务。1956年1月，财政部、商业部、农业部、中华全国供销合作总社联合发出《关于水产品生产运销统一领导经营的交接办法》。1956年2月，商业部在天津市召开全国水产企业职工代表会议，这是新中国建立后规模最大的国营水产企业会，提出成立中国水产供销公司，建造渔轮、运输船、冷藏车等设备。1956年3月，商业部发出《关于迎接春汛，加强对渔民生产领导的指示》，提出健全水产运销机构。1966年5月，遵照国务院农办、财办的指示，水产部发出通知，决定将原属水产部主管的12个省、市水产供销公司和7个海、淡水养殖试验场划归地方经营、领导。1961年1月，中共中央发布《关于目前农产品收购工作中几个政策问题的规定》，针对几年来对农产品购得多、留得少，国家管得多、管得紧等问题提出了纠正办法。1962年12月12日至1963年1月5日，水产部在北京召开全国水产工作会议，提出调整水产供销管理体制，在重点产区实行产供销统一领导。1963年1月，商业部、全国供销合作总社、水产部联合向国务院李先念副总理、谭震林副总理报告，指出水产供销工作1957年以前是产销合一的组织形式，由水产部统一管理。从1958年供销体制下放后，变化很大，有的地方合一，有的地方分管，这样既不利于生产，也不利于鱼货收购、调拨、城市供应和出口任务的安排。1962年12月由国务院农林办和国务院财贸办召集出席全国水产工作会议的8个省、市的厅局长对水产供销体制问题进行了座谈，一致认为产供销合一利多弊少，矛盾容易解决，主张产供销一条龙归水产部门统一管理。1964 年 7 月，水产部发出贯彻执行《水产供销企业管理体制改革方案》的通知，规定沿海和淡水水产品生产集中、供应城市工矿区和出口数量较大、渔业生产资料供应任务较重的产区，以及水产品销售量较多、需要重点供应的城市，水产供销企业负责统一经营水产品的收购、调拨、销售、供应出口和主要渔业生产资料的组织供应，并从 1964 年起划归水产部统一领导；其他省市区，根据“集中领导、分级管理”的原则，实行分级分工管理。1967 年 9 月 18 日，水产部向国务院、中央军委上报《关于对今年冬季带鱼汛生产、调运工作意见的报告》，指出每年带鱼汛产量一般 14 万至 15 万吨，带鱼汛的产品，不但直接供应南方几个省，而且对北方特别是北京、天津、辽宁的供应有很大作用，鱼货收购量在 13 万吨以上，外调数量历年在 6 万吨以上，因此，海上运输、陆地运输都较为紧张，为防止鱼货积压、变质，运输是这个鱼汛比较突出的问题；关于鱼汛领导问题，建议请南京军区领导，由东海渔业生产指挥部统一指挥，具体组织工作仍以浙江为主，并请福建、江苏、上海等省市派干部参加。

改革开放以后，面对计划经济的严重弊端，已经通过水产购销体制改革增强市场活力，解决吃鱼难题。1982 年 11 月 6 日，赵紫阳总理在农牧渔业部水产局《关于湖南省祁东县鱼货购销问题的调查报告》上批示：“这类鲜活商品，要主要靠市场调节，国营公司也可议购议销。为了保证城市必要的定量供应，在集中产区实行派购时，固定派购任务不如按上市比例（即小部分按牌价）收购，这样矛盾要少些。”1982 年 12 月，农牧渔业部在北京召开重点省、市、自治区水产供销工作会议，着重研究有关解放思想，放宽水产品购销政策，搞活流通渠道，安排好水产品市场供应，加快水产供销企业体制改革步伐等问题。1983 年 5 月 31 日，农牧渔业部印发《万里同志在听取全国海洋渔业工作会议情况汇报时的重要讲话》，指出调整水产品价格，解决调鱼难问题，要实行鱼物挂钩搞合同制。1983 年 9 月，国务院批转农牧渔业部《关于发展海洋渔业若干问题的报告》的通知指出，要千方百计提高水产品的质量，搞活流通渠道，改善市场供应，尽快解决城乡人民吃鱼难的问题。1984 年 1 月，中共中央发出《关于 1984 年农村工作的通知》（中央 1 号文件），强调要继续调整农副产品购销政策，继续减少统派购的品种和数量；鲜活产品要尽量放活，以活促产，减少腐烂损耗；三类产品和统派购任务外的产品的价格要真正放开；经营中要尽量减少环节，组织产区、销区直接流通。1984 年 1 月，农牧渔业部在广州市召开全国城市水产品产销工作会议，认为要解决大中城市吃鱼难问题，一要保证现有平价鱼供应水平，二要放手开展议购议销，三要把市场搞活、管好。通过放宽政策，充分运用价值法则，吸引鱼货进城。运用多种经济形式,实行多渠道、少环节的经营方式。1984年7月,农牧渔业部水产局在江苏省启东县召开全国水产供销体制改革试点座谈会。1984年7月19日,国务院批转国家体改委、商业部、农牧渔业部《关于进一步做好农村商品流通工作的报告》并发出通知,指出现在淡水鱼已全部放开,实行多渠道经营,价格稳中有降,现在派购的八种海水鱼,也要逐步放开;国营水产部门可在主要港口和水产品集散地建立贸易货栈或水产市场,产销直接见面,自由购销,并进行吞吐调剂,平抑鱼价;对京津沪三大城市和军特需、出口用鱼,国营水产部门可用渔需物资与渔民协商换购。1985年1月,中共中央、国务院发布《关于进一步活跃农村经济的十项政策》(1号文件),指出改革农产品统购派购制度:从本年起,除个别品种外,国家不再向农民下达农产品统购派购任务,按照不同情况,分别实行合同定购和市场收购。水产品也要逐步取消派购,自由上市,自由贸易,随行就市,按质论价。放开的时间和步骤,由各地自定。放开以后,国营商业要积极经营,参与市场调节。同时,一定要采取切实措施,保障城市消费者的利益。1985年3月,农牧渔业部在北京召开全国大中城市农牧渔业工作会议,分析当前的水产形势和城市"吃鱼难"的原因,讲述大中城市的水产生产和供应状况,提出发展城市渔业的规划和措施;初步规划至1990年46个城市水产品产量达到303万吨,城区人口平均消费水平从1983年的21.7斤提高到37.5斤,达到营养学家提出的人均36斤的"理想食谱"。

水产品供销体制的突破充当了改革试验田,充分证明了市场经济发展道路的巨大潜力。1985年3月11日,中共中央、国务院发出《关于放宽政策、加速发展水产业的指示》(中发〔1985〕5号文件),提出调整水产品购销政策。规定水产品价格全部放开,实行市场调节;规定产供销、渔工商、内外贸可以综合经营。这标志着水产品销售开始走上市场化道路。1986年4月17日,农业部渔业局涂逢俊局长在中央人民广播电台就争取三五年解决大中城市吃鱼难问题发表讲话。1987年8月,国务院办公厅发出转发农牧渔业部《关于进一步发展我国远洋渔业的报告》的通知,提出争取从国外多运回一些鱼货缓解市场供应。1989年1月13日,田纪云副总理主持会议,听取农业部何康部长关于全国畜牧、水产工作会议情况的汇报,指出"菜篮子工程"是一项系统工程,对解决大中城市肉禽蛋奶菜鱼等副食品生产和供应具有重要作用。1991年1月17日,《人民日报》报道:我国水产养殖产量居世界首位,人均水产品占有量已达到10.6千克,比1985年提高近4千克,初步解决了大中城市"吃鱼难"问题。1991年1月,全国农业工作会议在北京召开,田纪云副总理说,近几年,水产品和水果发展特别快,很重要的一个原因是采取了放开搞活的方针,尊重和运用了价值规律的作用。水产、水果多了以后,都面临一个季节生产、集中上市与均衡供应问题。水产和水果都是鲜活产品，一要研究流通，二要研究贮藏加工，这些问题解决不好，就会直接影响到生产，挫伤农民的积极性。国务院1997年批转的农业部《关于进一步加快渔业发展的意见》中指出，《中共中央、国务院关于放宽政策、加速发展水产业的指示》(中发〔1985〕5号)下发后的十多年来，我国渔业进入了快速发展的时期，水产品产量年均增长率达13.6%，大大高于同期世界平均增长1.5%的水平，走出了一条有中国特色的渔业发展道路。1995年水产品总产量达2 517万吨，居世界第一位，约占世界水产品总量的1/4。人均占有量从80年代初的4.6公斤提高到1995年的20.7公斤，达到世界平均水平。1985年党中央、国务院提出用三五年时间分期分批解决大中城市"吃鱼难"的奋斗目标已经如期实现。全国城乡市场水产品供应充足，价格平衡，大批渔民、农民通过发展渔业走上了致富之路。

四、推进水产品市场化的政策

计划经济条件下，国家逐步加强对自由市场的管理，直至实行水产品统购统销的政策，强调计划手段的运用，甚至一度关闭了市场。1953年1月28日至2月4日，农业部召开第三届全国水产会议，会议对加强加工运销与市场管理工作、开展爱国增产运动以及加强组织领导提出了要求。1954年9月，农业部党组向中央呈报《关于水产工作的报告》，提出对渔业生产加工、运销、供应、市场管理、互助合作，改造渔业资本家及安全措施等项工作，提出在渔区应当统一领导，具体业务由水产部门负责进行。1956年10月10日，《人民日报》发表社论：《加强对群众渔业的领导》，指出渔业工作对城乡副食品供应，起了相当大的作用，但工作缺乏全面规划和合理的安排，在供销、物价和税收工作等方面也有不少的缺点。1956年10月，国务院发布《关于放宽农村市场管理问题的指示》。1957年2月，水产部在北京召开全国水产工作会议，提出对水产供销工作，要加强自由市场的组织领导，正确执行价格政策，积极改善经营管理。1957年4月，水产部发出《关于水产供销工作若干具体业务问题的指示》。1957年8月，国务院通过《关于由国家计划收购(统购)和统一收购的农产品和其他物资不准进入自由市场的规定》。

随着市场经济的推进和深化，水产品市场建设获得了长足发展，水产品流通形态更加丰富多彩。既有将采购和销售相分离的传统市场业态，也有供需直接见面的交易市场。既有批发市场，也有零售市场。1984年1月，中共中央发出《关于1984年农村工作的通知》(中央1号文件)，强调要继续调整农副产品购销政策，继续减少统派购的品种和数量；鲜活产品要尽量放活，以活促产，减少腐烂损耗；三类产品和统派购任务外的产品的价格要真正放开。经营中要尽量减少环节，组织产区、销区直接流通。1985 年颁布的《中共中央、国务院关于放宽政策、加速发展水产业的指示》指出，水产品放开之后，要改革流通体制，打开流通渠道，减少中间环节，鼓励产销直接见面，放手让国营商业、合作商业和有证商贩参与市场竞争和调节。1991 年 12 月，全国水产市场工作经验交流会在广东省珠海市召开，会议着重讨论研究“抓流通，促生产问题”。1993 年 2 月，全国水产厅局长会议在山东省威海市召开，指出 1993 年水产工作的重点，一是要一手抓生产发展，一手抓市场建设。1993 年 3 月，农业部水产司在广东省汕尾市召开全国渔业经济体制综合改革试验区第四次工作会议，提出要抓好批发市场建设，建立和完善与市场经济相联系的水产流通体制。1993 年 5 月，国务院发出《关于印发〈九十年代中国食物结构改革与发展纲要〉的通知》，提出要进一步大力发展食物生产，全面开发利用各种国土资源和食物资源，发展农林牧副渔各业的食物生产和食品加工业，重视生产、加工、流通各环节的统筹安排；要制定系统配套的食物发展政策，保障粮食生产的稳定增长，调整种植业生产结构，大力发展畜牧食物生产，继续抓紧建设“菜篮子工程”。1994 年 1 月，全国农业工作会议在北京召开，提出进一步增加城乡水产品有效供应，扩大对外贸易，狠抓流通加工；工作重点包括，一抓改革，二抓市场，三抓开发，四抓科技，五抓管理。1995 年 1 月，全国农业工作会议在北京召开，提出抓好加工流通，加强市场体系建设。1996 年 1 月 30 日至 2 月 2 日，全国农业工作会议在北京召开，提出狠抓流通加工，建设水产品市场体系，实施水产品加工综合开发项目。1996 年 12 月，全国渔业工作会议在江西省南昌市召开，着重研究渔业在实现经济体制和增长方式的两个根本转变中如何推进产业化问题，认为渔业产业化是指以市场为导向，以经济效益为中心，以骨干企业或中介组织为龙头，实行养捕加、产供销、渔工贸一体化经营，使水产品从生产到销售的各个环节有机地连成一个完整的产业体系，使龙头企业与渔户结成利益共享、风险同担的经济共同体。1997 年 1 月，国务院批转农业部《关于进一步加快渔业发展的意见》（国发〔1997〕3 号），提出深化渔业体制改革，提高渔工贸一体化的产业化经营水平；发挥产销一体化的优势，加快水产品市场体系建设。

加强水产品市场建设，要建立起产地的、销地的、产品集散地的现代化、专业化的水产品交易批发市场[①]。因此，政府把大力发展水产品批发市场提上重要议事议程，完善市场体系。1984 年 4 月 8 日，新华社报道：在我国一些大中城市出现了一种新的市场形式——农副产品批发市场，全国已有这种市场 200 多个，为农副产品的生产经营者提供了方便。1986 年 5 月，农牧渔业部、国家工商管理局发出《关于办好海水产

① 钱志林，吴万夫. 渔业现代化的实质和内涵[J]. 农业技术经济，1998(1)：38－41.

品批发交易市场的通知》。1995 年 9 月，农业部在上海召开定点鲜活农产品批发市场工作会议，公布 23 家农产品批发市场为农业部首批定点鲜活农产品中心市场，其中水产方面有 7 家。1996 年 10 月，农业部颁布《"九五""菜篮子工程"全国鲜活农产品批发市场建设规划》。为了引导、规范水产品市场主体，加强水产品市场管理，维护市场秩序，1996 年 11 月，农业部与国家工商行政管理局联合发布《水产品批发市场管理办法》，包括批发市场的开办、变更和终止，交易与管理，监督管理等内容。

加强行业协会建设，不仅可以理清社会组织与政府的关系，还可以引导和培育市场理性成长，带动水产品市场的规范和健康发展。1991 年 12 月，中国水产供销行业协会在广州正式成立。1992 年 4 月，中国水产供销行业协会与上海市水产供销公司以"沟通产销、梳理流通，交流信息、拓展市场"为宗旨，在上海联合举办 1992 上海水产品交易会。1994 年 5 月，农业部水产司与中国国际贸易促进会农业分会，在深圳国际渔业展览中心联合举办中国国际渔业展览会。1995 年 6 月，"海峡两岸水产品加工与流通研讨会暨经贸合作洽谈会"在上海举行。1995 年 7 月 4 日，全国水产品市场信息网络正式开通，10 个省、直辖市的 18 个单位参加联网，开始每周向全国发布 1 次水产品市场行情。1999 年 9 月，中国国际农业博览会在北京全国农业展览馆举办，本届农博会共认定农业名牌产品 1 330 个，其中渔业名牌产品 112 个，包括水产养殖 36 个、水产加工品 64 个、渔船渔机网具产品 12 个。

通过政策放开，调动了国营、集体和个体经营等多方面积极性，我国水产市场获得了长足发展。1998 年 1 月 15 日，《人民日报》发表专栏"菜篮子：十年巨变"，评述十年来我国"菜篮子"产品的生产持续快速增长，扭转了副食品供应长期短缺局面，肉类、禽蛋、奶类、水产品、蔬菜、水果的总产量分别增长 1.8 倍、2.55 倍、1.14 倍、2.7 倍、1.02 倍、2 倍，副食品市场供应丰富，价格趋于平稳。

第三节　水产品国际贸易政策

我国是世界上最大的渔业生产国家，不仅满足了国内市场的需求，还大量出口国外，水产品出口额自 2000 年居农产品出口首位，2002 年以来水产品出口额一直占据世界首位，2013 年水产品出口额首次突破 200 亿美元。水产品出口主要集中在鳗鱼、对虾、低价值冻鱼和冰鲜鱼类[①]。由于生产技术水平较低、生产条件较差、规模较小、结构单一等原因，淡水渔业出口总量不大、市场不广、品种不多[②]。水产

① 钱志林，吴万夫．渔业现代化的实质和内涵[J]．农业技术经济，1998(1)：38－41．

② 胡求光，霍学喜．基于比较优势的水产品贸易结构分析[J]．农业经济问题，2007(12)：20－26．

品贸易在计划经济和改革开放初期，承担了重要的出口换取外汇任务。加入世界贸易组织以来，我国的比较优势更加凸显出来，水产品出口连年保持高速增长，在发展一般贸易的同时，来料加工贸易增长很快。一般贸易是我国水产品出口的主要贸易方式，来料加工贸易呈现稳步上升趋势，开始成为我国水产品出口中的重要角色；在加工贸易中，初加工水产品一直居主导地位，但是所占比重在逐年下降，而深加工水产品的分量在日渐提高。[①] 水产贸易发挥了我国资源和劳动力成本相对低廉的优势，在出口创汇、促进就业等方面起到重要作用。

一、鼓励创汇渔业发展政策

水产品既是资源型产品，也是劳动密集型产品，国际市场需求较大。我国水产资源丰富，劳动成本较低，在国际上具有比较优势，水产品比较畅销。计划经济时期，我国农业和工业基础薄弱，水产业充分发挥在国际市场上的竞争力，为国家赚取了大量外汇，支援了国家“四化”建设。市场经济体制下，渔业在大农业中发展最快，在出口创汇方面更是一枝独秀，有力地支持了国家的改革开放事业。从具体政策看，1955 年 12 月，商业部向国务院呈报《关于召开全国水产座谈会的报告》，确定今后水产工作的方针，提出在满足国内需求的同时，供应更多的水产品用于出口。1959 年 5 月，国务院批转水产部《关于当前水产品供销工作情况的报告》，指出水产品是一项重要的副食品和出口物资，做好水产品的收购、出口和调运等工作，不仅有利于国家的建设，增加渔区人民公社和社员的收入，而且对缓和当前肉食紧张也有一定的作用；为了保证水产品收购、出口和调运任务的完成，各地应该加强市场管理，并根据需要，建立和健全水产供销机构。1959 年 9 月，水产部在上海召开全国水产工作会议，提出抓紧集中产区，抓紧商品生产是完成水产品的市场供应和出口任务的关键；对水产的供、运、销必须十分重视；积极增加水产品的商品部分，保证出口需要和城市供应。1962 年 4 月，国务院发出《关于组织各机关生产单位的渔船捕捞对虾供应出口的通知》，指出对虾是国际市场畅销品，价值高，又能换取外汇；为了多捕捞，多出口，多收外汇，各地水产部门必须力争超额完成国家规定的捕捞任务。1973 年 11 月，农林部、外贸部在北京召开养鳗生产专业会议，主要议题是传达周总理、李先念副总理、华国锋同志的重要指示，交流国内外养鳗生产的情况，研究有关政策，初步制定明年鳗鱼生产和养鳗试点的规划，认为要充分发动群众，把发展养鳗生产作为一项重要任务来抓，以扩大出口，支援国家社会主义

---

① 胡求光，霍学喜. 基于比较优势的水产品贸易结构分析[J]. 农业经济问题，2007(12)：20－26.

建设。1975 年 1 月，为了发展鳗鱼生产，增加出口货源，外贸部、农林部在福建省福州市召开养鳗生产会议。改革开放以来尤其是初期，引进国外先进技术和设备，急需大量外汇，水产品作为国际畅销产品，我国积极发挥比较优势，推动创汇渔业快速发展。1979 年发布的《关于全国水产工作会议情况的报告》指出，海水养殖商品基地，要抓生产技术过关、出口换汇率高的品种，产品主要供应出口。1979 年 6 月，国家水产总局在北京召开对虾、鳗鱼养殖会议，国务院财贸小组同志出席了会议，规定凡养殖生产的对虾、鳗鱼产品，不论国营、群众生产的，一律由养殖公司收购并组织加工，供应出口；出口所得的外汇收入，在扣除成本和归还贷款后，总局公司和省、县公司实行七三分成，并由总局公司代省县进口先进技术、设备和物资。

在发展创汇渔业过程中，不仅需要提供坚实的要素保障，还要重视通过体制改革激发水产品贸易的活力。1981 年 6 月，国家水产总局发出《关于养虾出口实行联营管理体制的通知》。1982 年 3 月，国务院办公厅转发原国家进出口委、对外贸易部、国家水产总局《关于加强珍珠产销协调管理工作的报告》，提出为了克服盲目发展，提高质量，必须按照以销定产，产销结合的原则，建议将珍珠列为二类物资，实行收购合同制，把珍珠提为外贸部一类出口商品。1985 年 3 月，中共中央、国务院发出《关于放宽政策、加速发展水产业的指示》（中发〔1985〕5 号文件），明确提出调整水产品购销政策，水产品价格全部放开，实行市场调节，产供销、渔工商、内外贸可以综合经营。

为了鼓励渔业多出口以支援国家"四化"建设，不断完善财税、金融等配套扶持措施，1973 年 6 月，对外贸易部、中国人民银行联合发出《关于抓紧落实扶持出口农副土特产品的生产所需资金的通知》，指出个别地区对出口农副土特产品的生产计划和所需资金，未能很好地安排，影响了这类商品的生产；为此，请各地按规定加以认真研究，进行安排，积极贷款支持生产。1981 年 7 月，国家水产总局、对外贸易部、国家外汇管理总局、海关总署、中国银行联合发出《关于养殖虾出口工作有关规定的补充通知》。1982 年 12 月，农牧渔业部转发海关总署、财政部《关于出口养殖对虾关税问题的复函及执行中有关问题的通知》。1983 年 8 月，农牧渔业部水产局、渔政渔港监督管理局和黄海区渔业指挥部在山东省文登县联合召开了黄渤海秋汛对虾生产座谈会，提出适当提高对虾价格补贴等措施，对增加对虾出口，支援国家重点建设有重要意义。1985 年 4 月，农牧渔业部、国家经委、财政部、对外经济贸易部、海关总署联合发出《关于增殖对虾享受免税出口有关问题的通知》。1992 年 11 月，农业部在北京召开全国远洋渔业工作会议，会议认为，我国远洋渔业的指导思想是，坚持改革开放，依靠科技进步，注意经济效益，充分发挥本国优势，有效开发和合理利用世界渔业资源，在参与国际合作竞争中逐步形成产销一体，内外贯通，具有中国特色的远洋渔业良性循环体系。主动协调各部门的关系,争取各方面的支持。虽然我国是世界第一水产品出口大国,但行业优势和潜力还没有充分发挥出来。我国水产品出口量占总产量比重较低,行业外向度偏低①。虽然出口市场高度集中于亚洲并不是中国水产品出口不稳定的主要原因②,但要积极推动出口市场和产品的多元化。贸易双方的经济规模、地理距离与制度安排(是否为亚太经合组织成员)是影响中国水产品出口贸易的主要因素③。今后,要紧紧抓住促进水产品贸易的关键因素,将我国创汇渔业发展充分融入全球市场范围,优化资源配置的市场体系。

二、确保出口水产品质量的政策

食品质量安全事关人民群众的健康和生命,党和政府历来高度重视,其中水产品质量安全又是重中之重。从水产整个产业链条来看,捕捞和养殖环节尽管潜伏着不少安全隐患,然而加工环节的安全隐患更加复杂多样。加之非传统贸易壁垒制约着中国水产品出口增长④,因此,水产品进入国际市场,取得“通行证”,必须要过质量关。我国水产品出口市场集中在日本、韩国、美国、欧盟、中国香港等少数的几个国家和地区。从内部区域结构来看,我国水产品出口主要集中在山东、广东、辽宁、浙江、福建等五个省份,出口优势非常明显,在出口数量和出口金额上占有绝对优势⑤。但由于我国是发展中国家,而出口产品大多进入发达国家,质量要求有所不同。受 WTO 有关协议的约束,欧盟、美国、日本、韩国以及东盟等国家和地区在水产品贸易中所实施的非传统贸易壁垒倾向于采取相对公平的、对本国产品与进口产品实行同样的技术法规与标准、合格评定程序或卫生检疫措施的形式⑥。世界水产品进口主要集中在发达国家,而发达国家的消费者对商品的质量要求较高,我国水产品及其加工品往往满足不了其需求⑦。因此,顺利实现水产品出口,不仅要熟悉国际通行的贸易规则,还要符合相应的质量要求。加快调整中国水产

① 山世英,杨学成.中国水产品产业的国际地位及对外开放态势评析[J].农业经济问题,2004(7):8-11.

② 许培源.中国水产品出口地理结构与出口不稳定性分析[J].农业技术经济,2008(5):67-73.

③ 胡求光,霍学喜.中国水产品出口贸易影响因素与发展潜力——基于引力模型的分析[J].农业技术经济,2008(3):100-105.

④ 邵桂兰,姜宏.中国水产品出口主要目标市场国的非传统贸易壁垒分析与比较[J].农业经济问题,2007(7):81-84.

⑤ 胡求光,霍学喜.基于比较优势的水产品贸易结构分析[J].农业经济问题,2007(12):20-26.

⑥ 邵桂兰,姜宏.中国水产品出口主要目标市场国的非传统贸易壁垒分析与比较[J].农业经济问题,2007(7):81-84.

⑦ 山世英,杨学成.中国水产品产业的国际地位及对外开放态势评析[J].农业经济问题,2004(7):8-11.

品出口的方式结构，提高出口加工程度已成为当前的迫切需要①。这不仅是满足国际市场的产品要求，更是质量要求。

为此，相关政府部门一直强化出口水产品标准建设，提高出口水产品质量。1981年9月，国家水产总局、国家商检总局颁发《海水养殖对虾出口标准(试行)》。1982年6月，为加强对水产品的卫生管理，保证水产品卫生标准的切实执行，国家标准局、卫生部发布了《水产品卫生管理办法》，管理的范围包括所有供食用的鱼类、甲壳类、贝类等鲜品及其加工制品，提出了渔获物从捕捞到海上保鲜，陆上装卸、运输、加工、销售等各个环节的操作要求。1984年2月，经贸部、农牧渔业部发出关于发送《出口水产品厂卫生质量复查总结》的通知。1985年4月，农牧渔业部、国家经委、财政部、对外经济贸易部、海关总署联合发出《关于增殖对虾享受免税出口有关问题的通知》，提出要加强质量管理。为加强水产品的卫生监督管理，1990年11月，卫生部发布《水产品卫生管理办法》，对供食用的鲜售和加工水产品、接触水产品的设备、冷藏和运输等，都有明确的要求。1995年7月，国家质量监督检验检疫总局发布《出口水产品加工企业注册卫生规范》，对卫生质量管理、厂区环境卫生、车间及设施卫生、原辅料及加工用水卫生、加工人员卫生、加工卫生以及包装、运输、储存卫生等都有具体的操作规范。1995年8月，农业部渔业局发出《关于转发国家商检局发布〈出口水产品加工企业注册卫生规范〉等文件的通知》。1996年1月，农业部发出《关于加强我国渔船出口自产冻鲜鱼管理工作的通知》。1997年11月，中华人民共和国渔政渔港监督管理局印发《贝类生产环境卫生监督管理暂行规定》。1997年12月，全国农业工作会议渔业专业会议在安徽省合肥市召开，提出积极开拓国内和国际市场，下大力气提高产品质量。1998年9月，全国国际鲜销渔船管理工作会议在山东省威海市召开，对国际鲜销渔船的年度总量控制、许可管理、年审制度、船员培训和持证上岗等问题作了具体规定。为加强进出境水产品检验检疫及监督管理，保证进出境水产品的质量安全卫生，保护渔业生产安全和人体健康，2002年11月，国家质量监督检验检疫总局发布《进出境水产品检验检疫管理办法》，明确了进境检验检疫和出境检验检疫的要求。为防止水生动物疾病传入我国，保护渔业生产安全、人体健康和生态环境，2003年4月，国家质量监督检验检疫总局发布《进境水生动物检验检疫管理办法》，包括进境风险分析与检疫审批、装运前检疫卫生要求、包装盒运输材料要求、进境检验检疫等内容。

① 胡求光，霍学喜. 中国水产品出口贸易影响因素与发展潜力——基于引力模型的分析[J]. 农业技术经济，2008(3)：100－105.

为确保出境水产品的可追溯性，保证不合格产品的及时召回，2004年5月，国家质量监督检验检疫总局发布《出境水产品追溯规程（试行）》，以适用于出口水产品卫生注册企业加工出境水产品的追溯。为加强出境养殖水产品的检验检疫和监督管理，保证出境养殖水产品的质量安全卫生，2004年5月，国家质量监督检验检疫总局发布《出境养殖水产品检验检疫和监管要求（试行）》，规定了养殖场的备案及监管要求、出口生产企业加工养殖水产品的控制、检验检疫管理和违规处理等规范。

由于国内外水产品质量安全标准的差异，以及国内水产品质量管理不够规范、执行不够有力，水产品出口曾经备受考验。影响中国水产品对欧盟出口的重要原因之一是产品不能达到欧盟的质量安全标准。提高水产品竞争力的关键在于关注欧盟食品及饲料安全法规和渔业法规等方面的新变化，加强水产品生产卫生安全和质量管理①。质量问题曾严重影响我国水产品的出口。1997年6月，农业部渔业局发出《关于加强渔业生产环境和卫生质量监督管理的通知》，指出我国渔业生产环境和水产品卫生质量监督管理等方面都存在不少问题，已严重影响我国水产品出口；我国出口欧盟的贻贝类产品被发现有危害人体健康的副溶血性弧菌；欧盟发布的97/20/EEC指令未把我国列入允许对其出口双壳贝类产品国家。美国称自1997年12月18日前，凡未建立HACCP方案（即危害分析和关键控制点）的水产品生产企业的出口产品不得进入美国市场。为尽快与国际水产品质量监督管理水平接轨，保证水产品卫生标准，要求从加强对双壳贝类生产环境和卫生质量监督管理入手，逐步扩展到对全部水产品生产环境和卫生标准监督管理，帮助水产品加工厂建立HACCP方案，推广先进的质量管理方法。欧盟委员会于2002年1月25日作出禁止中国动物源性产品出口欧盟的决议，造成中国水产品向欧盟出口受阻，全年出口量、出口额比上年下降50%。另外，由于在出口日本的鳗鱼产品中检出药物残留超标，一度造成我国鳗鱼的出口价格下降50%。农业部渔业局副局长李健华②指出，2003年“恩诺沙星”事件使我国烤鳗出口严重受阻，再一次对我国水产品质量安全管理敲响了警钟。2003年，农业部曾参照欧盟贝类管理要求，选择5个地区开展了海水贝类生产区划型试点和产品质量安全监测。2005年我国被6个国家和地区通报了多起禁用药物阳性事件，涉及鳗鱼、河虾、河豚、罗非鱼等多个品种和辽宁、天津、上海、宁波、福建、广东等省市。2005年孔雀石绿、硝基呋喃等

① 杨莲娜. 中国水产品对欧盟出口波动影响因素分析[J]. 农业经济问题，2011(6)：103-109.

② 李健华. 在全国农业工作会议渔业专业会上的讲话[A]//农业部渔业局. 中国渔业年鉴(2004). 北京：中国农业出版社，2004.

药物残留问题导致鳗鱼、罗非鱼和部分活鱼、冰鲜鱼出口受阻。药物残留是影响水产品出口最突出、最根本的问题，全年鳗鱼出口量下降 25%，活鱼出口量下降 12%。受这些因素影响，从 2005 年 10 月份起，我国水产品出口增长速度开始放慢，未能实现全年出口 80 亿美元的预期目标。2006 年水产品出口贸易中，存在的主要问题依然是药物残留超标，这是影响水产品出口最突出、最根本的问题。2006 年 3 月和 7 月，美国 FDA 和加拿大先后两次通报我国输美水产品中检出氯霉素、孔雀石绿、硝基呋喃类等禁用药物。2006 年 6 月输日鳗鱼中被检出含有农药硫丹。中国鳗鱼出口必须紧盯国外 SPS 措施的变化，实施严格的全程监管，重点控制药物残留水平。[①] 2007 年，质量安全问题以及由此引发的贸易争端仍然是影响我国水产品出口最突出、最根本的问题。先后发生输港贝毒事件和淡水鱼孔雀石绿残留事件、水产品中霍乱弧菌事件和龙头鱼甲醛事件、输美河豚中毒事件等。2007 年，沿海贝类养殖区域划型工作全面启动。欧盟的药物最大残留限量制定越严格，中国水产品出口的阻力就越大，技术性贸易壁垒是众多影响中国水产品出口因素中的最重要的因素之一。[②] 我国水产品出口贸易在经历了近 10 年的快速增长后，2007 年增速大幅下滑，水产品质量安全问题无疑是重要因素之一。研究表明，国外孔雀石绿最大残留限量标准每严格 1 ppb，中国鳗鱼出口贸易额就减少 8.8%。[③]

经过各方面共同努力，我国出口水产品质量获得了广泛认可。1997 年 7 月，欧盟委员会以发现在中国从山东出口到欧盟的冷冻熟贻贝肉中有副溶血性弧菌为由，对中国水产品予以全面“封杀”。1999 年 5 月，欧盟委员会食品兽医司办公室 5 位专家对我国辽宁、山东、浙江、广东四省水产品卫生质量监控体系进行了考察，认为我国水产品卫生质量监控体系基本达到欧盟要求，并推荐我国列入可向欧盟出口水产品的一类名单。2007 年，在农业部的主持下，中国进出口检验检疫部门和海洋渔业部门连同獐子岛集团，发起了贝类产品恢复对欧盟出口的申请工作。经过獐子岛集团和辽宁检验检疫局、大连市海洋与渔业局、中科院海洋所等不懈努力，从 2016 年 3 月 4 日起，欧盟恢复对中国彻底去除内脏和生殖腺的扇贝闭壳肌进口。被“封杀”19 年之久的中国扇贝将重回世界最大市场。

---

① 董银果. SPS 措施影响中国水产品贸易的实证分析——以孔雀石绿标准对鳗鱼出口影响为例[J]. 中国农村经济，2011(2)：43－51.

② 郭芳，王咏红，高瑛. 技术壁垒影响中国水产品出口的实证分析[J]. 中国农村经济，2007(11)：45－51.

③ 董银果. SPS 措施影响中国水产品贸易的实证分析——以孔雀石绿标准对鳗鱼出口影响为例[J]. 中国农村经济，2011(2)：43－51.

第八章 渔业服务业公共政策

渔业服务业是为渔业生产提供服务的产业。渔业服务业紧密围绕渔业第一、二产业转型升级,结构调整提供事前、事中、事后支持和服务,是组成渔业产业链条的重要一环,对于渔业产业升级和提质增效发挥着积极的作用。目前,我国的渔业服务业发展相对缓慢,各地区发展也不均衡,已经成为制约渔业持续健康发展的瓶颈。破解这些问题需要政府提供政策上的支持和引导,并尽快完善渔业服务业公共政策体系。

第一节 渔业服务业公共政策目标

一、培育渔业要素市场

渔业是较早实现渔获物流通市场化的产业,通过市场机制实现了渔业资源的配置,但是,其局限性十分明显。主要是实现渔业产业结构的高级化和合理化的渔业市场体系,特别是要素市场体系还没有建立起来。完善的渔业市场体系能够规范渔业市场竞争机制,按照价值规律,以价格机制实现资源的优化配置,实现资源利用的最大效率,促进和引导渔业产业结构的调整。政府的主要任务应当是维护市场公平竞争,释放市场活力,制定科学合理的公共政策,避免以不合理的补贴、价格干预等手段释放错误的信号扭曲市场。充分利用市场这只“看不见的手”,使得资源得到有效配置。由于渔业资源的稀缺性以及人们饮食结构的调整带来的对渔业资源的需求不断增加,导致渔业产品需求和供给的矛盾变得越来越突出。因此,最大限度优化渔业资源配置,提高渔业资源配置效率是当务之急。现阶段,渔业生产资料市场、渔货物交易市场比较完善,相对滞后的是渔业金融市场(包括渔业产权流转交易市场、渔业生产资料抵押贷款市场、渔业保险市场)、限额捕捞交易市场、渔业科技服务市场、渔业人力资源市场等的建设。政府在渔业领域里的首要公共政策目标就是培育和激活渔业要素市场,促进渔业全要素生产率的提高。

二、促进渔业产业融合

产业融合发展是技术创新和制度创新推动的结果。渔业产业融合发展就是渔业一二三产业形成产业发展链条融合式发展。近年来,渔业产业领域的高新技术层出不穷,渔业制度供给不断创新,渔业一二三产业之间的联系越来越紧密,产业边界越来越模糊,一体化趋势越来越明显。因此,渔业产业融合发展是渔业产业向更高层级发展的需要,事关渔业现代产业体系的形成和向纵深发展。目前,我国渔业产业融合度比较低,层次也相对较浅,产业链、价值链实现不充分,新型渔业经营主体发育迟缓,先进技术推广渗透不强,公共服务供给不足。在渔业供给侧结构性改革的关键时期,政府要在渔业领域改革发力,破解制约"三渔"发展的瓶颈问题,补齐渔业现代化短板,形成惠渔富渔的利益联结机制,建设富庶、文明、和谐的新渔村就必须在指导思想上加大渔业服务业的政策支持力度,在政策导向和目标上,把促进渔业产业融合发展作为优先方向。

三、助力渔业快速发展

渔业产业的快速发展,必须有强大的科技和教育力量作支撑。渔业高新科技是引领渔业产业结构升级的引擎,提升渔业产业品质的利器。目前,虽然我国已经建立起了渔业科技创新体系,渔业科技创新能力不断提高,但是,我国还不是渔业强国,渔业科技创新还存在薄弱环节,渔业科技成果的转化率还比较低。为此,必须完善政府的公共政策,促进以保护渔业资源、生态环境和健康养殖为重要条件,以现代科学技术为基础的现代渔业高新技术的研发,促进渔业技术成果能够得到切实高效的推广并转化为生产力。建立起一个用现代工业装备作基础、现代科学技术为支撑、现代经济管理方法为手段的渔业综合技术体系。渔业教育是实现渔业科技创新的基础,渔业人力资源的开发是保证渔业快速发展的前提,因此渔业教育的目标就是建立完善的渔业从业人员的培养教育体系,全面提高渔业从业人员的综合素质,不断满足渔业产业发展对人才的需求。

第二节　渔业人力资源政策

一、渔业人力资源的内涵

人力资源，又称劳动力资源或劳动力，是指能够推动整个经济和社会发展、具有劳动能力的人口总和。人力资源最基本的方面包括体力和智力，从现实的应用形态来看，则包括体质、智力、知识和技能等四个方面。人力资源由数量和质量两个方面构成，人力资源的数量为具有劳动能力的人口数量，其质量指经济活动人口具有的体质、文化知识和劳动技能水平。一定数量的人力资源是社会生产的必要条件。一般说来，充足的人力资源有利于生产的发展，但其数量要与物质资料的生产相适应，若超过物质资料的生产，不仅消耗了大量新增的产品，且多余的人力也无法就业，对社会经济的发展反而产生不利影响。在现代科学技术飞跃发展的情况下，经济发展主要靠人口素质的提高，随着生产中广泛应用现代科学技术，人力资源的质量在经济发展中将起着愈来愈重要的作用。

渔业人力资源是人力资源的一部分。渔业人力资源是指渔业人口中实际参加渔业生产或服务活动并以实物或货币收入为回报的劳动力。渔业人力资源的数量在自然因素和社会因素的共同作用而不断地发展变化。

渔业人口主要是指直接从事渔业生产活动的劳动者及其赡(抚)养的人口。具体包括以下几类：一是直接从事渔业生产或服务活动的劳动力人口。二是间接从事渔业生产和服务的劳动力人口，指既从事渔业生产或服务活动又从事其他非渔业劳动，但是全年渔业生产或服务活动时间累计超过三个月的人员或者渔业纯收入占总收入一半以上的劳动力人口。三是上述两种渔业人口所赡(抚)养的人口。

一般而言，影响渔业人力资源数量的自然因素包括：① 渔村人口的自然增长率，这是最基本的因素；② 达到和超过劳动年龄的人口数；③ 劳动力的自然减员等。

社会因素包括：① 国家和地方政府产业布局和渔业政策的调整；② 渔业生产岗位技术条件的限制；③ 渔业生产条件及生产工艺的改进；④ 渔业经营形式的变化；⑤ 人口政策及就业政策的引领。

影响渔业人力资源质量的因素包括：① 渔业从业者的性别、年龄、体力强弱；② 渔业从业者的智力水平；③ 渔业从业者学历、学识、技能高低。

二、渔业人力资源培养教育政策

1. 院校教育

现代意义上的渔业人才培养最早可追溯到20世纪初，帝国主义列强从海上撬开中国大门，致使海权旁落，在“渔权即海权”的反思与感受中，有识之士开始呼吁教育救国、实业救国。1904年张謇向清廷建议成立江浙渔业公司，并“建立水产商船两学校”[①]1911年孙凤藻在天津创办直隶水产讲习所，后改为河北省立水产学校，其为中国第一所水产教育机构。随后，江苏、浙江、辽宁、广东相继开办了水产教育机构，培养渔业人才。1949年以前，总计“全国共有大、中级水产学校约10所，共培养出毕业生3 000人左右”[②]。从1904年到1951年，是我国水产高等教育和渔业人才培养的启蒙期，为我国水产高等教育和渔业人才培养奠定了发展基础。

新中国成立以后，人民政府高度重视渔业人才的培养，继续发展水产高等教育事业。1952年中国第一所本科水产学府——上海水产学院在上海组建，设置海洋捕捞、水产养殖、水产加工工艺、水生生物、航海5个本科专业。1972年，上海水产学院搬迁至厦门集美办学，易名为厦门水产学院。1979年经国务院批准，在上海原址恢复上海水产学院，在厦门保留厦门水产学院。1958年，舟山水产学院在浙江创建。同年，大连水产专科学校成立，并于1978年升格为大连水产学院。1959年，山东海洋学院以山东大学水产系等为基础创建。该校以水产高等教育为基础，面向海洋，开始发展海洋高等教育，但水产高等教育作为优势学科仍然是发展的重点。1960年，广东水产专科学校在广东水产学校、暨南大学水产系的基础上进行整合组建。之后，华南工学院湛江分院、湛江水产专科学校、广东省立海事专科学校陆续并入，1979年升格为湛江水产学院。此外，除了水产专门院校，华中农业大学、南京农业大学、苏州大学、西南大学等数十所高校设立水产相关学科专业。中国水产科学院下设研究所，中国科学院海洋研究所，国家海洋局一、二、三海洋研究所，也陆续举办水产学科研究生教育，培养高级水产人才。从1952年到1996年，我国水产高等教育快速发展。其间，形成了专门水产院校、农业大学（也包括少部分综合大学）、研究所等举办不同层次水产高等教育的格局，是水产高等教育迅速发展、成熟的时期。一大批专业技术人才走上渔业生产、技术和科研岗位，为我国渔业的发展做出了突出的贡献。

---

① 参见沈同芳的《中国渔业历史》。

② 张震东，杨金森. 中国海洋渔业简史[M]. 北京：海洋出版社，1983：272－281.

进入21世纪，随着“海权”意识的觉醒以及水产业逐渐融入海洋产业的大格局中，海洋高等教育呼之欲出，山东海洋学院更名为青岛海洋大学后，又于2002年更名为中国海洋大学，浙江水产学院、湛江水产学院、上海水产大学、大连水产学院4所水产院校陆续更名为海洋大学，厦门水产学院并入集美大学，2016年热带海洋学院在海南三亚成立，平潭海洋大学(福建省)以及江苏海洋大学正在筹建中。至此，水产高等教育全面融入到海洋高等教育中，海洋高等教育拓展了水产教育的功能，满足了现代渔业要求的厚基础、宽视野，创新型、复合型，现代化、国际化人才的需要。

2. 渔民培训教育

国家高度重视渔民的培训工作，采取各种措施培训渔民，提高渔民的素质以及适应渔业生产的能力。主要包括文化素质培训、岗前培训、安全培训、新型职业渔民培训等。

(1) 文化素质培训。基于渔民素质比较低，特别是外来务工人员文化层次比较低的特点，国家和地方政府建立了由扫盲班、业余学校、渔民初级文化技术学校、渔民中高级学校等组成的多层次的农民教育体系。在培训中，融入水产品养殖生产、食品安全卫生、产业经营和发展等理论知识；学习养殖新技术、新技能；学习法律法规相关的知识，增加守法合法的意识，增强市场营销意识，学会如何进行风险管控，提高渔民的综合文化素质。

(2) 岗前培训。为保证没有渔业生产的经历，对海洋、对渔船、对渔业作业很陌生的劳动者，能够顺利从事渔业生产活动，地方政府和企业统一对渔业从业者进行分类型培训，考核。采取合格证书制度，要求某些岗位只有取得合格证书才能上岗。比如，渔业从业者上船作业一定要具备业内从业的“四小证”，即《熟悉和基本安全培训合格证》《精通救生艇筏和救助艇培训合格证》《高级消防培训合格证》和《精通急救培训合格证》。通过岗前培训，渔民及外来农民工熟悉了渔业生产作业类型，能够根据自己的专长，选择作业类型及工种，减少安全隐患，提高了个人的渔业方面的能力。

(3) 安全培训。渔业属于高风险行业，稍有不慎，就会给人们的生命及财产安全造成巨大的威胁。国家和地方政府高度重视渔业安全生产培训工作，采取各种措施保证渔业安全培训的有序推进。各地渔业行政主管部门充分利用休渔期间“船停港、人上岸”的有利时机，举办各种培训班进行安全生产培训。培训内容包括法律法规及规章制度、商渔船防碰撞措施、渔业安全生产操作技能、台风来临进港避风注意事项、应急救援、自助自救等内容，并对参训并考试合格的船东、船员、渔民发放结业证，且严格执行渔船从业人员必须取得适任证书方可登船作业等法律规定，从源头上杜绝无证上岗的安全隐患。通过培训，不断扩大渔业安全知识的宣传覆盖面，努力做到渔业安全知识家喻户晓，确保渔民生民财产安全。

(4) 新型职业渔民培训。为提升渔民素质，实现传统渔民向职业化渔民的转型，各地还开展了职业渔民培训。职业渔民培训的内容包括生态环保意识，健康养殖的意识和健康管理的能力，渔业新科技知识和绿化养殖系统，市场竞争意识，市场经验管理的理念和能力，市场营销的基本知识，产品功能定位，配送服务、连锁生存经营、互联网＋渔民等模式，产前、产中、产后的有效管理知识等。例如，"江苏省海洋与渔业局出台了《江苏省职业渔民培训实施方案（试行）》，力图通过开展各类培训，到2020年，在全省培养持证职业渔民50万人以上，持证渔民人数占全省渔民总数比例达35％以上。苏南等有条件的地区，持证渔民比例力争在2015年率先达35％以上。该培训方案提出，职业渔民培训对象为全省范围内从事渔业养殖、捕捞、初级加工、运销等生产经营服务活动的专职、兼职渔民。培训时间一般累计不少于24课时，其中集训时间不少于10课时。对参加培训并通过考核的渔民，颁发由江苏省海洋与渔业局统一监制印刷、县（市、区）渔业主管部门审核盖章的《江苏省职业渔民培训合格证书》"①。2015年全国共举办职业渔民（渔民技术培训）培训班32 153期，培训渔民2 086 460.00人次。②

三、渔业劳动力转移政策

20世纪90年代后期，国家改革户籍制度，进一步放宽农民进城的限制，一大批年富力强，有经营头脑的沿海渔民纷纷上岸，到城市谋求新的职业。与此同时，在市场机制的作用下，经济落后地区的劳动力为寻找新的就业机会开始向发达地区转移，由于沿海经济发展较快，即使在渔业生产成本上升导致经济效益下降的情况下，渔民的收入也比内地有些地区高得多，再加上渔业岗位的准入门槛比较低，相当一部分内地劳动力涌入到沿海地区，在渔业生产领域找到了工作，实现了就业。外地劳动力的涌入，补充了渔业劳动力的缺口，为渔业发展带来了强劲的动力，促进了渔业产业的发展。

随着大量外来"渔民工"的涌入以及渔业生产作业强度的不断加大，水域污染，渔业资源衰退的问题非常突出，再加上2002年中国与日本、韩国、越南渔业协定的

---

① http://www.mlr.gov.cn/xwdt/hyxw/201207/t20120710_1119762.htm

② 农业部渔业局. 中国渔业统计年鉴[M]. 北京：中国农业出版社，2016：127.

相继生效,传统作业渔场收缩[①],导致渔民作业范围缩小,使得海洋捕捞从业人员严重过剩,急需寻找新的替代产业,大规模培训渔民也提上议事日程。浙江省海洋与渔业局[②]认为,主要渔获对象低龄化、小型化现象日趋严重,资源呈明显的不稳定性,多资源尤其是传统资源处于充分或过度利用状态。中韩、中日渔业协定实施后,从外海渔场回撤的大批渔船集中到东海渔场生产,更进一步加剧了资源的衰退。舟山市弃捕渔民中,有 73.6%选择了与海与渔有关的职业。

为妥善解决中日、中韩及中越北部湾渔业协定生效后我国渔业面临的问题,2002 年开始在沿海各地全面启动和实施海洋捕捞渔民转产转业工程,计划在 5 年内转产捕捞渔船近 3 万艘,转产捕捞渔民约 25 万人。2002 年 7 月,财政部和农业部联合出台《海洋捕捞渔民转产转业专项资金使用管理暂行规定》,中央财政设立海洋捕捞渔民转产转业专项资金。专项资金使用范围有:因协定影响而退出捕捞的海洋渔船的捕捞补助;吸纳和帮助转产渔民就业、带动渔区经济发展、改善海洋渔业环境的项目补助。明确了专项资金申报和补助程序,以及依据渔船确定的海洋捕捞渔船报废补助标准。申请报废补助的海洋捕捞渔船必须在 2000 年海洋渔船普查中登记在册、按有关规定纳入管理、主机功率 20 千瓦以上的捕捞渔船(根据《渔业船舶报废暂行规定》不允许更新的除外),重点是拖网、帆张网或其他对渔业资源破坏严重的捕捞渔船。农业部渔业局副局长李健华[③] 2003 年 8 月 9 日表示,2002 年共下达各地减船计划 4 748 艘,减船补助资金 14 426 万元;安排转产转业项目 40 个,项目补助资金 7 000 万元;2002 年是开展转产转业工作的第一年,各项工作开始步入正轨,但还存在四个问题:中央减船补助资金计划数与实际使用数存在较大差距、减船补助标准偏低、缺少转产转业工作经费、中央减船补助的范围太窄。2003 年,财政部、农业部抓紧完善转产转业政策,联合下发《海洋捕捞渔民转产转业专项资金使用管理规定》,提高了现行补助范围内渔船的中央补助标准,扩大了中央减船补助范围(包括 10 千瓦至 20 千瓦渔船和持临时捕捞许可证渔船),并安排了地方拆船补助经费。

由于海洋捕捞能力的增长与有限的作业渔场及脆弱的渔业资源的矛盾日益突

---

① 《中日渔业协定》《中韩渔业协定》和《中越北部湾渔业协定》的相继生效,导致我国东、黄海和北部湾渔业管理制度的根本性变化,我国大批渔船撤出原传统作业渔场。

② 浙江省海洋与渔业局.海洋捕捞渔民转产转业对策研究[A]//农业部渔业局.中国渔业年鉴(2004).北京:中国农业出版社,2004.

③ 农业部渔业局副局长李健华 2003 年 8 月 9 日在沿海渔业厅(局)长工作座谈会上的讲话[A]//农业部渔业局.中国渔业年鉴(2004).北京:中国农业出版社,2004.

出，捕捞压力过大，资源衰退严重，使得渔业劳动力总量过剩，捕捞渔民转产转业势在必行。但是，多数渔民文化素质低，缺乏从事其他行业的技能，加之渔业产业化程度低，渔区经济结构单一，资金缺乏，渔民的就业门路狭窄，跨行业转移的难度较大。渔民失海、失业问题严重。对失海、失业渔民缺乏相应的安置和补偿措施，严重损害了渔民权益。[①] 渔业劳动力总量过剩，转移困难，需要提升传统渔民的劳动技能，加大培训力度。在澳大利亚，政府和渔业协会共同出资，借助院校和科研机构的力量，针对渔业生产现实需求，对渔民开展专业技能培训。[②]

虽说大规模渔民转产转业起因于我国与周边签署渔业协定，大量渔民需要退出传统作业渔场，但早在 1988 年 10 月，农业部、财政部、国家物价局就联合发布《渔业资源增殖保护费征收使用办法》，提出渔业资源费用于渔业资源的增殖、保护，其中一个使用范围是：为保护特定的渔业资源品种，借给渔民用于转业或者转产的生产周转金（不得作为生活补助和流动资金）。海洋捕捞渔民转产转业工作于 2002 年启动，到 2004 年第一阶段的工作进入尾声。3 年期间中央每年安排补助资金 2.7 亿元，共计 8.1 亿元。其中，计划报废拆解渔船 1.6 万艘，中央补助资金安排 6 亿元，转产渔民培训等转产转业项目 100 余个，中央补助资金 2.1 亿元。在 2002—2004 年实施沿海捕捞渔民转产转业工程的基础上，2005 年中央继续安排转产转业专项资金 1.8 亿元实施该工程，计划报废拆解渔船 3 790 艘，转产渔民约 2 万人；完成了 2.2 万名转产渔民培训工作，其中 1.8 万人取得了农业部颁发的相关职业技能鉴定证书。2006 年中央 1 号文件提出加强渔民转产转业工作。2006 年安排转产转业专项资金 18 000 万元，其中，安排资金 13 420.3 万元补助拆解报废渔船 4 078 艘，转产渔民 18 114 人；安排资金 1 460.2 万元，培训转产渔民 14 602 人。2007 年中央安排转产转业专项资金 13 500 万元，其中安排资金 8 000 万元补助拆解报废渔船 1 976 艘，安排资金 1 330 万元培训转产转业渔民 13 300 人，安排资金 4 170 万元用于渔业资源增殖放流和海洋牧场建设。2002 年在中央财政支持下启动的沿海捕捞渔民转产转业项目，有力地促进了“双控”工作的开展，截至 2007 年年底，全国海洋捕捞渔船 195 921 艘、1 146 万千瓦，“双控”计划完成率分别达到 88.23%和 97.5%。中央财政安排 1.35 亿元沿海渔民减船和转产转业资金，将减船补贴标准由每千瓦 1 000 元提高到 2 500 元，有关省级财政还安排了相应配套资金，

① 韩立民，任广艳，秦宏.“三渔”问题的基本内涵及其特殊性[J].农业经济问题，2007(6)：93－96.

② 中国农业贸促会渔业代表团.澳大利亚和印度尼西亚渔业发展的经验与启示[J].农业经济问题，2006(4)：77－78.

渔民减船意愿普遍增强。2013年颁布的《国务院关于促进海洋渔业持续健康发展的若干意见》指出，切实促进捕捞渔民转产转业。编制捕捞渔民转产转业规划，加大转产转业政策扶持力度，调动渔民减船转产积极性。支持发展海水养殖、海水产品加工和休闲渔业，延长产业链，提高渔业效益，拓宽渔民转产转业和增收渠道。落实相关就业创业扶持政策，加强渔民职业技能培训，鼓励用人单位积极吸纳渔民就业。

为了保证渔民转产转业的顺利进行，保证渔业劳动力有序转移，各地陆续出台了相关政策，引导渔民发展海水养殖业，发展远洋渔业，发展水产品精深加工，发展休闲渔业，全面清理涉渔税费等。如江苏、浙江两省把海水养殖锁定为渔民转产转业的目标产业，积极扶持，大力推进。江苏省《关于沿海渔业实施减船转产计划的意见》中对转产渔民在用地、税收等方面给予优惠政策来扶持转产渔民发展水产养殖。辽宁省大力发展海洋牧场、深水网箱养殖、海水池塘生态健康养殖和工厂化养殖，巩固提高淡水池塘集约化养殖，加快发展稻田综合种养和水库生态渔业。浙江省每年安排4 000万元专项扶持资金，重点扶持浅海养殖尤其是抗风浪深水网箱养殖。浙江省财政在“十五”前3年每年安排贴息资金500万元，重点扶持远洋渔业龙头企业的发展，同时在引进远洋渔船先进设备、造船物质进口指标安排等方面给予重点支持，促进远洋渔船的国产化进程。浙江省开拓国内市场，加强水产品的精深加工，开发海洋药物、海洋功能食品和保健食品，省政府计划每年安排不少于100万元资金重点突破低质鱼、虾、贝、藻类，特别是大宗养殖产品精深加工的科研攻关。浙江省采取多种优惠政策促进休闲渔业的发展，对开发无人岛屿或利用生态型岛屿、湖泊发展休闲渔业的，给予资金、税收等优惠政策的支持。辽宁省以“渔村、渔业、渔家”为载体发展“渔家乐”，以观赏鱼为核心发展休闲水族产业，以渔俗节日、渔事活动为依托开展渔区民俗活动，全方位培育渔业第三产业经济增长点。浙江省政府将渔业税和农业特产税合并，统一征收农业特产税，并从减轻渔民负担出发，从低核定农业特产税计征税额。①

四、渔业人力资源开发政策

渔业人力资源是一种特殊的资源，开发潜力巨大，只要开发得当，就是用之不竭的再生资源。我国人口众多，潜在的渔业人力资源十分丰富，积极开发渔业人力资源，提高渔业从业者的综合素质，既是实现渔业转方式、调结构的重要抓手，又是实现渔业可持续发展的重要手段。

---

① 朱坚真，师银燕. 北部湾渔民转产转业的政策分析[J]. 太平洋学报，2009(8)：78.

1. 渔业人力资源的基本状况

(1) 总量状况分析

人力资源往往通过人力资本的形式发挥作用,人力资本的积累和增加对经济增长与社会发展的贡献远比物质资本、劳动力数量增加重要得多,在美国等西方国家人力资本对经济增长的贡献率已经达到60%~70%。我国人力资本对经济增长的贡献率相对比较低。人力资本的形成、转化、升值需要经历一个较长时期的积累。其中人力资源总量是构成人力资本的基础。表8.1、表8.2为2002—2015年我国渔业人力资源总量情况。

表8.1 渔业人口和渔业从业人员①(一)

年份	渔业人口(万人)	比上年增减(万人)	百分比	传统渔民(万人)	比上年增减(万人)	百分比	从业人员(万人)	比上年增减(万人)	百分比
2002	2 044.18	+101.98	4.75%				1 312.87	+14.27	1.08%
2003	2 074	+29.82	+1.44%	809			1 316	+4.0	0.30%
2004	2 098.41	+24.41	+1.16%	796.21	−12.79	−1.58%	1 301.83	+7.10	+0.54%
2005	2 067.64	−30.77	−1.47%	782.63	−13.58	−1.71%	1 290.28	−11.56	−0.89%
2006	2 040.05	−27.59	−1.33%	766.66	−15.97	−2.04%	1 259.47	−30.81	−2.39%
2007	2 111.54	+71.49	+3.5%	782.28	+15.62	+2.00%	1 316.86	+57.40	+4.56%
2008	2 096.13	−15.41	−0.74%	755.95	−26.33	−3.37%	1 399.43	+82.57	+6.27%

表8.2 渔业人口和渔业从业人员(二)

年份	渔业人口(万人)	比上年增减(万人)	百分比	传统渔民(万人)	比上年增减(万人)	百分比	从业人员(万人)	比上年增减(万人)	百分比
2009	2 084.56	−11.57	−0.55%	745.65	−10.30	−1.36%	1 384.73	−14.70	−1.05%
2010	2 081.03	−3.53	0.16%	747.04	+1.39	+0.18%	1 399.21	+14.48	+1.04%
2011	2 060.69	−20.34	−0.98%	730.93	−16.11	−2.16%	1 458.50	+59.29	+4.24%
2012	2 073.81	+13.12	+0.64%	723.58	−7.35	−1.01%	1 444.05	−14.45	−0.99%
2013	2 065.94	−7.87	−0.38%	712.46	−11.12	−1.54%	1 443.06	−0.99	−0.07%
2014	2 035.04	−11.37	−0.56%	686.40	26.05	−3.66%	1 429.02	−14.04	−0.97%
2015	2 016.96	−18.08	−0.89%	678.46	−7.94	−1.16%	1 414.85	−14.17	−0.99%

注:2003年中国渔业统计年鉴没有统计传统渔民数。

① 资料来源:《中国渔业统计年鉴》2003至2016各版本。

从表中可以看出，14 年间，我国渔业从业人员由于产业政策的调整以及其他因素，不同的年份出现了涨落交替的情况，但总体上，渔业从业人口是不断增长的。2015 年渔业从业人员达到 1 414.85 万人，比 2002 年增加了 101.98 万人。[①] 从总量上看，我国渔业人力资源完全可以满足渔业生产的需要，从事捕捞工作的渔民相对过剩，需要进行转移。

（2）素质结构分析

2015 年全国渔业人口 2 016.96 万人，渔业人口中传统渔民为 678.46 万人，渔业从业人员 1 414.85 万人，渔业科研机构从业人员 7 135 人[②]。我国渔业从业人员的整体素质不高，在渔业从业人员中，中小学程度劳动力占据近九成，渔业人力资源专业化程度不高，渔业从业劳动力占渔业总人口的比例过低，渔业科研机构从业人员占渔业人力资源的比重偏低。造成渔业人力资源素质较低的原因概括起来主要有以下几个原因：① 渔业行业比较艰苦，导致渔业人才外流。渔业是高风险的行业，一般都在露天作业，风吹日晒，条件艰苦，传统渔民家庭的渔业劳动力纷纷外流，大多数专业毕业生根本不考虑渔业生产活动，都选择了工作相对轻松、无风险、生活稳定的其他岗位，高技能型的渔业人才极度缺乏。可以说，高素质渔业劳动力的供给已形成一个较大的缺口。② 渔业一般性岗位技术要求较低，导致没有一技之长的农民工流向该领域。我国内陆地区有大量剩余劳动力，由于受到经济发展水平的制约，劳动生产率比较低，工资水平比沿海地区要低得多，受到利益的驱使，内地农民工纷纷涌向沿海地区。由于渔业生产领域的用工门槛比较低，一大批农民工开始进入这个领域。由于外来农民工世代生活在内陆地区，受其文化水平的限制，对渔业生产领域知之甚少，对渔业资源的合理利用和保护的认知非常盲目，竭泽而渔的现象时有发生。由于外来农民工的用工形式比较特殊，随意性比较大，流动性比较大，加之农民工法律意识相对淡薄，不注重合同的法律约束，导致生产无序，管理负担沉重现象的发生。③ 培训资金不到位，培训质量难以保证。在实践中，由于一些渔业企业规模小、资产数量有限，培训规模难以形成，一般不会进行系统培训。渔民自身经济实力有限，大多不会对自我培训进行投入，外界的民间资本也很难有效地注入渔业培训中。政府的培训资金有限，只能进行一些具有普遍意义的岗前培训，深层次的培训难以开展。

---

① 农业部渔业局. 中国渔业统计年鉴[M]. 北京：中国农业出版社，2016：90.

② 农业部渔业局. 中国渔业统计年鉴[M]. 北京：中国农业出版社，2016：11，113.

2. 渔业人力资源开发政策

(1) 大力发展渔村教育，提高渔业人力资源质量

开发人力资源最重要的途径是教育，包括优生优育教育、正规的学校教育、职业技术教育和在职培训教育。

① 优生优育教育。优生优育作为一项基本国策，必须常抓不懈，特别应该加强渔村基层计划生育组织建设，实施和监督国家的计划生育政策和优生优育政策。截至 2015 年，我国共有渔业乡 753 个，渔业村 8 453 个，渔业户 503.781 1 万户，传统渔民 678.464 8 万人。在渔乡、渔村、渔户开展计划生育、优生优育的普及教育，有利于保证渔业劳动力的繁衍生息的质量，是提高渔业人力资源质量的前提和基础。

② 学校教育。加强基础教育，全面落实《义务教育法》，保证学龄儿童接受 9 年义务教育，做好失学儿童的返校工作。对不送子女上学的家长进行严肃的批评教育，使他们认识到不送子女上学接受义务教育也是违法行为，避免新一代文盲、半文盲人口继续出现。建立合理的渔民教育体系，因地制宜建立一个由扫盲班、业余学校、渔民初级文化学校、渔民中高级学校等组成的多层次渔民教育体系，提高渔民的科技文化素质。大力发展职业技术教育、成人教育、学历教育，提高渔民就业选择的自由度。

③ 培训教育。培训教育主要是针对渔业技术推广、渔业法规、休闲渔业、冷链物流、远洋渔业、渔业经济、渔业安全等开展的短期培训，具有灵活、精准时效等特点。能够根据不同层次的培训对象和不同的培训目的，灵活采取不同的办班方式，达到普及渔业知识，掌握渔业操作规程，提升渔业技能水平的效果。培训是最有效的提高渔业人力资源工作技能和水平的方式，国家要多提供免费培训，甚至采取对参加培训人员进行生活补贴的措施。要充分发挥渔业经济合作组织的组织协调管理能力，组织好对合作社成员的培训、教育等工作。

(2) 建立渔业人力资源开发管理的长效机制

① 建立系统的渔业人力资源开发规划。优化渔业人力资源结构，主要就是提升高素质渔业人力资源的比重。我国人力资源十分丰富，潜在的渔业人力资源数量也十分庞大，若要满足渔业经济发展的需要，关键在于更好地开发渔业人力资源，满足渔业经济增长的需要。渔业人力资源开发应该是一项包括对于整体渔业人力资源培养、引进、使用等方面的系统工程，而这项复杂庞大的工程就必须建立一个包括渔业人力资源政策、机制、环境等方面的规划体系来给予保证。要对未来人力资源需求和供给状况进行预测及分析，进而对人力资源的获取、配置、使用、培

养等进行规划。充分发挥渔业人力资源市场的作用，组建专业机构部门建立系统的渔业人力资源开发规划。要建立科学的分类管理体制，建立各具特色的管理制度，实现渔业人力资源的整体开发，形成渔业人力资源有效开发管理的总体格局。

② 建设城乡统一的人力资源市场和现代就业制度。实践证明人才市场是人力资源优化配置，充分发挥人力资源作用的主渠道。只有建立城乡统一的人力资源市场和现代就业制度，才能实现渔业人力资源的真正开发，实现渔业人力资源的平等就业。一要制定渔业产业的政策与法律，保证渔业相关人才或企业家在渔业产业开发中所获取的利益能够最大化，并能获得法律的有效保护。二要打破各种人力资源自由流通的限制条件，开放人力资源市场，促进人力资源有序流动，盘活存量渔业产业相关人才，避免渔业相关人才闲置。三要保证公平"竞争"，将选人、用人的权利真正交给用人单位，打破对渔业人力资源的就业歧视和限制，取消对渔业人力资源就业的各种证件登记项目，让渔业人力资源真正参与城镇就业的公平竞争。

③ 建立渔业人力资源供求信息系统，健全各类劳动服务机构。在市场经济信息化的背景下，进行高效的信息搜集和及时发布对渔业人力资源开发具有重要的促进作用。渔业管理和服务部门要及时有效提供渔业产业有关的信息，构建信息服务创新平台，帮助渔业人力资源建立健全渔业生产资料、水产品交易市场和渔业服务行业的信息统计与发布系统，以便于渔业人力资源能够及时、准确、全面地获取市场信息。通过纸质媒介、电视广播媒体等各种渠道及时向渔民发布养殖、病害防治、市场供求、用工需求等信息，同时借助互联网网络媒介，串联各地的渔业信息服务系统，为全国各地的渔业合作经济组织提供一个跨区域进行信息联系，经验交流学习和信息资源共享的平台，积极引导渔业合作经济组织走上信息化的道路。

(3) 建立和健全渔业人力资源基本保障体系

① 调整国家对渔业人力资源的补贴制度。建立和完善科学合理的国家补贴政策。除了柴油补贴和渔船补贴，要增加对渔民以及出海捕捞渔民的补贴。可以从以下几点着手实施：一是要建立专业机构对渔船的所有人和使用人是否一致进行监管。避免一些人进行投机：买渔船的目的就是为了油补，进而把渔船租用给他人进行二次获利。二是实行按实际出海次数进行补贴。可以将补贴的权力交给检查渔船证件的机构，按照实际出海和返航的时间、渔船吨位对实际出海的"船主"进行补贴。三是对捕捞业的纯渔业人力资源进行全船成员补贴，以便保障其基本生活水平。

② 建立健全渔业卫生保健和合作医疗作服务体系。加强渔村医疗卫生站的

建立和升级，加强新型渔村合作医疗的推行和管理工作是提高渔业人力资源身体素质，对其进行充分开发的基本保障。可以通过以下几个方面进行加强：一是加大对渔村医疗卫生条件的投资力度，加大力度进行卫生站的基础设施建设，并将城镇中的优秀医务和护理工作人员引进到渔村。二是加强疾病预防的宣传工作，积极开展卫生保健知识的宣传教育，使渔民提高对疾病的防范意识。三是为渔民解决好看大病、重病难的问题，解决好渔民的后顾之忧。新型合作医疗要以大病统筹为主，解决渔民的大额医疗费用的支出。四是利用下乡宣传、广播等手段加大对渔村合作的宣传力度，让渔民积极参加合作医疗，以加快合作医疗的模式创新，使其更好地为渔民服务。

③ 建立健全渔业人力资源养老保险制度。国家及相关部门要建立健全渔业人力资源的养老保险机制，具体可以从以下三个方面着手：一是加大国家财政的投入力度。国家财政需要将社会保障及养老保险纳入政府财政预算体系，并且将养老保险所占份额进行合理、明确的规定，建立长久有效的保障机制。二是发挥地方政府的关键作用。要充分发挥地方政府的监管作用，将养老保险进行统一管理，制定政策对其进行统筹规划、综合协调管理。三是对渔村养老保险进行信息化管理，加大力度进行养老保险卡的宣传和推行工作。将渔业人力资源的参保信息、缴费和待遇情况进行详细登记，方便参保人随时随地持卡进行查询参保信息、缴费和领取待遇。

④ 建立健全渔业人力资源失业保障制度。近几年，渔业捕捞业等生产越来越不景气。近年来，再加上柴油价格的持续走高，使得较大一部分捕捞业渔民收入下降，甚至停产。绝大多数传统纯捕捞渔民没有其他收入，又没有参加养老等商业保险，造成他们的生活难以得以保障。政府等相关部门应该从以下几方面做好失业渔民的救济工作：一是加大力度推行渔业人力资源失业保险的推行工作，鼓励渔民积极参保。由政府承担大部分，渔民只需缴纳小部分金额即可享受失业保险金的领取。二是建立和完善渔业人力资源的失业救济制度，以失业救济的方式对失业人口进行再就业前无限期的救济金补助，以保障失业人口的基本生活水平。三是采取以工代赈的方式，加强对渔业人力资源失业人口的转业训练，增加失业人口的再就业能力。

第三节 渔业财政金融政策

渔业财政和金融政策作为国家农业财政和金融政策的重要组成部分，发挥着对渔业和渔村经济调控和管理的功能，并服务于渔业和渔村经济发展的目标。

一、财政金融政策的内涵

1. 财政政策

财政政策是指国家为实现一定的宏观经济目标而规定的财政工作的指导原则，通过财政支出与税收政策的变动来影响和调节总需求进而影响就业和国民收入的政策。财政政策是国家整个经济政策的组成部分。

财政政策一般包括政策主体、政策目标、政策工具三个要素。财政政策的主体就是财政政策的制定者和执行者，即各级政府和立法机构。财政政策的目标是财政政策的主体希望通过运用财政政策的工具所能实现和达到的目的，是制定财政政策的主要依据。财政政策的目标体现在资源的优化配置、收入的公平分配、经济的稳定增长、物价稳定及充分就业等方面。财政政策工具也称财政政策手段，是指国家为实现一定财政政策目标而采取的各种财政手段和措施，它主要包括财政收入（主要是税收）、财政支出、国债和政府投资。财政政策工具有收入政策工具和支出政策工具。收入政策工具主要是税收。支出政策工具分为购买性支出政策和转移性支出政策。

财政政策的类型主要包括扩张性财政政策、紧缩性财政政策和中性财政政策。

扩张性财政政策，又称“松的财政政策”，是指通过财政分配活动来增加和刺激社会总需求，在总需求不足时，通过扩张性财政政策使总需求与总供给的差额缩小或平衡。扩张性财政政策的主要手段有减税和增加财政支出规模。紧缩性财政政策，又称“紧的财政政策”，是指通过财政分配活动来减少和抑制总需求。中性财政政策是指财政的分配活动对社会总需求的影响保持中性，财政的收支活动既不会产生扩张效应，也不会产生紧缩效应。

2. 金融政策

金融政策是指中央银行为实现宏观经济调控目标而采用各种方式调节货币、利率和汇率水平，进而影响宏观经济的各种方针和措施的总称。

一般而言，一个国家的宏观金融政策主要包括三大政策：即货币政策、利率政策和汇率政策。货币政策是中央银行调整货币总需求的方针策略，中央银行传统的货币政策工具包括法定准备金、贴现率、公开市场业务等，其政策一般是稳定货币供应和金融秩序，进而实现经济增长、物价稳定、充分就业和国际收支平衡。利率政策是中央银行调整社会资本流通的手段。合理的存款利率政策有利于经营存贷业务的银行吸收储蓄存款，集聚社会资本；可以在一定程度上调节社会资本的流量和流向，从而导致产品结构、产业结构和整个经济结构的变化；可以用于刺激和约束企业的筹资行为，促进企业合理筹资，提高资本的使用效益。一个国家的汇率政策对于国际贸易和国际资本的流动具有重要的影响。跨国公司、外商投资企业和经营进出口业务的其他企业在国际融通活动中，必须掌握汇率政策并有效地加以利用。

二、渔业财政政策

渔业财政政策是为了实现渔业的发展目标而调整渔业财政收支规模和收支平衡的指导原则及相应措施。渔业财政政策具有导向、协调、控制的作用。目前，渔业财政政策主要有渔业投入政策、渔业补贴政策和渔业税收政策。

1. 渔业投入政策

渔业投入政策是为一定的渔业发展目标而确立的指导原则及其相应的措施。

渔业基础设施建设、渔业科技的创新、渔业安全的管控，以及渔业的可持续发展需要大量的资金投入。政府的公共财政资金投入尽管有限却能在渔业经济发展中起到杠杆性、引导性作用。

新中国成立以来，国家高度重视渔业产业的发展，从法律上保证财政的投入机制。我国《中华人民共和国农业法》第 8 条规定，国家逐步提高农业投入的总体水平。中央和县级以上地方财政每年对农业总投入的增长幅度应高于其财政经常性收入的增长幅度。为保证财政投入的效率，农业法还明确了财政投入的重点支持领域。1985 年，中共中央、国务院发布了《关于放宽政策、加速发展水产业的指示》，提出“把发展水产工作作为调整农村产业结构、促进粮食转换的一个战略措施来部署”，从战略高度对渔业发展进行了新的定位。在这一指示的引导下，中央和地方各级政府出台了一系列扶持政策，渔业补贴的重点由生产性项目转向基础性项目，加大了对综合开发项目、远洋渔业设施、渔业基础设施的投入。为了加快渔业产业化进程，调整渔业结构，中央和各级地方政府加大了对渔业的扶持和投资力度，1999 年以来中央对渔业的财政投入呈现出逐年上升的趋势。

“十五”期间，中央财政对渔业投入达 45.5 亿元。农业部重点加强了水产良种繁育、病害防治、水产品质量管理、渔业资源养护、渔港和渔业安全、渔业执法装备体系等方面的建设力度，使得渔业基础设施和保障体系建设步伐加快。[①]

“十一五”时期，各级财政加大了对渔业的投入，仅中央财政投入就达到 370 亿元。随着强渔惠渔政策力度不断加大，产业基础和民生保障能力不断增强，渔业基

---

① 我国渔业经济稳步前行[N]. 农民日报，2006-10-24.

础设施条件得到明显改善。[1]

“十二五”期间,中央对渔业渔政的投入达到 1 461 亿元,比“十一五”增加了 922 亿元,增加 1.71 倍;其中,财政预算资金增长 1.04 倍,基本建设投资增长 4.15 倍。渔业基础设施条件得到明显改善。2013 年国务院常务会议把海洋渔业提升为战略产业。出台了《国务院关于促进海洋渔业持续健康发展的若干意见》(国发〔2013〕11 号),明确提出“建立现代渔业多元化投入机制。将海洋渔业作为公共财政投入的重点领域,改善基础设施和装备条件,提高科技支撑能力,健全基本公共服务体系”。地方各级党委、政府都加强了对渔业工作的领导和支持,25 个省区市政府出台了支持现代渔业建设的文件,29 个省区市增加了地方财政对渔业的投入。

渔业财政投资分布于渔港工程、渔业资源养护、渔业执法、渔业环保工程、渔业种子工程、水产科技及水产技术推广、水产病害防治和渔业综合开发项目等领域(具体见表 8.3)。

表 8.3 渔业财政投资领域及方向表

投资领域	具体投资方向
渔港工程	渔港的码头和防波堤建设;港池航道疏浚及陆域配套设施建设;渔业航标维修和养护;渔业补给基地建设等
资源养护	渔业资源增殖放流,海洋牧场建设,渔业标准化健康养殖
渔业执法	渔政码头建设;渔政执法(车、船、艇、通讯等)设备购置;渔港监督检查艇建造等;200 海里专属经济区渔政管理;内陆主要水区的渔政管理;渔政执法柴油专项补贴;渔业海难救助等
渔业环保工程	渔业水生动物保护工程建设;水生野生动物救护中心和隔离检疫中心建设;渔业环境监测站;200 海里专属经济区渔业资源监测中心建设;渔业资源调查船建造等;渔业资源调查;渔业水域环境监测;濒危水生和野生动物保护等
渔业种子工程	固定资产投资:原(良)种场建设;引种育种中心及其配套设施建设;名优品种养殖基地和基础设施建设等。水产原、良种质资源保护;“名特优新”品种和种苗的引进、选育和繁育;水产种苗补助费
水产科技及水产技术推广	水产科研基础建设;综合科研教学实验室建设;购置科研教学仪器设备等。提高渔业科技贡献水平的研究,增加渔(农)民收入的研究。水产技术推广站建设
水产病害防治	水产病害防治中心和防护体系建设;健康养殖水产品研发基地建设;水产品质量安全检测中心的建设;病害防治补助费;渔业病害防治技术培训和指导;质量标准制订等
渔业综合开发项目	渔业综合开发项目建设;渔业多种经营示范项目建设等

① 强渔惠渔财政给力[N]. 中国财经报,2011-11-1.

2. 渔业补贴政策

渔业补贴政策是指各级政府制定发布的有关渔业补贴的发展规划、指导性文件或法律法规等促进渔业产业发展，提高渔民收入，保障渔业补贴行为得以落实的各项政策措施。[①] 渔业补贴的形式包括渔船（购买新船、渔船折旧、旧渔船拆解）补贴、渔民失业保险补贴、禁渔期补偿、渔船燃油补贴、渔民转产专业补贴和远洋渔业补贴。

渔业补贴政策是在我国渔业投入政策的基础上演化而来的。1997 年以前，在文件表述上主要是对渔业的财政投入和扶持政策。1997 年以后，政府在文件的表述上使用了“补贴”二字，出台了许多渔业补贴的政策性文件。继 1997 年国务院批转的《关于进一步加快渔业发展意见的通知》以后，又相继颁布了《我国远洋渔业发展总体规划（2001—2010 年）》与《国家计委关于发展远洋渔业有关问题的报告》，提出在政策、技术以及资金等方面进行扶持，鼓励开发外海渔场和外海渔业资源，提高对远洋造船企业的补助。2002 年，农业部宣布对渔民转产转业实施补贴，并在 2003 年发布的《关于 2003—2010 年海洋捕捞渔船控制制度实施意见》中强调，要进一步加大对转产转业基础设施建设的扶持力度。2006 年国务院印发了《关于转发发展改革委等部门完善石油价格形成机制综合配套改革方案和有关意见的通知》《渔业成品油价格补助专项资金管理暂行办法》《关于成品油价格和税费改革后进一步完善种粮农民部分困难群体和公益性行业补贴机制的通知》等政策文件，规定对从事近海捕捞、内陆捕捞及养殖并使用机动渔船的渔民和渔业企业给予柴油补贴，推动了柴油补贴的顺利进行。柴油补贴也成为我国渔业补贴中所占比重最大的补贴。为进一步规范柴油补贴的有序推进与落实，打击违法行为，农业部于 2009 年颁布了《关于全面推进水产健康养殖、加强水产品质量安全监管的意见》《关于印发〈渔业成品油价格补助专项资金管理暂行办法〉的通知》，2011 年颁布了《关于做好 2011 年渔业行政执法督察工作的通知》《关于“十二五”期间进一步加强渔船管理控制海洋捕捞强度的通知》等文件，进一步强调规范实施柴油补贴的依据、条件、程序，严惩骗取补贴、滥发或挪用渔业柴油补贴的行为。2012 年农业部发布的《关于促进远洋渔业持续健康发展的意见》中，又一次强调要落实远洋渔业补贴、税收等优惠政策，并加强对远洋渔业资源调查监测和探捕、产品研发加工和市场开拓等方面的政策扶持力度。2013 年国务院通过了《关于促进海洋渔业持续健康发展的若干意见》，指出在保证对渔政、渔港等基础设施以及病害防治、装备研

① 高维新，彭亮，李育林. 我国渔业补贴政策的演进及发展趋势[J]. 中国水产，2013(10)：30.

发、资源养护等领域的持续财政支持，完善渔业油价补贴与转产转业补助的同时，要将渔业纳入农业用水、用电、用地等方面的优惠政策范围。

我国渔业补贴政策是随着国家经济体制、渔业总体的发展方针以及渔业资源状况的变化而发生变化的，它在不同时期会有不同的侧重。随着渔业领域各类产业的不断出现以及渔业领域的不断拓展，渔业与其他各类产业的关系也越来越复杂，制定渔业补贴政策综合考虑的因素也越来越多。为避免渔业补贴制度受到各方利益主体的牵绊，在制定渔业补贴政策前，政策制定者一定要进行充分的调查研究，坚持科学决策，民主决策，坚持听证制度，加强政策试点工作。随着渔业经济与国际的接轨，我国渔业补贴政策也会逐步与国际接轨，这就要求政策制定者在制定或出台一项渔业补贴政策时还要综合考虑和顾及国际渔业补贴形式的发展与变化，从而制定出更具质量、更具高效率、更具连续性和稳定性的渔业补贴政策。

渔业柴油补贴是新中国成立以来中央对渔业最大的一项财政补贴。我国海洋渔业资源在短时间内显然是难以恢复的，在这种情况下，海洋捕捞业受到了相当大的制约，海洋捕捞效益显著下降。[①] 到 20 世纪末，无论生物学意义上还是经济学意义上的海洋渔业可持续发展都面临危机。[②] 2006 年国家对部分弱势群体和公益性行业因石油价格形成机制改革增加的支出实行财政补贴的政策，根据《国务院办公厅关于转发发展改革委员会等部门完善石油价格形成机制综合配套改革和有关意见的通知》和财政部《关于认真做好财政补贴工作确保石油价格改革顺利实施的通知》，出台了渔船燃油补助措施。燃油涨价给渔业生产带来的困难。捕捞成本快速提高[③]。近年来，柴油价格不断上涨已成为加重渔民负担的重要因素。渔业是一个高耗能、高风险的产业，燃油成本占整个捕捞成本近 70%左右。2006 年安排全国机动渔船柴油涨价补贴资金 28.9 亿元，同时落实远洋渔船柴油涨价补助资金 2.81 亿元，缓解了渔民因柴油等生产资料价格上涨带来的压力。这是新中国成立以来中央对渔业最大的一项财政补贴。2007 年，首次将远洋渔业柴油补贴正式纳入国内补贴机制，安排全国机动渔船柴油补贴资金 510 754 万元，同时落实远洋渔船柴油补助资金 32 677 万元。2008 年，柴油补贴资金 126.4 亿元，比上年增长 133%，其中机动渔船柴油补贴资金 1 175 418 万元，落实远洋渔船柴油补助资金 88 346 万元。

---

① 储英奂. 发挥比较优势，进一步发展中国海洋渔业[J]. 中国农村经济，2003(11)：44－49.

② 高健，刘亚娜. 海洋渔业经济组织制度演进路径的研究[J]. 农业经济问题，2007(11)：74－79.

③ 闫玉科. 南海海洋捕捞渔民增收问题研究[J]. 农业经济问题，2013(12)：88－93.

为加强渔业成品油价格补助专项资金管理，保障渔业生产者合法权益，确保国家成品油价格和税费改革顺利实施，根据财政部等七部门《关于成品油价格和税费改革后进一步完善种粮农民部分困难群体和公益性行业补贴机制的通知》(财建〔2009〕1号)规定，2009年12月31日财政部、农业部印发了《渔业成品油价格补助专项资金管理暂行办法》。2009年落实国内渔业油价补贴资金93.83亿元，远洋渔业油价补贴资金8.15亿元。2010年，落实渔业油价补助资金171.65亿元，其中，国内渔业油价补助资金150.7亿元，远洋渔业油价补助资金16.08亿元，港澳流动渔民油价补助资金4.87亿元。2011年，全年共落实渔业油价补助资金239.9亿元，其中，国内渔业油价补助资金206.3亿元，远洋渔业油价补助资金26.8亿元，港澳流动渔民油价补助资金6.8亿元。

我国机动渔船绝大部分船型落后、机型复杂、设备陈旧、能耗高，是一个高耗能产业。国务院2013年2月6日研究确定促进海洋渔业持续健康发展政策，提出要完善渔业油价补贴政策。为促进渔业持续健康发展，经国务院同意，财政部、农业部2015年7月印发了《关于调整国内渔业捕捞和养殖业油价补贴政策促进渔业持续健康发展的通知》。此次对国内渔业捕捞和养殖业油价补贴政策的调整从2015年1月1日起开始实施。调整的目标任务是：本着综合设计、发挥合力，盘活存量、健全机制，明确责任、平稳推进等原则，以保民生、保生态、保稳定为目标，通过调结构、转方式，健全渔业油价补贴与用油量及油价脱钩、与渔业资源保护及产业结构调整相协调的新机制，促进渔业可持续发展。2016年中央财政国内渔业油价补贴政策调整专项转移支付资金，支持海洋捕捞渔民减船转产、渔船报废拆解、海洋捕捞渔船更新改造、人工鱼礁建设、渔港航标等公共基础设施建设、深水抗风浪养殖网箱、海洋渔船通导与安全装备建设工作。

3. 渔业税收政策

税收政策是政府根据经济和社会发展的要求而确定的指导制定税收法令制度和开展税收工作的基本方针和基本准则。税收政策的核心问题是税收负担问题。农业是国民经济的基础，鼓励和促进农业经济的发展是我国的一项基本国策。我国农业税政策是轻税、增产不增税和合理负担的政策。渔业作为农业的重要组成部分，渔业税收政策包含在农业税收政策之中，分散在不同的税收法令和制度之中。除了享受轻税、增产不增税和合理负担的政策以外，国家对渔业税还规定了许多减免税项目。

(1) 企业所得税优惠政策[1]

企业从事《企业所得税法》规定的农、林、牧、渔行业可以免征或减征企业所得税。具体来说就是从事远洋捕捞、水产品初加工的企业所得免征企业所得税，从事海水养殖和内陆养殖的企业减半征收企业所得税。

远洋捕捞企业所得是指取得农业部颁发的“远洋渔业企业资格证书”并在有效期内的远洋渔业企业，从事远洋捕捞业务取得的所得。水产品初加工所得就是渔业企业进行水生动物初加工和水生植物初加工所得（水产品初加工的范围见表8.4[2]）。

表8.4　水产品初加工范围表

渔业类初加工种类	明细(解释)	备注
水生动物初加工	将水产动物(鱼、虾、蟹、鳖、贝、棘皮类、软体类、腔肠类、两栖类、海兽类动物等)整体或去头，去鳞(皮、壳)，去内脏，去骨(刺)，擂溃或切块、切片，经冰鲜、冷冻、冷藏等保鲜防腐处理、包装等简单加工处理，制成的水产动物初制品	熟制的水产品和各类水产品的罐头以及调味烤制的水产食品不属于初加工范围
水生植物初加工	将水生植物(海带、裙带菜、紫菜、龙须菜、麒麟菜、江篱、浒苔、羊栖菜、莼菜等)整体或去根，去边梢，切段，经热烫、冷冻、冷藏等保鲜防腐处理、包装等简单加工处理的初制品，以及整体或去根，去边梢，切段，经晾晒、干燥(脱水)、包装、粉碎等简单加工处理的初制品	灌装(包括软灌)产品不属于初加工范围

(2) 车船税、契税优惠政策

根据《中华人民共和国车船税暂行条例》第三条规定，捕捞、养殖渔船免征车船税。《中华人民共和国契税暂行条例实施细则》第十五条，纳税人承受荒山、荒沟、荒丘、荒滩土地使用权，用于农林牧渔生产的，免征契税。

(3) 进口环节增值税优惠政策

根据财税字〔1997〕64号《关于远洋渔业企业进口渔用设备和运回自捕水产品税收问题的通知》第二条规定，远洋渔业企业的渔船在公海或按有关协议规定的国

---

① 国家税务总局下发的《关于实施农、林、牧、渔业项目企业所得税优惠问题的公告》(国家税务总局公告2011年第48号，以下简称公告)，进一步明确了企业从事农、林、牧、渔业项目的税收优惠和征管问题，自2011年1月1日起执行。

② 根据《财政部、国家税务总局关于发布享受企业所得税优惠政策的农产品初加工范围(试行)的通知》(财税〔2008〕149号)和《关于享受企业所得税优惠的农产品初加工有关范围的补充通知》(财税〔2011〕26号)的相关规定。

外海域捕获，并运回国内销售的自捕水产品（包括自捕水产品的加工制品），视同为非进口的国内产品，不征收关税和进口环节增值税。国内销售环节增值税按现行规定执行。

(4) 增值税优惠政策

《中华人民共和国增值税暂行条例》第十五条第一款规定：下列项目免征增值税：(一) 农业生产者销售的自产农产品。关于“农业”和“农业生产者的范围”，《中华人民共和国增值税暂行条例实施细则》第三十五条第一款规定：条例第十五条规定的部分免税项目的范围，限定如下：(一) 第一款第(一)项所称农业，是指种植业、养殖业、林业、牧业、水产业。农业生产者，包括从事农业生产的单位和个人。

(5) 个人所得税优惠

财政部、国家税务总局关于个人独资企业和合伙企业投资者取得种植业、养殖业、饲养业、捕捞业所得有关个人所得税问题的批复（财税〔2010〕96 号）中指出：根据《国务院关于个人独资企业和合伙企业征收所得税问题的通知》（国发〔2000〕16 号）、《财政部国家税务总局关于个人所得税若干政策问题的通知》（财税字〔1994〕020 号）和《财政部国家税务总局关于农村税费改革试点地区有关个人所得税问题的通知》（财税〔2004〕30 号）等有关规定，对个人独资企业和合伙企业从事种植业、养殖业、饲养业和捕捞业（以下简称“四业”），其投资者取得的“四业”所得暂不征收个人所得税。

(6) 城镇土地使用税和耕地占用税优惠

《中华人民共和国城镇土地使用税暂行条例》第六条规定，直接用于农、林、牧、渔业的生产用地免缴土地使用税。《中华人民共和国耕地占用税条例》第十四条规定：“占用林地、牧草地、农田水利用地、养殖水面以及渔业水域滩涂等其他农用地建房或者从事非农业建设的，比照本条例的规定征收耕地占用税。”即占用养殖水面（人工开挖或者天然形成的用于水产养殖的河流水面、湖泊水面、水库水面、坑塘水面及相应附属设施用地），以及渔业水域滩涂（专门用于种植或者养殖水生动植物的海水潮浸地带和滩地）从事渔业生产活动的，不征收耕地占用税。

三、渔业金融公共政策

金融政策是指中央银行为实现宏观经济调控目标而采用各种方式调节货币、利率和汇率水平，进而影响宏观经济的各种方针和措施的总称。一般而言，一个国家的宏观金融政策主要包括三大政策，即货币政策、利率政策和汇率政策。

渔业是高风险的行业，受自然灾害的影响比较大，贷款的风险等级比较高，商业银行作为一个盈利性企业为规避风险，在渔业贷款方面的动力不足，需要国家在政策层面予以鼓励、引导和支持。新中国成立以来，国家制定一系列渔业金融政策保证渔业生产的资金需求。目前主要有渔业贷款政策、渔业保险政策。

1. 渔业贷款公共政策

贷款政策是指金融机构指导和规范贷款业务、管理和控制贷款风险的各项方针、措施和程序的总称。渔业贷款政策就是指金融机构针对渔业产业的特殊情况制定的指导和规范渔业贷款业务、管理和控制贷款风险的方针、措施和程序的总称。

1956年1月21日，国务院第七办公室发出同意中国人民银行总行《关于办理渔工、贫苦渔民合作基金贷款的意见》。1964年3月19日，财政部、水产部、中国农业银行、中国人民银行联合颁发试行《关于水产企业流动资金的若干规定》。1964年8月21日，水产部、财政部、中国人民银行总行联合颁发《水产部供销系统资金管理试行办法》。1966年9月20日，水产部和中国人民银行联合发出《关于加强渔业贷款工作，促进并加速连家渔船社会主义改造问题的通知》。中共中央国务院关于放宽政策加速发展水产业的指示（中发〔1985〕5号），提出要广辟资金来源，学会新的理财之道。在自力更生地筹措解决生产所需资金的基础上，积极利用各种外资和信贷。对较大规模的开发性生产、远洋渔业、建设服务性设施和某些主要体现在社会效益上的投资，各级计划、财政、银行部门，要根据需要和可能，给予优惠照顾，使水产这个薄弱环节得以加强。1991年6月28日，农业部水产司转发中国农业银行《关于进一步加强渔业信贷工作的意见》。1993年3月15日—17日，农业部水产司在广东省汕尾市召开全国渔业经济体制综合改革试验区第四次工作会议，决定探索建立渔业金融体系的途径。

为完善我国农村金融服务体系，更好地贯彻落实国家产业政策和区域发展政策，促进农业和农村经济的进一步发展，国家开始设立政策性银行。政策性银行指由政府创立参股保证的银行，不以盈利为目的，专门为贯彻、配合政府社会经济政策或意图，在特定的业务领域内直接或间接地从事政策性融资活动。中国农业发展银行作为政策性银行于1994年11月挂牌成立。主要职能是按照国家的法律、法规和方针、政策，以国家信用为基础，筹集资金，承担国家规定的农业政策性金融业务，代理财政支农资金的拨付，为农业和农村经济发展服务。中国农业银行作为政府设立的专门信贷机构对渔业领域支持的方式主要采取给予渔业中长期资金、利率优惠等。对其他金融机构所从事的符合政策目标的渔业贷放活动，实施偿付保证、利息补贴或再融资等措施，以体现政策上的倾斜。

2004年到2008年，中共中央、国务院连续颁布5个1号文件，分别对发展农村金融体系提出了思想性越来越解放、操作性越来越具体的指导方针。2006年银监会出台了《关于调整放宽农村地区银行业金融机构准入政策更好支持社会主义新农村建设的若干意见》，允许产业资本和民间资本在农村地区组建村镇银行、贷款公司和农村资金互助社等三类新型农村金融机构。2008年5月，中国银监会与中国人民银行联合下发《关于小额贷款公司试点的指导意见》，指导各地积极进行小额贷款公司试点。2008年8月18日，央行、财政部、人力资源和社会保障部联合发布了《关于进一步改进小额担保贷款管理积极推动创业促就业的通知》，通知对于金融机构开展小额担保贷款业务放宽了一定的条件，促进了小额担保贷款业务的发展。

全国渔业发展“十一五”规划（2006—2010年）：鼓励多渠道融资。充分发挥国家投资的示范、引导和调控作用，坚持政府投入引导与市场推进并举，充分运用市场经济手段，引导银行贷款、企业资金、个人捐助、国外投资、国际援助等社会资金参与渔业发展和资源环境保护工作，形成投入多元化、利益共享的投资新机制，扩大渔业发展的资金总量。

全国渔业发展“十二五”规划（2011—2015年）：调动社会投入渔业的积极性，加大对渔业小额信贷的支持，探索养殖权和捕捞权证抵押质押及流转方式，增加对渔业生产经营者的信贷支持，促进形成多元化、多渠道的渔业投融资格局。

国务院关于促进海洋渔业持续健康发展的若干意见（国发〔2013〕11号），提出完善金融保险等扶持政策。金融机构要根据渔业生产的特点，创新金融产品和服务方式，合理确定贷款规模、利率和期限，简化贷款流程，提高服务效率，加强信贷支持。支持符合条件的海洋渔业企业上市融资和发行债券，形成多元化、多渠道海洋渔业投融资格局。

农业部关于加快推进渔业转方式调结构的指导意见（2016年05月04日）：探索采用信贷担保、贴息、养殖水域滩涂不动产权证质押等方式，引导和撬动金融资本支持渔业发展，完善渔民小额信贷和联保贷款等制度。

为了进一步解决商业银行渔业贷款的动力机制和渔业企业和个人融资难的问题，国家有关部门采取积极的措施，通过全面深化改革，突破渔业企业和个人融资贷款的制度障碍，释放改革红利，鼓励和引导商业银行积极开展渔业贷款业务。在国家政策的导向下，商业银行开始探索渔业贷款的新形式、新方法，商业银行的渔业贷款业务开始发展并逐渐向前推进。

中国银行温州分行创新推出了“渔农贷”产品，累计投放“渔农贷”623笔，合计投放金额达5.77亿元，服务渔民客户近400户。[①] 中国工商银行舟山分行推出个人渔业贷款项目，采取房屋抵押、近海渔业捕捞船舶或渔业辅助船舶抵押担保，单户最高贷款金额300万元(含)，贷款循环期限最长2年，单笔贷款期限最长不超过1年。[②] 中国农业银行赣榆支行推出了以渔船抵押贷款业务的"富渔贷"[③]产品，该信贷产品的特点是贷款金额高、贷款期限长、利率较低等。

2015年农业部和中国邮政储蓄银行共同研究制定了《关于创新现代渔业金融服务工作实施方案》，重点解决渔业生产大户、渔民合作社等新型农业经营主体、水产健康养殖示范场、水产原良种场、现代渔业种业示范场、休闲渔业示范基地、渔业龙头企业及其上下游小微企业的资金需求。贷款方式包括渔业抵(质)押类贷款[④]、法人担保类贷款[⑤]、保证保险贷款[⑥]、信用贷款[⑦]等。

各级地方政府还根据地方渔业发展的实际实行渔业贷款补贴政策。主要对灾害造成的再生产能力下降、渔业救灾复产、养殖业，对符合地方发展要求的渔业企业技改、新产品开发、水产龙头企业、固定资产投资等给予贷款贴息。2008年2月，广东省江门市财政安排200万元贷款贴息补助专项资金，支持辖区内因2008年初寒冷天气造成严重损失的水产养殖户(场)救灾复产。[⑧] 2008年10月，广东省阳江市本级财政安排补助专项资金1 500万元，专项用于辖区内受灾户，尤其是"全倒户"、养殖受灾(损失10万元以上)大户和大船(60匹马力以上)船主的恢复生产性贷款。2009年7月，福建省清流县向受特大洪灾影响的养鱼户发放贴息贷款。2009年，福建省根据相关规定，认定77家企业为省2009—2010年度水产产业化龙头企业。这些企业将在两年内享受到10万元的贷款贴息补贴。湖北省洪湖市从2009年起，对符合该市水产品加工业发展方向的重点投资项目实行财政贷款贴息和有偿扶持相结合，首次固定资产投资超过2 000万元，属于贷款建设的项

---

① "渔农贷"助渔民融资[N]. 浙江日报，2016-2-2.

② 舟山推个人渔业贷款[N]. 浙江日报，2015-1-6.

③ 农行江苏赣榆支行"富渔贷"助力致富之路. http://www.gov.cn/xinwen/2015-11/29/content_5018041.htm

④ 借款人提供符合邮储银行要求的国内渔船、南沙生产渔船、近海渔船、远洋渔船、船网工具指标、水域滩涂养殖权(证)、三网(网箱、网围、网栏)养殖经营权、渔业专业市场商铺使用权、水产品等抵(质)押物，为贷款提供担保。

⑤ 由邮储银行认可的融资性担保公司或渔业专业市场管理方等法人机构为贷款提供担保。

⑥ 借款人购买邮储银行指定的保险机构涉农保险，以保险为主要增信措施的贷款。

⑦ 在提供符合邮储银行授信标准的经营流水信息后，发放不需要抵押担保的流水贷等信用贷款。

⑧ 2008年2月29日，广东省江门市人民政府办公室转发市海洋渔业局等部门关于《我市渔业救灾复产贴息贷款工作方案》的通知。

目，实行全额贷款贴息，贴息期1～3年。2006年，海南省海口市出台《海口市本级财政支农贷款贴息资金管理暂行办法》，对区域内从事水产品培育、生产、加工和流通等项目的个人、企业及其他组织提供财政支农贷款贴息资金。养殖面积达10亩以上的水产养殖专业户可获得不超过50万元的财政支农贷款年贴息资金，养殖面积达50亩以上的企业及其他组织可获得的财政支农贷款年贴息资金不超过100万元，贴息期限为1～3年。①

2. 渔业保险公共政策

渔业作为一个"高投入、高风险、高死亡"的弱质产业，需要国家在渔业保险政策供给上提供支持，以防范渔业风险，降低渔业灾害损失，促进渔业可持续稳定发展。渔业保险公共政策的宗旨是不以盈利为目的，以社会利益最大化为原则，致力于降低渔业风险，保障渔民基本生活，缓解渔业灾害事故的压力，有效帮助其尽快恢复生产。总的方向是引导渔民参加各种形式的人身保险、互助保险，鼓励、引导渔船参加涉外渔业保险，发展壮大渔船船东互保事业，探索国家支持渔业政策性保险的具体方式，提高渔业救济能力。

1954年4月29日，农业部、内务部发出《关于加强渔业救济工作的通知》。1956年10月13日，水产部、全国总工会、全国商业工会联合发出为在水产系统实行劳动保险条例的联合通知，说明经国务院批准先在国营和地方国营水产企业仿照商业系统，实行劳动保险，以鼓励职工生产热情。改革开放以后，随着渔业的快速发展，我国中央政府非常重视农业保险（渔业保险属于农业保险的范畴），并以国家法律的形式予以确认。《中华人民共和国农业法》第6章第46条指出：国家逐步建立和完善政策性农业保险制度，鼓励和扶持农民和农业生产经营组织建立为农业生产经营活动服务的互助合作组织；《中华人民共和国保险法》第8章附则中第155条规定：国家支持发展为农业生产服务的保险事业，等等。与此同时，国家对建立政府主导型的渔业保障模式极为重视，自2008年以来，国家相继在浙江、广东等地开展了政府主导型渔业保障模式即政策性渔业保险的试点工作。

捕捞业风险很大，保险需求迫切。我国各级政府部门和相关机构一直高度重视海洋捕捞保险业的发展，不断探索满足捕捞业快速发展带来的保险需求。我国的渔船装备，绝大多数是小型木质渔船。抗风险的能力比较弱，作为船东来说，一方面很需要保险保障，另一方面却又不愿意承担高额的保险费。商业保险公司作为追求利润回报的企业，关注的是盈利和亏损的现实比较，考虑到渔船的作业环境

---

① 我国淡水渔业发展路径演变回顾. http://app.ntv.cn/print.php? contentid=39833

特点以及勘验定损的实际困难，商业保险公司也不愿意承保小型渔船。为解决这种尴尬局面，满足渔民的保障需求，国家开始从行政管理层面推动渔船保险工作的进行。1983 年 12 月 30 日，农牧渔业部、中国人民保险总公司发出《关于开展国内渔船保险工作的通知》，要求借助渔业管理部门的力量动员所有渔船参加商业保险，1983 年辽宁省丹东市签订了第一张渔船保单。1991 年 7 月 10 日，农业部、中国人民保险公司联合发出《关于进一步开展渔船保险工作的通知》。1987 年 5 月和 1991 年 9 月，农牧渔业部渔政渔港监督管理局与中国人民保险公司农村业务部在青岛市和福州市联合召开了两次全国渔船保险工作会议。会议回顾了渔船保险事业恢复和发展的历程。这一阶段渔船保险主要是以渔港监督机关代理渔船保险的模式全面推动渔船保险工作的开展。1989 年，全国海洋机动渔船承保数量已达 2.6 万艘，占全国海洋渔船 23.9 万艘的 10.9%。随后的几年，渔船保险开始萎缩。20 世纪 80 年代，政府相关部门曾积极推动渔船商业保险的建立，由于渔船保险的效益低下，商业保险逐步退出。在商业保险逐步萎缩并退出渔业保险领域的大背景下，中小型渔船无法投保渔业保险，渔民的保险需求无法满足。农业部在借鉴日本渔船保险中央会及韩国水产业协同组合中央会开展渔业互助保险的基础上，报请民政部批准，于 1994 年 7 月 6 日主导成立了中国渔船船东互保协会，后更名为中国渔业互保协会。中国渔业互保协会在全国范围内开展渔业互助保险服务，是实行互助保险的非营利社会团体。主要从事渔民人身和渔船财产互助保险工作，接受业务主管单位农业部和社团登记管理机构民政部的指导和管理，是中国第一个具备独立法人资格的全国性农业互助保险组织。从 1995 年开始，中国渔船互保协会开始在全国 20 个省（自治区、直辖市）范围内开展渔船船东互保工作[①]。由于互助保险组织一般都是非盈利性的，因此具有保险成本比较低的优点，而且由于组织成员既是保险人，又是被保险人，具有自我保障、自我服务的特性，能够更好地为组织成员服务。协会通过组织会员开展相互保险，为会员的生命财产损失提供物质保障，并向会员提供安全生产服务，提高会员的防灾和抗灾能力，维护会员的合法权益，促进渔业生产持续稳定发展。协会的宗旨是：通过组织渔船船东参加相互保险，共同承担在生产过程中发生的意外风险所造成的损失，并向会员提供安全保障服务，增强会员的防灾抗灾能力，保障渔业生产顺利进行。2000 年渔业互保为 76 万多渔民、7 万多艘渔船提供风险保障，累计赔付 2.6 亿元。2008 中央财政首次安排渔业政策性保险专项经费 1 000 万元，在 7 个省（直辖市）开展渔业政策性

① 林毅. 渔船船东互保的现状与发展趋势[J]. 中国渔业经济，2001(2)：11－13.

保险试点工作，调动地方投入 8 000 万元，渔民参保积极性和主动性普遍提高。2008 年累计承保渔船 12 700 艘，渔民 21 221 人，为渔民船东提供风险保障 48 亿多元。2012 年中央 1 号文件指出要扶持发展渔业互助保险，2013 年中央 1 号文件进一步提出开展渔业保险保费补贴试点。

水产养殖保险是由保险机构为水产养殖者在水产养殖的过程中，对遭受自然灾害和意外事故所造成的经济损失进行理赔，提供经济保障的一种保险。对于保险公司来说，水产养殖保险回报率低，事故发生在看不见的水下，定损难度大，道德风险难以防范，一直是保险公司的险种禁区。对水产养殖户和养殖企业来说，水产养殖保险是抵御风险的良好的金融手段。面对我国水产养殖保险的供给与需求严重失衡的状态，需要加大扶持力度，通过政策性的水产养殖保险的供给实现产业与水产养殖户利益的双保障。

政策性水产养殖保险发展的资金通过一系列优惠政策作用于水产养殖保险的供求双方。对于保险公司的优惠政策措施有：一是税收优惠。减免水产养殖保险业务的所得税，减轻参与水产养殖保险的保险公司的负担。二是费用支持。为水产养殖保险业务的管理费用提供一定的补贴，降低保险公司水产养殖保险业务的经营成本。三是基金支持。由政府主导建立水产养殖的巨灾风险基金，以备大灾之年所需。对于提高水产养殖户、养殖企业投保能力的主要措施为保费补贴，将水产养殖保险纳入农业保险的中央财政保费补贴范围，根据不同的水产养殖保险险种给予有差别的财政补贴支持。

2012 年 11 月，《农业保险条例》出台，明确将渔业生产中遭受约定的事故所造成的财产损失纳入到农业保险的范围，这表明政策性水产养殖保险作为政策性农业保险的重要组成部分受到认可。2015 年初，保监会、财政部、农业部联合印发《关于进一步完善中央财政保费补贴型农业保险产品条款拟订工作的通知》，部署在全国开展中央财政保费补贴型农险产品的升级改造。农业保险产品实现全面升级，共涉及 34 个省（自治区、直辖市）、15 类农作物和 6 类养殖品种共计 738 个农业保险产品，22 家保险公司，进一步满足了新形势下的农业风险管理需求。2016 年 10 月，中国渔业互保协会和全国水产技术推广总站在杭州签署共同推进水产养殖互助保险发展合作协议。根据合作协议，中国渔业互保协会和全国水产技术推广总站将在构建组织体系、培养人才队伍、对接基层业务、争取政策资金支持等方面开展合作，以期构建覆盖水产养殖保险方案设计、承保展业、定损理赔、生产恢复全过程的组织构架和服务网络，探索出一条行之有效的合作机制和发展途径，将水产养殖互助保险发展成渔业防灾减灾救灾体系的重要内容。

在政府的扶持支持下，一些商业保险公司开始尝试涉足水产养殖保险，保费一般是国家财政补贴大部分+养殖户负责小部分。2015年烟台市推出首个海水养殖天气指数保险产品①、大连市签署海水鱼养殖保险第一单②、对虾养殖保险首次引入江苏如东县③、海南在临高澄迈试点推出南美白对虾保险④、广西推出对虾养殖保险试点⑤、珠海金湾区开展种养保险⑥试点工作等。尽管这些养殖保险多数还在试点阶段中，而且参保要求条件较高，不过大范围的试点和试验，也为今后全面推广打下了坚实的基础。2016年大连市将海水养殖保险纳入到了农业政策性保险整体方案，险种及财政补贴资金额度不断增加，海水养殖保险试点覆盖面不断扩大。⑦

四、渔业财政金融政策的完善

财政金融政策的实施对于促进渔业经济快速发展起到了至关重要的作用，但是，在实施过程中还存在覆盖的领域窄、金融产品单一、地区发展不平衡等问题。现代渔业经济的快速发展、规模化发展和产业集聚对财政金融政策的支持力度要求更高，渔业财政金融制度必须大力跟进，持续创新，不断完善和发展，满足渔业经济的发展需求。

1. 规范渔业补贴政策

(1) 建立专门法律法规制度。解决当前渔业补贴管理中的不规范行为，需要以法律的形式将渔业补贴管理制度确定下来。以《农业投资法》《农业补贴法》为切入点，在借鉴国外经验基础上，制定关于渔业补贴的专门性法律法规，这样在实行渔业补贴政策的过程中能够做到有法可依、有法必依。日本曾通过财政立法《水产关系预算案》对整体渔业的发展与补助预算进行控制；加拿大通过《渔业国内价格支持法》来支持渔业补贴政策。

---

① 我市推出首个海水养殖天气指数保险产品. http://www.jiaodong.net/news/system/2015/03/31/012650087.shtml

② 大连市签署海水鱼养殖保险第一单. http://www.shuichan.cc/news_view-255527.html

③ 江苏南通如东县首次引入南美白对虾养殖保险. http://www.shuichan.cc/news_view-242780.html

④ 海南临高和澄迈正式试点水产养殖保险. http://www.zgny.com.cn/ifm/consultation/2015-11-09/295240.shtml

⑤ 北部湾保险推出广西首个政策性对虾养殖保险. http://www.gx.xinhuanet.com/gx/gzw/2015-09/02/c_1116453921.htm

⑥ 珠海金湾首创种养保险. http://www.agri.cn/V20/ZX/qgxxlb_1/qg/201511/t20151112_4898812.htm

⑦ 辽宁省大连市召开2016年海水养殖政策性保险工作会议. http://www.shuichan.cc/news_view-282466.html

(2) 完善独立渔业补贴机制。当前中央级的渔业补贴主要由财政部、农业部、海洋局、渔业局、海事局等多个部门共同管理,而部门之间没有隶属关系,造成渔业补贴缺乏牵头部门,部门间协调不够,没有形成合力,实际执行力度不足。需要建立具体事项分配制度,各部门各司其职,建立联动机制,保持相关信息交流渠道畅通,及时调整工作思路。另外由于资金分类有六大类,包括财政预算内、农业综合开发专项资金等,实际分配中会有部分补贴不到位及重复使用问题。因此资金分类问题上要科学核算,实现资金的合理分配,保障每一笔资金的准确流向。

(3) 解决补贴总量问题。我国渔业补贴总量不足的重要原因在于渔业财政投入机制和财政支渔模式不够科学合理。不能只停留在加大渔业补贴总量,更要调整政府财政资金分配,创造利于渔业发展的经济条件。可以从以下几个方面开展:一是加快渔业相关税费改革进度,减轻渔民实际负担;二是合理分配补贴资金,划清各部门支渔护渔事权、各级政府所属补贴种类或比重;三是健全财政政策与信用担保政策,完善财政部门与农业发展银行的运行机制,有效提高补贴实际效率,同时合理引入社会资金,进一步促进渔业发展。

(4) 加强补贴资金管理。加强渔业补贴资金的管理,具体方式如下:一是实行依法实行补贴、集中管理资金和分类安排流向,资金运行实现责权对应;二是补贴预算管理,预算管理能够保证资金的到位情况,有效避免挤占、挪用资金;三是加强管理人员业务知识培训,提高自身综合素质和项目管理能力,健全部门财务管理制度,避免失误,提高资金利用率。

2. 拓宽渔业金融融资渠道

(1) 建立专业渔业金融机构。目前农村金融已获得较大发展,但渔业金融属于系列分支,发展速度缓慢,更没有成立专业渔业金融机构。随着渔业经济的进一步发展,过去的渔业金融模式已经跟不上形势发展的步伐,可以借鉴日本的相关经验,比如成立渔业金融专业服务部门。一方面在渔业协会的发展中成立信贷部门负责渔业金融的相关职能,另一方面是单独建立具有合作性质的渔业信贷联合会负责渔业金融业务。

(2) 健全渔业信用担保制度。作为弱势群体的渔民在筹集资金开展渔业生产时,金融机构需要的信用担保问题让渔民觉得很麻烦而选择了民间借贷,影响了规模化、扩大再生产和渔民增收。可以借鉴日本的相关制度,发展渔业信用担保并成立渔业信用基金会,该组织可以由渔民、渔企、协会及公共团体等共同参与并出资以实现贷款担保功能。不仅如此还需要成立相关保险机构,比如渔业信用基金可以由政府和渔业协会参与组建,负责渔业担保工作和联络渔业金融机构贷款,为渔民、渔业企业提供信贷服务。

(3) 加大政策性金融支持力度。最初建立政策性金融机构——农业发展银行,就是为了推动农业与农村经济发展,实现对农副产品收购、农业基本建设与综合开发利用的需要提供贷款。但长期以来因为开展业务范围单一,资金来源不足,相关的资金实现封闭运行和管理,信贷扶持也局限于流通领域,并未涉及生产领域,农业发展银行只有收购作用。因此应当调整农业发展银行的工作职能,科学合理实现财政支持,对渔业提供长期、低息贷款,还可以通过吸引国内外资金投资渔业,保障渔业生产的顺利进行。

(4) 加快商业性渔业金融建设。近年来我国商业性金融大部分都撤离了农村,缺乏资金造成了当前渔业金融的种种困难。随着渔业经济的进一步发展,要注重商业性金融的促进作用,建立资金回流机制,引导商业性金融支持渔业发展,实现市场经济下更有效的资源分配,发挥好商业性金融对渔业经济的积极作用。

(5) 引导渔业民间金融的发展。目前民间金融已在农村获得迅速发展,实践证明是成功的,渔民对民间金融的依赖性也越来越强。我国应正视民间金融的巨大作用,引导民间金融发展,通过颁布渔业民间金融法律,对渔业民间金融进行专业认证,实现行业规范化、合法化,支持渔业经济的多元化发展。

第四节 渔业科技公共政策

渔业科技政策作为指导整个渔业科技事业的战略和策略原则,确定渔业科技发展方向,对促进现代渔业绿色、生态、可持续发展具有十分重要的作用。

一、渔业科技政策概述

1. 渔业科技政策的内涵

新中国成立以来,我国渔业科技不断取得进步和发展。从四大家鱼的人工繁殖、海带、扇贝、中国对虾等全人工育苗的突破,到营养和饲料、病害防治、水质调控等一系列新技术相继跟进,为养殖业快速发展提供了有效的技术支撑。在科技的支撑与引领下,我国渔业生产领域不断拓展,渔业水域利用率不断提高,渔业新资源、新品种的开发能力不断增强,传统渔业生产方式加快转变,节能、节水、减排、生态等可持续发展方式日益受到重视,高新技术逐步得到推广和应用。渔业发展的每一阶段都伴随着科技的巨大进步。其中,渔业科技政策的引领功不可没。

渔业科技政策是一个国家或政党在一定历史阶段为保证渔业科技的发展和应

用，使科技更好地服务于渔业经济和社会发展而规定的指导方针和行动准则。渔业科技具有公共性、基础性、社会性的特点，渔业科技是渔业安全的重要保障。无论从事渔业科研，还是从事渔业推广，都是公共服务的重要组成部分，须由国家保障无偿为渔业和渔民提供服务。渔业科技政策主要包括渔业科技发展政策和渔业技术推广政策。

2. 渔业科技政策的目标任务

2012 年中共中央、国务院印发了《关于加快推进农业科技创新持续增强农产品供给保障能力的若干意见》。该意见强调指出："实现农业持续稳定发展、长期确保农产品有效供给，根本出路在科技。农业科技是确保国家粮食安全的基础支撑，是突破资源环境约束的必然选择，是加快现代农业建设的决定力量，具有显著的公共性、基础性、社会性。必须紧紧抓住世界科技革命方兴未艾的历史机遇，坚持科教兴农战略，把农业科技摆上更加突出的位置，下决心突破体制机制障碍，大幅度增加农业科技投入，推动农业科技跨越发展，为农业增产、农民增收、农村繁荣注入强劲动力。"渔业作为农业的重要组成部分，是农业科技创新的重要组成部分。遵循农业科技创新的指导意见，可以明晰渔业科技政策的目标是：实行科教兴渔，努力提高渔民的文化科技素质，提高渔业整体科技水平，紧密跟踪渔业科技发展前沿动态，实现渔业科技重大突破，提高渔业产业的科技贡献率，依靠渔业科技革命，促进渔业产业革命，大力推动渔业经济的发展。

渔业科技政策的具体目标是：到 2020 年，形成结构完整、运行高效的渔业科技创新体系，渔业科技的整体实力进入世界前列。渔业科技投入得到较快增长，科技成果转化率和科技进步贡献率均达到 63% 以上，实现传统渔业向现代渔业的转变。

渔业科技政策的主要任务是：一是加强基础性长期性科技工作，夯实渔业学科发展基础；二是加强渔业学科前沿与基础研究，抢占战略制高点；三是加强渔业核心关键技术攻关，突破制约发展的技术瓶颈；四是加强贯通上中下游的全链条集成创新与示范，促进渔业转型升级和可持续发展。

3. 渔业科技政策的主攻方向和重点

"十三五"是我国渔业实现现代化的关键时期，需要渔业科技工作发挥更加有力的支撑和引领作用。渔业科技工作必须围绕渔业转方式、调结构的主线，针对近海、外海、远洋极地和内陆天然水域、人工水体、特殊水域等分层次部署，组织实施一批重大科研计划项目，形成一批新的重大科技成果，加快推进渔业科技进步。为此，"十三五"期间我国渔业科技政策的主攻方向是：实现渔业生态环境明显改善、渔业生产科技综合水平进一步提高的发展目标，全面改善和提升我国渔业科技的整体素质和水平，为我国渔业科技引领世界渔业发展奠定坚实基础。

政策导向的重点方向如下：

(1) 渔业资源与生态环境。围绕海洋渔业健康发展基本要求，推进近海和内陆水域渔业向资源养护型发展，外海与远洋、极地渔业向工业化发展，为国家实施海洋强国战略，维护国家海洋权益，保障优质蛋白质资源供给，缓解资源环境压力，保障海洋生态安全，提供全面的科技支撑。

(2) 水产品遗传育种。围绕水产种业发展和种质创新的基本要求，从基础研究、前沿技术、共性关键技术、良种创制与示范推广，实施"顶天立地"式、全产业链育种科技攻关，显著提升我国水产育种国际竞争力，为保障国家粮食安全、食物安全和生态安全提供科技支撑。

(3) 水产养殖。坚持生态优先、养捕结合、以养为主的方针和科技支撑全产业链发展的工作思路，重点围绕养殖生态系统评估与调控、重要养殖模式构建、病害防控，以及营养代谢与饲料开发等方面开展研究，以推动水产养殖工程化、标准化、信息化、规模化、优质化和环境友好化的可持续健康发展。

(4) 加工流通与质量安全。围绕制约我国水产品加工产业发展的主要问题，重点开展水产品精深加工与综合利用、保鲜储运流通、质量安全检测和控制以及质量安全监测预警和风险评估等研究，推动我国水产品加工产业向多领域、多梯度、深层次、低能耗、全利用、高效益、更安全、可持续的方向发展。

(5) 渔业装备与工程。围绕"养殖、捕捞、加工"渔业生产领域的产业发展需求，针对我国渔业装备与工程的重大科学技术问题，开展前沿基础研究，关键技术创新，系统技术集成，形成先进装备与新型模式，有效提升渔业装备与工程的生态化、精准化、机械化、信息化水平，实现现代渔业"生态、优质、高效"的目标要求。

(6) 智能渔业。围绕"四化同步"和《2006—2020 年国家信息化发展战略》目标，利用现代信息技术和管理信息系统，通过构建基于全产业链的渔业信息化技术主体框架，重点在养殖信息化、捕捞信息化及水产品质量可追溯和物流管理信息化方面开展关键技术研究与示范，提高我国渔业信息化水平和渔业综合生产力。

国家还将在远洋深海渔业、外海开发、节水节电减排、生物工程技术在渔业上应用问题等方面，给予政策支持。

二、渔业科技发展政策

渔业科技发展政策是指渔业科技发展的战略决策，即总目标、总任务、总方针，包括科技体制，科技的投资、结构和发展重点，智力开发，渔业生产布局等方面的政策。

1. 渔业科技发展政策的历史回顾

1978年，全国科学技术大会的召开吹响了向科学技术现代化进军的号角，广大渔业科技工作者深受鼓舞，由此拉开了我国渔业科技工作向着新的高度攀登的大幕。1978年全国科学技术大会对全国科技工作进行了新的全面的部署，在此背景下渔业科技政策逐渐启动。

《1978—1985年全国科学技术发展规划纲要》中，渔业科技被正式列入，重点技术发展领域是海洋捕捞、海水养殖，主要由国家水产局负责实施。这个时期，政府对渔业科技创新主要采取指令性方式，由国家科技部(科委)事先给定科技计划的范围，以行政手段或准行政手段命令相关的部门负责实施。渔业科技政策发布机构较为集中，科技部处于政策制定主体中的核心地位，其他涉渔主管行政部门处于从属地位。经贸委在科技政策制定中也发挥了较大作用，这与国家当时的"经济建设要依靠科学技术，科学技术要面向经济建设"为导向的经济发展模式是一致的。政策作用对象主要包括中科院在内的科研机构以及国有大中型企业。科技投入主要依赖财政拨款，财政拨款主要投入国家确定的重点领域。集权式的科技体制能够集中力量向重点领域集中，渔业科技的重点领域都取得了进展。海洋水产业尤其是海洋捕捞业随着大功率渔船的推广及渔网渔具的改善，年均增长率达到20%以上。1978年6月9日，国务院批准成立中国水产科学研究院。担负全国渔业重大基础、应用研究和高新技术产业开发研究的任务，着力解决渔业及渔业经济建设中基础性、方向性、全局性、关键性重大科技问题，在科技兴渔、培养高层次科研人才、开展国内外渔业科技交流与合作等方面发挥着重要的作用。这一时期的渔业科技发展政策散见于涉渔行政主管部门制定的行业科技发展规划中，并未制定统筹协调的渔业发展政策。

1985年3月，中共中央做出《关于科学技术体制改革的决定》，以此为标志，我国的科研体制进行了重大改革，主要涉渔管理部门制定的技术政策颁布实施，促进了渔业科技成果迅速广泛地应用于生产。《1986—2000年科学技术发展规划》及1992年国务院《国家中长期科学技术发展纲领》颁布实施。1986年出台的高技术研究发展("863")计划，1997年由科技部组织实施了国家重点基础研究发展计划("973"计划)，渔业技术都位列其中，如海水养殖动物的多倍体育种育苗和性控技术，海水重要养殖生物病害发生和抗病力的基础研究。推动高技术产业化的火炬计划、面向农村的星火计划、支持基础研究的国家自然科学基金等科技计划都涉及渔业领域。这一时期渔业科技政策的重点在海洋渔业。如20世纪80年代扇贝苗种工厂化生产、90年代突破泥蚶大规模人工育苗的技术及大黄鱼种苗繁育。海洋捕捞业创造和发展了各种渔具渔法，渔船装备和捕鱼技术逐步现代化，如1992年推广的双船底拖网渔具性能及优化设计，贝劳海域远洋渔场探查与钓捕技术等。1996年，国家制定了《中国海洋21世纪议程》，提出"科教兴海"战略。此后，实施"科教兴海"战略、统筹海洋科技(包括海洋渔业)政策、提升海洋科技战略地位的科技政策(包括海洋渔业)成为中国未来海洋科技政策的主要走向。渔业科技政策形成了跨部门联合发布的协调化机制。

进入新世纪，随着海洋强国战略的实施，推动了渔业科技的进一步发展。为进一步提升我国渔业科技创新能力和水平，切实发挥科技对现代渔业发展的引领支撑作用，促进渔业持续健康协调发展，农业部制定了《中长期渔业科技发展规划(2006—2020年)》。规划强调，要进一步加强科技人才的培养，加快造就一批科技领军人才、战略科学家和创新团队，尽快形成一支具有世界前沿水平的渔业科技创新人才队伍；加快培养一批通晓业务、擅长管理、具有战略眼光和全球视野的管理人才，尽快形成一支适应全球化竞争的管理人才队伍；加快培养一批高素质的技术推广人员和科技示范户，尽快形成一支适应现代渔业发展和社会主义新农村建设的水产技术推广队伍和渔区实用人才队伍；积极争取地方财政加大渔业科技投入，加强科技创新和成果转化工作。同时，鼓励和引导企业增加研发投入，逐步形成以政府投入引领、企业和社会力量广泛参与的多元化、多渠道、高效率的渔业科技投入新格局。

2. "十二五"期间渔业科技发展取得重大进展①

"十二五"以来，全国渔业科技工作按照"自主创新、加速转化、突破瓶颈、提升产业、率先跨越"的发展方针，全面贯彻落实国发〔2013〕11号文件和国务院全国现代渔业建设工作电视电话会议精神，为确保水产品安全有效供给提供科技支撑，为确保渔民持续较快增收提供科技保障，为促进渔业可持续发展提供创新驱动，紧紧围绕推进现代渔业建设，以提升渔业科技自主创新能力为核心，加快关键技术突破、技术系统集成和科技成果转化，促进渔业发展方式转变，为形成生态良好、生产发展、装备先进、产品优质、渔民增收、平安和谐的现代渔业发展新格局提供了强有力的技术支撑，取得了显著成效。

---

① http://www.moa.gov.cn/sjzz/yzjzw/zljjyzj/yyshierxc/201604/t20160406_5083680.htm 中国渔政网

(1) 渔业科技投入力度不断加大

据不完全统计，“十二五”期间，全国涉渔科技与推广经费达50多亿元。其中，国家级科研项目近1 000项，经费20亿元，省级科研项目4 500余项，经费16亿元。“十二五”期间，我部重点推进实施了现代农业产业技术体系、公益性行业科研专项、支撑计划和高技术船舶科研计划等项目。推进实施大宗淡水鱼、罗非鱼、虾、贝类、鲆鲽类等5个现代农业产业技术体系，累计投入经费5.9亿元；启动实施15个公益性(农业)行业科研专项渔业项目，投入经费2.4亿元；启动实施高技术船舶科研项目2个，投入经费2 500万元；启动实施淡水育种和海洋资源养护2个科技支撑计划，投入经费5 000万元。国家科技“863”计划、“973”计划等渔业领域研究经费也大量增加，累计约6.2亿元。在国家农业科技项目的带动下，地方渔业科技投入增幅较大，有的省渔业科技年投入在2亿元以上。

“十二五”期间，国家加大了渔业科研条件建设力度。据不完全统计，五年累计投入近15亿元，用于建设示范基地、实验室。目前，全国涉渔国家级实验室共19个，省部级实验室近200个，另外还建成了一艘资源调查船。

(2) 科技与推广成果不断涌现

在前期积累的基础上，在科技投入的支持下，“十二五”渔业科技领域取得了众多突破，涌现了一大批科研成果和科研人才。“海水鲆鲽鱼类基因资源发掘及种质创制技术建立与应用”“鲤优良品种选育技术与产业化”等11项渔业科技成果获得国家科技奖励，青虾优良品种的培育及产业化示范推广等23项成果获得中华农业科技奖，翘嘴红鲌优质高效养殖技术研究与示范等8项成果获得范蠡科学技术奖。在推广奖励方面，有20个项目获得全国农牧渔业丰收奖、农业技术推广成果奖，30名个人获得农业技术推广贡献奖，1项成果获得农业技术推广合作奖。“十二五”期间，共培育大菱鲆“多宝1号”、易捕鲤等68个水产新品种。

(3) 科技服务亮点纷呈

“十二五”期间，以保障供给、渔业增效、渔民增收为目标，在全国20多个省市大力开展科技下乡、科技入户、科技培训、科技咨询等科技服务活动，成效显著。“十二五”期间，农业部共遴选发布助推产业升级、促进节本增效、推进健康养殖的60多个渔业主导品种和36项渔业主推技术，在全国范围内引导各地产业发展和技术推广服务。各级科研教学推广部门面向生产一线做好科技服务工作，开展了大量技术推介、培训、现场技术指导、成果展示等活动，建立了一大批示范基地，培育了一大批科技示范户，为渔业渔村发展培养了一大批懂政策、懂管理、懂技术，会组织、会经营、会服务的先进实用人才。中国水产科学研究院大力推进的“122推广工程”取得了良好效果，取代了以品种、单一技术为主的推广模式，实现了一体化输出，大大提高了推广效率。全国水产技术推广总站在多个省区组织实施的水产养殖节能减排技术集成试验示范、稻田综合种养技术推广，为渔业提质增效、渔民增收、渔业面源污染防治提供了有力支撑。“十二五”期间，全国水产技术推广系统累计取得各类技术成果 86 项，获得实用新型和发明专利 127 项。2012 年，在农业部全国农业科技促进年活动中，全国水产技术推广总站和云南省水产技术推广站获得先进单位称号。

(4) 科研与推广体系日趋完善

截至 2015 年年底，全国已形成由 1 个国家级水产科学研究院、9 个国家级水产科研所、38 个省级渔业科学研究所、60 个市级渔业科研所组成的庞大的科研体系，还有中科院、教育部以及地方科技、教育部门所属的 10 多个从事渔业科研的研究所和大学。全国共有涉渔院士 10 余名，仅 38 个省级研究所和 9 个国家级院所就有科技人员 4 000 多人，其中高级职称人员约占三分之一以上。全国各级水产技术推广机构 14 000 多个，实有人员 40 000 余人，技术人员占实有人数的 72%。全国渔业科研与技术推广体系的机构和人员趋于稳定，公益性职能不断强化，经费保障水平显著提高，设施条件得到改善，为渔业科研与技术推广工作奠定了坚实基础。

3. 渔业科技发展政策的主要内容

(1) 建立渔业科技创新体系

① 深化体制改革，构建新型渔业科技创新体系。坚持产业导向、科研导向，面向市场需求，破解体制障碍，建立国家科研院所、高等院校、地方基层科研机构和企业的相对紧密型的科技创新体系。

② 推进机制创新，构建新型的渔业科技发展运行机制。创新科研立项、结题验收、成果奖励、评价激励等科研运行机制，完善科技人员收入分配政策，提高竞争意识，激发创新活力，强化实际应用导向，切实增强科研机构支撑产业发展的能力。鼓励支持企业参与渔业科技工作，承担科研任务和科技成果转化工作。

③ 突出主攻方向，构建新型的渔业科技咨询体系。成立渔业科技咨询专家委员会，编制渔业科技发展规划，围绕渔业发展的制约瓶颈和可持续发展的关键环节梳理并凝练现代渔业领域关键技术集成及其产业化方向。提出重点需要解决的渔业科技攻关问题，加大渔业资源高效利用技术的研发力度，大幅度提高渔业科技进步的贡献水平。

④ 加强协同创新，构建新型的渔业科技产学研体系。在优势互补、以强带弱

的基础上，坚持农科教联合，广泛与国内国际研究力量联合协作，大力推进产学研相结合的技术创新，促进创新效率的提高和重大成果产出。

(2) 建立渔业科技保障体系

① 加大对渔业科技的投入力度。进一步增加稳定性科研经费支持力度，以政府财政投入为主坚持基础研究、共性关键技术研究及成果转化项目，保障科学研究和成果转化的连续性；增加对渔业科研机构、推广机构人员经费、公用经费的保障力度，为科研人员提供良好的工作环境；扩展渔业企业等的科技投入。

② 不断优化科技投入结构。不断完善财政、税收、金融信贷政策，依法设立科技成果转化基金和风险基金，逐渐形成以政府资金牵引带动民间资金的多元化、多渠道的科技投入格局。制定优惠政策，使企业成为渔业科技投资的主体。对于应用型课题，做到专款专用，合理安排经费比例，设立科技成果转化基金和风险基金，优先支持渔业产业化项目。

③ 加强渔业科技国际合作与交流。要加强与畜牧业等的交流与合作，加强与国外科研机构的交流与合作，不断引进新的技术和方法，并加强消化吸收和再创新研究。

④ 加强渔业科技应用服务体系建设。加大对渔民的技术培训力度，在渔民集中地区定期举办技术培训，鼓励渔民参加；发挥渔业中介组织力量，加强对渔民的技术服务和生产咨询，加快渔业科研成果的转化和推广；利用信息技术搭建渔业科技服务平台，加大远程鱼病诊断系统、专家咨询系统的建立与推广，及时解决渔民生产中遇到的问题。

三、渔业技术推广政策

渔业技术推广是渔业科技成果转化的主要手段，是联系渔业科研系统和应用系统的桥梁，和渔业科研与开发创新同样重要。制定实施渔业技术推广政策对于渔业科技成果转化，推动渔业发展和技术进步具有十分重要的意义。

1. 渔业技术推广的定义及原则

为促进农业(渔业)技术成果的转化，规范农业(渔业)科技成果转化行为，提高农业(渔业)科技成果转化率，1993 年 7 月 2 日，第八届全国人大常委会第 2 次会议通过了《中华人民共和国农业技术推广法》(简称《农业技术推广法》)。根据农业(渔业)技术推广形势变化的实际情况，2012 年 8 月 31 日第十一届全国人大常委会第 28 次会议通过了《关于修改〈中华人民共和国农业技术推广法〉的决定》，2013 年 1 月 1 日起施行。该法分总则、农业技术推广体系、农业技术的推广与应用、农业技术推广的保障措施、法律责任、附则等6章39条。

根据《农业技术推广法》第2条相关规定，渔业技术是指应用于渔业的科研成果和实用技术，包括良种繁育、养殖技术，水生动物疫病和其他有害生物防治技术，渔产品收获、加工、包装、贮藏、运输技术，渔业投入品安全使用、渔产品质量安全技术，渔业机械化、渔业气象和渔业信息技术，渔业防灾减灾、渔业资源与渔业生态安全和渔村能源开发利用技术，其他渔业技术。水产技术推广是指通过试验、示范、培训、指导以及咨询服务等，把水产技术普及应用于渔业生产产前、产中、产后全过程的活动。

根据《农业技术推广法》第四条相关规定，渔业技术推广应当遵循下列原则：有利于渔业、渔村经济可持续发展和增加渔民收入；尊重渔业劳动者和渔业生产经营组织的意愿；因地制宜，经过试验、示范；公益性推广与经营性推广分类管理；兼顾经济效益、社会效益，注重生态效益。

2. 渔业技术推广体系的特点和职能

《农业技术推广法》第十条规定，农业技术推广，实行国家农业技术推广机构与农业科研单位、有关学校、农民专业合作社、涉农企业、群众性科技组织、农民技术人员等相结合的推广体系。

我国现行的水产技术推广组织体制为国家、省（自治区、直辖市、单列市）、地（市）、县（市）和乡（镇）五级水产技术推广体制。

这一体制概括起来有以下特点：(1) 水产技术推广机构与渔业行政管理部门一一对应，形成政府直接领导下的水产技术推广。政府除了制定有水产技术推广发展政策外，还负责水产技术推广项目计划，并组织实施，对国家水产技术推广机构的人、财、物进行管理。国家财政是推广经费的主要来源和依靠。(2) 组织管理上具有双重性。各级水产技术推广机构既受行政部门领导，又受上级推广机构的业务指导。而且由于行政部门的直接领导权远大于推广机构上级的业务指导权，使得水产技术推广机构系统的组织领导功能较弱。水产技术推广部门的工作较多围绕渔业行政部门的工作来开展，为行政领导部门服务。(3) 推广机构单一，以政府水产技术推广机构为主。这种在计划经济体制下建立起来的行政化、机关化的技术推广体系，是与过去那种政、事、企不分和农村人民公社实行政社合一、三级所有、队为基础的体制联系在一起的。它在渔业生产指挥权高度集中、生产经营项目单一、商品率低、农民不富裕的情况下，对推广普及农业科学技术、促进渔业生产发展曾起过积极的作用。

根据《农业技术推广法》第十一条的规定，新时期各级水产技术推广机构重点落实了以下几个方面公益性职能:(1) 各级人民政府确定的关键渔业技术的引进、试验、示范。(2) 水产养殖病害及疫情的监测、预报、防治和处置。(3) 水产品生产过程中质量安全的监测、检测。(4) 渔业资源、渔业生态环境和渔业投入品(渔药、饲料等)使用的监测。(5) 渔业公共信息和渔业技术宣传教育、培训服务。(6) 天然水域渔业种质资源保护、渔业资源的增殖放流等。逐步将技物结合以及产后加工、运销等经营性服务分离出去,按市场化方式运作。(7) 法律、法规规定的其他职责。

3. 渔业技术推广的保障措施

为认真履行好渔业技术推广的公益性职能,保证渔业技术推广顺利进行,《农业技术推广法》规定了渔业技术推广的保障措施。

(1) 资金保障。资金保障是渔业技术推广事业健康发展的基础。根据《农业技术推广法》第二十八条相关规定,国家逐步提高对渔业技术推广的投入。各级人民政府在财政预算内应当保障用于渔业技术推广的资金,并按规定使该资金逐年增长。各级人民政府通过财政拨款以及从农业发展基金中提取一定比例的资金的渠道,筹集渔业技术推广专项资金,用于实施渔业技术推广项目。中央财政对重大渔业技术推广给予补助。县、乡镇国家渔业技术推广机构的工作经费根据当地服务规模和绩效确定,由各级财政共同承担。任何单位或者个人不得截留或者挪用用于渔业技术推广的资金。

(2) 人力保障。人力保障是指渔业技术推广中必须要有一支高素质的稳定的渔业技术推广队伍。其保障措施一方面是稳定队伍,调动渔业技术人员的积极性,另一方面要不断提高渔业技术人员的专业水平和业务能力并对履行职责进行测评和监督。为此,《农业技术推广法》作了相关规定:一是各级人民政府应当采取措施,保障和改善县、乡镇国家渔业技术推广机构的专业技术人员的工作条件、生活条件和待遇,并按照国家规定给予补贴,保持国家渔业技术推广队伍的稳定。对在县、乡镇、村从事渔业技术推广工作的专业技术人员的职称评定,应当以考核其推广工作的业务技术水平和实绩为主。二是农业技术推广部门和县级以上国家农业技术推广机构,应当有计划地对农业技术推广人员进行技术培训,组织专业进修,使其不断更新知识,提高业务水平。三是县级以上农业技术推广部门、乡镇人民政府应当对其管理的国家渔业技术推广机构履行公益性职责的情况进行监督、考评。

(3) 物质保障。物质保障是指为渔业技术推广提供所必需的物质条件,比如必要的工作条件、生产资料、实验基地等。《农业技术推广法》第三十条规定,各级人民政府应当采取措施,保障国家农业技术推广机构获得必需的试验示范场所、办公场所、推广和培训设施设备等工作条件。地方各级人民政府应当保障国家农业技术推广机构的试验示范场所、生产资料和其他财产不受侵害。

总之,要认真贯彻落实《农业技术推广法》,各级国家农业技术推广机构要认真履行渔业技术推广的公益性职责,向渔业劳动者和渔业生产经营组织推广渔业技术,实行无偿服务。各级人民政府可以采取购买服务等方式,引导社会力量参与公益性农业技术推广服务。国家农业技术推广机构以外的单位及科技人员以技术转让、技术服务、技术承包、技术咨询和技术入股等形式提供农业技术的,可以实行有偿服务,其合法收入和植物新品种、农业技术专利等知识产权受法律保护。进行农业技术转让、技术服务、技术承包、技术咨询和技术入股,当事人各方应当订立合同,约定各自的权利和义务。通过有偿服务与无偿服务、国家扶持与市场引导相结合,切实推进我国渔业技术推广工作不断向前发展。

四、渔业科技政策的完善

现代渔业建设对科技进步的要求越来越高,渔业科技创新是现代渔业发展的动力。从总体上,我国渔业科技取得了重大进步,但是,渔业科技总体水平不够高。因此,必须不断完善和优化渔业科技创新的政策。

1. 优化渔业科技创新体系

从我国的现实情况来看,加快建立符合我国特色的科技研发,应用推广和教育培训为一体的科技创新体系是当前最重要的,也是最务实的发展渔业科技的方法。

(1) 以创新研发系统为核心

"科学技术是第一生产力""创新是进步的原动力",可持续渔业的发展更是要依靠科技创新作有力保障。优化渔业科技创新体系就要以创新研发为根本,将创新研发体系作为最重要的核心环节给予高度重视。国家应加重对渔业科技基础设施与科研机构的建设投资,加大对渔业龙头企业提高科技创新能力的扶持力度,出台相关渔业科技创新补贴优惠政策和奖励机制鼓励科研人员与渔业劳动者积极参与到科技创新中来,完善法律法规对已有的渔业自主创新成果予以保护,努力为我国渔业科技发展创造良好的创新环境。积极促进渔业各科研机构、研发中心、高等院校的互相合作,整合渔业科技创新力量进行新技术、新工艺、新产品的创新研发,对重难点关键技术进行联合科技攻关,进一步推进我国渔业科技创新的向前发展。

(2) 以推广应用系统为根本

对渔业进行科技创新的目的在于提高生产力,而推广应用就是将科技创新转化为生产力的媒介手段。增加渔业科技创新推广应用单位、机构和站点组织的建设，努力使其系统化、规范化、多元化。利用科研机构、高等院校、政府、企业等多组织团体的加入建立深层次、多方位的渔业科技创新推广体系。稳步构建由国家渔业推广应用机构带领，各地方下级推广机构积极响应配合的、高效的二元渔业推广应用体系。根据推广创新产品、创新技术和创新管理等标准的不同对推广应用进行标准规范制定，严格按照规范标准进行渔业科技创新推广。推进信息技术在渔业科技创新推广中的应用，使推广应用工作更加迅捷、方便。对渔业科技创新推广体系给予大力的财政支持，不得随意挪用推广应用系统的专项资金。对渔业科技推广人员择优录取、明确到岗、切实落实个人推广任务并要求严格执行，不定期对推广工作执行情况监督检查，切实保证推广工作的有效完成，组织科技推广人员定期进行培训活动，不断加强科技推广能力，提高个人素质。

(3) 以教育培训系统为基础

渔业科技创新推广应用最终都要落实到渔民这一最基本的渔业生产活动单元，渔业科技创新是否能够显效、生产力是否能够提高都与渔民的科技水平密切相关。所以，将对渔民的教育培训系统作为渔业科技创新体系建设的基础具有十分重要的意义。从我国的基本国情来看，建立人民广泛参与，特别是渔民广泛参与的，由国家组织领导的，专业业务部门指导的，各单位积极配合的教育培训体系是最优选择。渔业科研机构、高等院校、企业创新团体等要充分发挥科技知识力量，为渔民提供通俗易懂、有效实用的教育培训。国家应鼓励各省市地方政府增加设立渔业教育培训机构数量，完善渔业培训基础设施建设，保证渔业培训师资力量。

2. 加快渔业科技创新成果产业化

渔业科技创新成果只有通过产业化才能最大限度发挥其经济效益，所以要通过正确的产业技术政策、品牌战略、发展龙头企业、产品标准化建设等方式尽快促进渔业科技创新成果产业化。

(1) 制定正确产业技术政策

在产业技术政策制定过程中，要充分考虑并体现出以产品创新和产品市场创新为中心，对技术含量高、市场潜力大、产品附加值高的渔业产业予以重点扶持，加速其产业化进程。渔业产业调整需要渔业科技创新，而科技创新又需要政策支持，比如风险分担政策、金融扶持政策、税收利好等。

(2) 实施品牌战略，提高产品的综合效益

根据我国渔业各个生产区域特点，积极培育一批名牌水产品，增加产品附加值。进一步加强品牌宣传和策划，提高水产品质量，结合无公害水产品、绿色食品和有机水产品的认证，努力确保水产品质量安全，打造区域优势产品，提高产品的

综合效益。而且，一定要找出自己的优势，发展自己的特色，挖掘当地文化，把传统的文化特色与当前的商业品牌相结合，在提高文化底蕴的同时增加产业价值。

(3) 加大力度扶持龙头企业

龙头企业是带动一个地区渔业发展的关键。加大力度扶持龙头企业可以带动渔民合作小组，辐射周边地区，实现渔业发展的科学性、工业化、产业化。通过龙头企业组织合作经营带动农民的积极性；通过创新经营机制，提高抗风险能力，提高利润。要增加现代渔业科技示范区、示范基地建设，加速现代渔业技术扩散。

(4) 重视产品标准化建设，确保水产品质量安全

在渔业产业化的过程当中，要实行标准化的渔业产业发展规则和生产体制，使之适应我国渔业发展的基本国情，正确引导企业在可控范围内扩大产业规模，增加产业链条。严格监控我国渔业标准化生产技术的推广和适用，以建立健全符合现代标准的渔业生态养殖体系。积极建立健全水产品质量监测和认证体系，努力提高产品质量检验检测手段，增强检测能力，完善水产品质量安全监测网络，提高我国水产品核心竞争力。建立渔业产品质量安全监管制度，使之在产供销的具体过程中都有相应的可遵循的机制来管理和监督该产业的健康发展。进一步健全完善应急工作机制，提高妥善解决突发事件的能力；加强执法监管，开展水产品质量安全专项执法行动。

3. 提高渔业创新管理效率

渔业科技工作者是科技创新的原动力，要努力将他们开展研究的积极性调动起来，并且鼓励企业将社会资金运用到渔业科研活动之中。另外良好的创新环境和科技人员队伍建设与教育培训也是保证渔业科研活动顺利进行的条件之一。这些都是努力提高渔业创新管理效率的有效途径和手段。

(1) 建立科学的激励政策

要使科技人员的科技创新能力充分发挥，首先，必须整体提高渔业科技人员正常的工资性收入，改善相对应的收入结构，使其效益工资与业绩挂钩，按岗定酬、按绩取酬；其次，在科研项目的管理上，加大绩效支出的比例，保证渔业科研人员的智力劳动得到相应的报酬；最后，对那些有突出贡献的技术骨干可以适当引入股权分配激励政策。

(2) 构建良好的创新环境

营造自由开放的空间和朴实和谐的氛围，就要积极推动国家渔业创新体系内各创新主体在资源、技术、知识等方面的自由融通和交流，营造互助协作的良好环境；加强国际交流与合作，扩大科技人员的创新视野，增强创新意识；建立一套科学

的激励评价制度，勇于面对科学难题，戒骄戒躁，坚决反对投机取巧，腐朽侵权的不良作风；加强科学道德建设，坚决打击任何形式的学术不端行为，对于弄虚作假的行为进行公示曝光，积极营造从实际出发，踏踏实实地做学问、搞科研的良好氛围。

(3) 加强科技人才队伍建设和教育培训

科技创新的关键是科技人才的培养，在科技创新过程中要始终坚持以人为本的人才理念，发展一批科学素质良好，具有严谨科研态度的新型人才队伍以及管理人才队伍。在增强渔业科学技术创新基础设施建设的时候还要把渔业科学研究和相关方面的人才培养有机地结合到一起，依靠国家在渔业科学技术方面投入开发的工程以及实验室等加快高技术水平人员的培养，用长远的眼光来看待人才储备在促进科技创新方面将发挥的重大作用；同时，要加强人才流动和科技培训工作，实施"走出去""请进来"的发展战略，促进知识更新、观念更新；完善人才引进制度，改善用人环境，不拘一格地选用创新人才。

第九章　休闲渔业公共政策

休闲渔业是指利用海洋或淡水渔业资源以及渔村资源，为沿岸渔村地区人们提供全方位服务的商业经营行为[①]。休闲渔业作为现代渔业发展的一种新形式，对推动渔业产业结构调整、促进渔民增收和渔村发展都有着积极的意义。

第一节　休闲渔业概述

近年来，我国休闲渔业发展受到国家的重视。在渔业发展的“十二五”规划中，休闲渔业作为新兴产业被列入重点发展的现代渔业“五大产业”之一。2012 年，农业部发出了《关于促进休闲渔业持续健康发展的意见》(农渔发〔2012〕35 号)。沿海的部分省市(如天津、广东、山东、浙江等)相继出台了规范、支持和引导休闲渔业发展的相关管理办法及规章制度。近年来，在各地政策的支持下我国休闲渔业发展迅速。2009 年，我国休闲渔业总产值为 215.78 亿元[②]。到 2013 年，休闲渔业总产值达到 365.85 亿元，比 2009 年增加了 150.07 亿元，休闲渔业产值在渔业第三产业总产值中所占比重提高到 7.7%[③]。在休闲渔业总产值增长的同时，我国休闲渔业的特点也逐渐明晰，并逐渐形成了具有典型特色的一些休闲渔业的发展模式。在分析我国休闲渔业产业发展特点及模式的基础上，认清新时期我国休闲渔业发展面临的机遇和挑战，进而有针对性地制定和完善我国休闲渔业的公共政策。

一、我国休闲渔业发展特点及模式

我国休闲渔业有良好的资源条件为基础，顺应时代发展的要求，发展势头强

① 包特力根白乙，王琛，王天令. 休闲渔业内涵界定及其市场特性论析[J]. 渔业经济研究，2008(3)：44－50.
② 参见《中国渔业年鉴(2010)》。
③ 参见《中国渔业年鉴(2014)》。

劲。在创造就业岗位、提升休闲消费、增加渔民收入等方面发挥了重要作用，休闲渔业已成为我国渔业经济发展新的增长点。

1. 我国休闲渔业的特点

(1) 休闲渔业发展条件优越。我国目前社会稳定，总体经济发展状况良好，城市居民消费能力不断提高。随着对健康的海洋产品以及海上休闲娱乐项目等的需求也有所增加，休闲渔业发展的条件优越。

第一，我国休闲渔业自然资源充足而丰富。内陆方面，我国拥有广阔的江、河、湖、池等水面资源，这些分布在不同纬度、地形条件下的水面资源孕育了多样的水生生物资源。海洋方面，我国拥有内海渤海和三大边海（黄海、东海和南海），海岸线 1.8 万千米，领海的水域面积约 470 万平方千米，其中有 7 600 个大小岛屿。广阔的水域面积为多种水生生物的生存和养殖提供了条件，漫长的海岸线和众多的岛屿，为休闲渔业的发展提供了多样的自然风光资源。

第二，我国休闲渔业的历史文化资源丰厚。我国渔业早在原始社会时期便开始萌芽，经过几千年的长期发展，在渔业生产方式、诗歌、绘画、雕刻等方面形成了丰厚的历史和文化资源。通过挖掘和开发我国各渔业生产地区长期积累形成的渔业历史和文化资源，有助于提升我国休闲渔业的文化内涵和观赏水平。

第三，我国休闲渔业具有巨大的市场潜力。我国城乡居民人口众多，随着我国经济的增长和人民生活水平的提高，人民对于多种多样的休闲旅游产品需求将增加。此外，我国已经成为全球十大入境旅游国之一，国外游客的涌入，也将为我国休闲渔业的发展带来市场机遇。[①]

(2) 休闲渔业发展形式多样。正是基于我国多样而丰富的休闲渔业自然和历史文化资源，我国休闲渔业具有多样的发展形式。

从所开发的渔业资源类型来分，可以将我国休闲渔业划分为海洋休闲渔业和内陆休闲渔业。海洋休闲渔业是以海洋生物资源、海岸和岛屿风景等涉海渔业资源为基础，而开发出的以海上渔业生产体验、海岸海岛垂钓观赏、沿海渔村渔区生活文化体验观赏等内容的休闲渔业形式。内陆休闲渔业则是基于内陆江、河、湖、池、水库等内陆水面资源而开发出的垂钓、风景观赏、渔村生产生活体验、渔业文化欣赏等内容的休闲渔业形式。

有学者从休闲渔业经营模式来研究，将休闲渔业划分为养殖垂钓型、休闲垂钓

① 陈毅德. 大力发展休闲观赏渔业，努力开拓渔业发展新领域[J]. 中国水产，2004(10).

型、生态观光型、观赏娱乐型、文化体验型[①]。养殖垂钓型是利用已有的渔业养殖水面开展养殖，建立适宜垂钓的设施，为消费者提供垂钓服务。休闲垂钓型是在养殖垂钓型休闲渔业的基础上，综合提供垂钓、住宿、餐饮、娱乐等服务。

生态观光型是利用当地的水域生态环境以及相关景点，提供生态风景观赏、休闲度假、垂钓娱乐等服务的休闲渔业。观赏娱乐型是通过引进、养殖、展示和出售国内外稀有的观赏鱼类，而提供观赏、娱乐等服务的休闲渔业。文化体验型，是在渔业历史和文化悠久、具有鲜明地域特色的渔村或海岛，通过发掘当地渔业历史和文化，采用重建再现、节日表演、展览展示等形式提供渔业文化体验服务的休闲渔业。[②]

(3) 休闲渔业的区域特色鲜明。我国休闲渔业资源不仅丰富而且多样，各地从当地渔业资源的实际出发，因地制宜地发展休闲渔业，形成了各具区域特色的休闲渔业。在海洋渔业资源丰富的沿海地区，注意结合我国海洋渔业转型发展和渔业生态资源养护的政策要求，吸取社会资金，发展具有海洋文化特色的休闲渔业。在沿江(河)地区，则注重与该地江(河)相关的传统文化相结合，发展具有地方风情的休闲渔业，在内陆湖泊、池塘周边，发展与当地农业生产和农业文化相结合，农渔相互融合的特色休闲渔业。

(4) 休闲渔业发展注重产业融合。休闲渔业既切合了渔业产业内部融合发展需要，又可实现渔业与旅游业的融合发展。因此，在我国休闲渔业的发展中，不但注重渔业内部第一、二、三产业的融合，还注意将渔业与旅游业相结合。我国已有休闲渔业所提供的服务中，大部分既有捕捞、垂钓等属于渔业第一产业的内容，又有渔业基础设施、渔船等第二产业的内容，还有渔业文化、渔村风俗等属于第三产业的内容。这正是将渔业第一、二、三产业整合在休闲渔业中实现了渔业产业内部的融合发展。另外，我国休闲渔业与旅游业联系紧密，休闲渔业在发展中注意与当地的旅游资源相结合，将休闲渔业与旅游业相结合，开发出具有渔业特色的旅游线路和旅游产品。

2. 我国休闲渔业的主要模式

从我国休闲渔业的特点出发，结合国内专家学者的研究成果，可以将我国休闲渔业发展的主要模式划分为以下几种。

---

① 陈学洲，刘聪. 促进我国休闲渔业健康发展的对策研究[J]. 中国水产，2015(2).

② 陈学洲，刘聪. 促进我国休闲渔业健康发展的对策研究[J]. 中国水产，2015(2).

(1) 休闲垂钓模式

休闲垂钓模式是我国较为普遍的一种休闲渔业发展模式。休闲垂钓主要是指依托一定规模的自然水面养殖资源、人工养殖设施，通过放养各种海、淡水鱼类，开展以垂钓业为主，辅以住宿、餐饮、娱乐等相关产业，从而为垂钓爱好者提供优质服务。休闲垂钓的生产经营模式比单纯养殖商品鱼利润要高出很多。如广东省东莞市、北京市怀柔县、河北省平山县和江苏省数千家水产养殖场的垂钓休闲渔业基地。这些垂钓休闲渔业基地一般选在风景优美的水库、湖泊、山川，利用现有水产养殖场所，通过实施整治环境，为垂钓爱好者和市民提供城郊垂钓、鲜鱼品尝、钓具供应、技术指导等服务。

(2) 渔业旅游观光模式

渔业旅游观光是通过优化旅游和渔业资源，将渔业和旅游观光结合起来，促使第一、二、三产业进行融合发展，从而实现经济效益和社会效益双赢的一种休闲渔业模式。[①] 渔业旅游观光模式是现代渔业发展的一种新的路径，有助于推动现代渔业的转型升级发展。渔业旅游观光提供了包括渔业生产和生活体验、渔村风景观光、渔业历史文化展示等内容的服务，是一种综合化和规模化程度较高的休闲渔业发展模式。在国外以欧洲地中海沿岸的法国、西班牙、意大利等为代表，在我国一些沿海省市，如山东荣成、辽宁大连、浙江等地，也已经广泛实践并取得不错的效益。

(3) 渔业传统民俗体验模式

渔业传统民俗体验模式是较早发展起来的休闲渔业模式，主要表现为“渔家乐”“渔村乐”和渔业节庆形式的渔业传统民俗体验活动。“渔家乐”和“渔村乐”主要是改造或新建渔民或渔村的渔船、渔具、渔港、渔村等渔业生产生活条件，让游客在渔民的技术指导下，参与到诸如放网、拖虾、流网、笼捕等传统小型的渔业捕捞活动中，通过亲身实践捕获鱼货，然后在当地渔村或渔民家中，按照当地特色的做法将鱼货加工食用，从而体验和享受渔业生产的乐趣，感受到渔民生活风情。如在大连长海、浙江舟山等地兴办的“渔家乐”或称“渔家旅店”。而渔业节庆是在特定的渔业生产区域，经过渔民长期的渔业生产实践和生活形成的在固定日期举行具有特定渔业历史和文化意义的庆祝活动或仪式，包括各种开渔节、海钓节、赶海节、海灯节等。如中国航海节、中国妈祖文化节、辽宁大连龙王塘的海灯节、辽宁盘锦的开海节、大连长山群岛的国际海钓节、山东烟台的渔灯节等。

---

① 柴寿升.休闲渔业开发的理论与实践研究[D].青岛:中国海洋大学博士学位论文,2008.

（4）渔业珍稀资源展销模式

渔业资源中有一批极具观赏价值的珍稀物种。据统计，世界观赏鱼品种有千余种，金鱼品种上百种，观赏龟类品种上百种[①]，还有大量贝类和水生植物可供观赏。渔业珍稀资源展销模式就是通过引进、繁育这些具有较高观赏价值的珍稀物种，将其以展览及销售的方式提供给游客欣赏。展览主要是通过建立海洋馆、海底世界、水族馆、博物馆等场馆，结合高新科技的展示手段，将让人惊讶的珍稀物种展现给游客，给游客带来从未有过的新体验。展览场馆和水产养殖基地还可以结合展览，将可以销售的水产品种、饲料或设计开发的水族箱售卖给游客，从而实现渔业资源展览和销售的结合。

二、我国休闲渔业发展机遇与挑战

虽然我国当前休闲渔业的发展条件优越、发展势头较好，但休闲渔业面临的机遇与挑战并存。

1. 休闲渔业发展的机遇

当前世界经济增长乏力，复苏进程艰难曲折，不稳定因素较多，对休闲消费影响很大。我国经济正逢从高速转向中高速增长的新常态，休闲渔业的发展契合了渔业经济发展方式转型升级，迈向中高端水平的历史机遇。我国已经成为世界第二大经济体，国外（境外）企业看好中国经济发展前景，来华贸易合作欲望强烈。这可以为我国休闲渔业带来意识、技术、管理、资金等资源，非常有利于我国休闲渔业的发展，是开展休闲渔业国际合作的良好机遇期。

我国渔业生产力发展程度较高，水产品总量较高，水产品市场充足，部分水域资源从传统渔业生产转型到休闲渔业上来，不会影响到我国的食物安全。随着城市居民家庭经济收入的稳步增长，对健康休闲的娱乐方式的需求将增加。休闲渔业提供的垂钓、渔业文化体验、渔业民俗等服务，符合现代都市居民亲近自然、健康休闲的旅游消费需求。此外，休闲渔业的价格水平并不高，适合普通城市家庭的消费，我国休闲渔业拥有广阔的需求市场基础。

“十三五”时期是全面建成小康社会决胜阶段，中共中央确定了“创新、协调、绿色、开放、共享”的发展理念[②]。发展休闲渔业，创新渔业发展方式、协调渔业生态资源的利用与保护，坚持绿色惠民，为人民提供绿色生态的休闲产品，从而推进渔

---

① 柴寿升. 休闲渔业开发的理论与实践研究[D]. 青岛：中国海洋大学博士学位论文，2008.

② 参见《中华人民共和国国民经济和社会发展第十三个五年规划纲要》。

业经济与生态文明的协同发展。2016 年 5 月 4 日农业部发布了《关于加快推进渔业转方式调结构的指导意见》(农渔发〔2016〕1 号),其中指出"大力发展休闲渔业。积极发展垂钓、水族观赏、渔事体验、科普教育等多种休闲业态,引导带动钓具、水族器材等相关配套产业发展。鼓励有条件的地区以传统渔文化为根基,以捕捞及生态养殖水域为景观,大力发展休闲渔业,建设美丽渔村。制定完善休闲渔业管理办法和标准,深入开展休闲渔业示范基地创建活动。加强渔业重要文化遗产开发保护"。并且明确表明到 2020 年要实现渔业二、三产业产值比重超过 50%,水产品加工流通、增殖渔业和休闲渔业取得长足发展的目标。无疑,发展休闲渔业符合我国"十三五"时期的发展理念和全面建成小康社会的发展目标。发展休闲渔业,既可以使得一部分渔民和渔村通过提供休闲渔业产品富裕起来,又能让更多的市民参加休闲渔业活动,从而推动形成绿色发展方式和生活方式,推进人民富裕,生活幸福。

2. 休闲渔业发展面临的挑战

发展理念需要更新。休闲渔业是一种综合了渔业和休闲旅游业的新型产业。在发展理念上,也需要打破传统渔业和旅游业的发展理念,创新性的开发出一些独具特色的休闲渔业模式和休闲服务产品。从国内已有的休闲渔业发展情况来看,大部分的发展方式并没有突破休闲旅游业的固定思维方式,很多发展模式只是将旅游业的一些成熟范式套用到休闲渔业的发展中来,缺乏从渔业本身的特点出发,结合现代休闲产业发展潮流的新型休闲渔业发展模式。这需要各地在发展休闲渔业的实践中不断探索、总结和创新。

发展规模总体偏小,需要长期的投资支撑。当前,虽然我国休闲渔业产值增长较快,但是休闲渔业产值占渔业经济总产值的比重较小。2003 年,我国休闲渔业产值为 54.11 亿元,仅占当年渔业经济总产值 5 778.83 亿元的 0.936%。到 2014 年休闲渔业产值增长到 431.85 亿元,增加了 6.6 倍,占当年渔业经济总产值 20 858.95 亿元的 2.07%。[①] 可见,休闲渔业的发展规模还偏小,有待进一步增加投资。此外,据统计,在 2003—2012 年的发展中,我国休闲渔业产值的年增长率波动性较大。这十年,我国休闲渔业最低的年增长率在 2010 年,为-2.10%,而最高增长率是 2007 年的 51.04%[②]。这表明我国休闲渔业的发展还不稳定,缺乏长期投资的支撑。我国休闲渔业的基础还比较薄弱,如果没有长期稳定的资金投入,难

① 数据来源于《中国渔业年鉴》。

② 董志文,刘娜娜.我国休闲渔业发展现状分析与评价[J].福建水产,2015,37(6):485-494.

以持续健康的获得发展。

休闲渔业资源的保护与科学开发。我国水域广阔，休闲渔业资源丰富。但由于自然、气候和长期渔业开发的差异，不同地区的休闲渔业资源的情况不尽相同。这就要求我们在开发休闲渔业资源的时候考虑到各地渔业资源的现实情况，有序科学地进行开发，避免无序竞争和破坏性的开发。因此，在休闲渔业资源的开发过程中，如何将开发利用休闲渔业资源与保护当地渔业生态资源以及传承渔业历史文化传统结合起来，是休闲渔业发展中不容忽视的重要议题。

国内外市场的竞争。休闲渔业的发展同样面临着国内相近行业和国外休闲渔业市场的竞争。现在国内乡村旅游、农家乐、生态农业、古村古镇游等休闲农业主题的旅游产品众多，同时随着我国出境游的快速增长，日本、美国等休闲渔业较为发达的国家对国内游客有着更强的吸引力。我国休闲渔业的产品和服务如何在激烈的市场竞争中占据一定的位置，关系到休闲渔业整个产业的长远发展。

第二节　休闲渔业产业发展政策

一、休闲渔业产业规划与布局

在开展全国休闲渔业资源普查的基础上，建立起我国休闲渔业资源数据库，根据不同地区休闲渔业资源禀赋和市场需求的差异，因地制宜地对全国休闲渔业发展进行科学规划和布局。根据各地休闲渔业资源的特色规划若干不同类型的休闲渔业发展区，如沿江(河)、沿湖(泊)、沿海、内陆池塘等休闲渔业区，形成南北有别、东西差异明显，内陆淡水和沿海咸水区域，各具特色的休闲渔业产业发展区，突出各地区休闲渔业的特色，差异化发展，避免各地区盲目和重复建设，有效引导休闲渔业向多元多层次的方向发展，增强休闲渔业产业发展的丰富度。

在休闲渔业产业层次和规模上，要根据当地休闲渔业资源丰富程度和市场需求大小，确定休闲渔业发展的层次和规模，逐步建立层次和规模分明的县级、市级、省级、国家级休闲渔业示范基地，从而积极引导企业合理投资，避免一哄而上，过度投资，破坏休闲渔业的持续健康发展。

在鼓励休闲渔业产业发展过程中，要贯彻创新、协调、绿色、开放、共享的发展理念。创新是引领发展的第一动力。休闲渔业产业的发展需要融合渔业第一、二、三产业，进行不断的创新。既需要继承传统的渔业文化，又需要进一步进行创新，形成符合现代大众需求的渔业生态文化产品。在发展模式上，积极吸取发达国家休闲渔业发展经验，结合我国特色创新休闲渔业产业发展模式。协调是休闲渔业持续健康发展的内在要求。在休闲渔业产业规划和布局中，要正确处理好农业第一、二、三产业之间的关系，重点促进城乡区域的协调发展。绿色是保障休闲渔业永续发展的必要条件，也是居民消费重要追求。必须坚持休闲渔业的可持续发展，注意将渔业生态资源养护与休闲渔业产业发展相结合，从而逐步推动形成渔业经济增长与渔业生态文明和谐发展的新格局。在休闲渔业产业发展资本筹集和技术需求中，应该以开放的姿态，积极引入社会资本和国外资本，以及来自国外的新品种新技术，并鼓励企业走出去。发展成果人民共享是社会主义本质的要求。休闲渔业产业的发展要以相关区域农（渔）民增收、生活水平提高、生活环境改善为根本目的，设计和完善休闲渔业发展区的分配制度，让该区域的农（渔）民从休闲渔业的发展中共享收益，推动实现共同富裕。

二、休闲渔业示范基地的建设与评价

为了发展和提升我国休闲渔业，促进现代渔业的发展，2012 年，农业部办公厅发出了《关于开展休闲渔业示范基地创建工作的通知》（农办渔〔2012〕108 号），在该通知中明确指出："全国休闲渔业示范基地创建标准突出涉渔休闲主题，将传统渔业生产与服务业相结合，规范生产、经营、管理活动，形成集休闲、垂钓、体验、观光、美食、水族观赏、文化等为一体的综合性渔业基地，提高产业的运营水平。"并且从设施、交通、环境、项目、安全、卫生、管理、效益八个方面对创建休闲渔业示范基地提出了相应的要求①。此后，从 2012 年至 2015 年，农业部共分三批授予了共计 396 家单位"全国休闲渔业示范基地"的称号。通过创建活动，提高了各级政府、市场主体对发展休闲渔业的重视程度，加大了对休闲渔业发展的扶持和投入，为提升休闲渔业产业层次和水平、提高区域休闲渔业发展水平发挥了积极的作用。全国休闲渔业示范基地的建设不仅需要持续开展，还应该逐步构建起对休闲渔业示范基地的评价体系，委托第三方中介对休闲渔业示范基地进行评估，从而进一步促进休闲渔业产业水平的提升。

参考相关研究成果②，根据 Fornell 的美国顾客满意度指数模型（ACSI），结合休闲渔业示范基地自身的特点，首先构建休闲渔业示范基地游客满意度指数模型，建立评价标准。参照 ACSI 模型因果关系模型原理，休闲渔业示范基地游客满意

① 具体参见农业部办公厅《关于开展休闲渔业示范基地创建工作的通知》（农办渔〔2012〕108 号）。

② 卢飞．基于满意度的休闲渔业体验研究——以甘水湾休闲渔业民俗村为例[D]．青岛：中国海洋大学硕士学位论文，2009；王晓丹，张小栓，穆维松，观光农业游客满意度指标评价体系构建[J]．现代农业科技，2007(7)：120－121.

度指数模型包括 7 个变量，即游客期望度、游客满意度、游客抱怨度、游客感知质量、游客感知价值度、休闲渔业示范基地形象、游客忠诚度。其中，休闲渔业示范基地形象、游客感知质量、游客感知价值度、游客期望度决定着游客的满意程度，是模型的输入变量，也称前提变量。

在前提变量的作用下，产生游客满意度、游客抱怨度、游客忠诚度 3 个结果变量。游客期望度是指游客预期将会得到何种质量的产品和服务的量化指标。游客感知质量是休闲渔业产品或服务的质量与其价格相比在游客心中的感知定位，感知质量越高，游客的满意度也随之提高；游客对将要去的旅游景区(点)的了解有限，难以对景区重要属性进行衡量，因此休闲渔业示范基地景区形象在旅游者的旅游体验评价中将产生重要的影响。游客感知价值度是休闲渔业产品或服务的价格与其质量相比在游客心中的评判定量化，游客感知价值度越高，游客的满意度也随之提高。一般情况下，游客在旅游结束后都会对亲友、同事等诉说旅游的感受，如果不满意的话，就会向亲友、同事抱怨，同时建议他们不要来，游客抱怨度正是用以衡量这一程度的指标。如果满意的话游客很可能会重游，而且会向亲友、同事推荐此旅游景区(点)，从而形成了游客的忠诚度。

根据休闲渔业示范基地游客满意度指数模型，休闲渔业游客满意度评价指标体系可分为四级。

(1) 休闲渔业示范基地游客满意度指数是总的评价指标。

(2) 游客期望度、感知质量度、休闲渔业示范基地形象、感知价值度、游客满意度、游客抱怨度、游客忠诚度 7 项为二级指标。

(3) 游客期望度从对旅游景区(点)的总体期望和对满足需求程度期望两个方面展开；在衡量游客感知质量度的时候，根据休闲渔业消费行为的特点，结合休闲渔业的实际情况，参照国家旅游局颁布的《旅游景区质量等级的划分与评定》(GB/T 17775—2003)和《休闲渔业示范点评定办法(试行)》，从“食、住、行、游、购、娱”六个要素展开；休闲渔业示范基地形象展开为对景区整体形象的评价和对景区特色的评价；感知价值度展开为游客对旅游成本、旅游价值的满意度；游客满意度从游客总体满意程度、与期望中及同类旅游景区(点)相比较时候满意三个方面展开；游客抱怨度包括游客不满意时是否会向同事、亲友等抱怨；游客忠诚度从游客是否会故地重游，向亲友、同事正面宣传两方面进行衡量。这些指标构成评价体系的三级指标。①

① 王晓丹，张小栓，穆维松．观光农业游客满意度指标评价体系构建[J]．现代农业科技，2007(7)：120－121.

表 9.1　休闲渔业示范基地游客满意度指数评价指标体系

一级指标	二级指标	三级指标
休闲渔业示范基地游客满意度指数	游客期望度	对示范基地的总体期望
		对满足需求程度期望
	感知质量度	交通的便利程度感知
		游览线路的安排的感知
		当地渔民的友好程度的感知
		游览环境的卫生状况的感知
		渔民风情、渔家文化的展示的感知
		示范基地工作人员的服务水平的感知
		旅游纪念品/海鲜产品的类型和特色的感知
		住宿设施卫生舒适的感知
		旅游纪念品/海鲜产品的价格的感知
		特色餐饮提供的感知
		渔家生活的体验的感知
		海上/景区活动的安全性的感知
		景区的游客容量的感知
		鱼类情况的感知
		卫生间的卫生情况的感知
		景区基础设施的感知
	休闲渔业示范基地形象	基地的整体形象的评价
		基地的特色的评价
	感知价值度	对总成本的感知
		对总价值的感知
	游客满意度	总体满意度
		与期望中的景区相比较
		与同类景区相比较
	游客抱怨度	游客向亲友、同事抱怨
	游客忠诚度	游客重游
		正面口碑宣传

(4) 每一个三级指标展开为具体调查中的实际问题，作为四级指标。具体的休闲渔业示范基地游客满意度评价，可以采用层次分析法和"模糊数论"综合评判法等。经过综合分析考量，引进 ISO 9000 质量管理体系，对于"休闲渔业游客满意度评价体系"的构建，十分必要，既可以准确地描绘该体系的良性循环脉络，又可以在抓好"质量评价"的同时符合国际通用的规则。例如，将各环节归纳为 PDCA 四大模块。P(策划)，每一个休闲渔业项目(产品)的起点，都必须在 ISO 9000 框架下进行顶级(层)策划，做出方案；D(实施)，无论是哪个步骤或品种，都在 D 的观照之内；C(检查)，此过程是渔业游的质量的保障环节，"顾客抱怨度"的控制是重要参数；A(终极处置)，是终审，是产品样本的诞生，是成功的决胜环节。例如，在"海洋垂钓游"这个休闲渔业项目(产品)的开发过程里，如不经过 PDCA 的科学循环打磨，那么，最终这个休闲渔业项目(产品)就可能是粗放式的经营而已，很难有较长久的生命力。①

通过构建休闲渔业示范基地游客满意度指标体系，并据此对已有的休闲渔业示范基地进行评价，既有助于管理和促进已有休闲渔业示范基地的健康发展，也可以为其他休闲渔业企业或项目评估提供参考。通过参考此评价指标体系，休闲渔业相关企业可以根据自身的情况建立起相应的游客满意度评价体系，从而了解游客对休闲渔业企业提供服务的满意程度及其影响因素，有助于企业改善休闲渔业的服务或开发新的休闲渔业项目，提高休闲渔业项目(产品)的市场美誉度，从而促进休闲渔业的发展。

三、休闲渔业监督和管理政策

休闲渔业的健康发展离不开有效的监督和管理，监督和管理的目标在于保障游客的合法利益，提升游客的满意度，从而促进休闲渔业的持续健康发展。各地相关部门应从休闲渔业游客满意度调查入手，发现当地休闲渔业存在的问题，并针对问题进行有效的监督和管理。一般而言，当地监管部门可以从休闲渔业服务质量和安全、休闲渔业服务和产品价格、渔业资源养护、环境保护等方面制定相关标准，并对休闲渔业基地或企业进行不定期的抽查，督促休闲渔业基地或企业合法合规经营，维护游客利益，提升满意度。各地可参考"全国休闲渔业示范基地"的创建标准进一步细化评价指标，使得休闲渔业企业的生产环境达到国家相关标准的要求，地表水体质量达到或高于《地表水环境质量标准》(GB 3838—2002)中Ⅲ类水质，海

① 刘聪. 现代渔业发展战略与公共政策创新研究(2012B001)[R]. 中国水产科学研究院，2014.

水水体质量达到或高于《海水水质标准》(GB 3097—1997)中规定的Ⅱ类水质，养殖水质符合《无公害食品养殖用水水质》(NY 5051—2001 和 NY 5052—2001)规定。污水排放达到《污水综合排放标准》(GB 8978—1996)。督促休闲渔业基地或企业严格执行现行水产品国家标准、卫生标准和行业标准，为游客提供安全的渔业产品。为了防止出现休闲渔业产业中价格乱象破坏休闲渔业的形象和健康发展，各地监管部门应出台专门针对休闲渔业的价格管理规定，因地因时地推行政府指导价和市场调节价相结合的价格管理形式，旅游、物价、工商等相关部门加大执法和巡查的力度，严格防止出现哄抬价格、虚高价格、欺诈游客等不良现象，并加大惩罚力度，促使企业依法经营，保障休闲渔业市场秩序。

第三节　休闲渔业配套发展政策

一、鼓励与扶持政策

目前我国休闲渔业的发展还处于初级阶段，尚未成熟，需要各级政府出台相应的鼓励与扶持政策推动休闲渔业产业的进一步发展。在《中共中央国务院关于落实发展新理念加快农业现代化　实现全面小康目标的若干意见》(2016 年中央一号文件)中提出要大力发展休闲农业和乡村旅游，“强化规划引导，采取以奖代补、先建后补、财政贴息、设立产业投资基金等方式扶持休闲农业与乡村旅游业发展”，并提出要“积极扶持农民发展休闲旅游业合作社”。各级政府主管部门在制定休闲渔业发展政策中，需深入贯彻 2016 年中央一号文件精神，结合当地休闲渔业发展的现状，针对当前休闲渔业发展存在的问题，从资金、税收等方面出台相应的鼓励与扶持政策，在休闲渔业基地建设中可以采用先建设后补贴、财政补贴、设立休闲渔业投资基金等方式来扶持休闲渔业的发展。在休闲渔业资源丰富的渔村，积极推动有条件和有意愿的渔民成立休闲渔业合作社，以建设休闲渔业合作社的方式来帮助渔民整合休闲渔业发展所需的各种资源，进而促进休闲渔业的发展。

二、投融资政策支持

休闲渔业产业规模的壮大和发展离不开政府投融资政策的支持。在《中共中央国务院关于落实发展新理念加快农业现代化　实现全面小康目标的若干意见》(2016 年中央一号文件)中明确指出“引导和支持社会资本开发农民参与度高、受益面广的休闲旅游项目”;“支持有条件的地方通过盘活农村闲置房屋、集体建设用地、四荒地、可用林场和水面等资产资源发展休闲农业和乡村旅游”。各级政府在推动休闲渔业产业发展中,应该出台优惠政策积极引导和支持社会资本开发休闲渔业,并且可以支持休闲渔业资源丰富而资本缺乏的地方,通过盘活当地闲置房屋、集体建设用地、水面等资产资源来发展休闲渔业。在休闲渔业所需建设用地的规划上,将其纳入到土地利用总体规划和年度计划中,进行合理安排,通过土地、水面使用权流转的形式来满足休闲渔业发展所需的土地和水面资源,并通过流转创造休闲渔业发展的有利条件来吸引社会资本投资当地休闲渔业。

在2016年中央一号文件中还提出要发挥政策性银行在农村金融中的作用,推动金融资源更多地向农村倾斜。各地在休闲渔业产业发展过程中,注意积极争取中国农业银行三农金融事业部、中国农业发展银行、国家开发银行对休闲渔业产业的支持,加大对休闲渔业的信贷投放,积极引导互联网金融、移动金融等新的金融业态与休闲渔业产业结合,从而创新休闲渔业产业融资的模式,为休闲渔业的发展壮大提供充足的资金。

三、公共服务政策

休闲渔业的发展离不开农村公共服务设施的配套发展。将国家财政支持的基础设施建设重点放在当地休闲渔业资源丰富或休闲渔业重点开发的农村(渔村),促进当地渔村与城市基础设施的互联互通。加快实施休闲渔业,重点发展农村(渔村)电网升级改造,推动休闲渔业重点发展农村(渔村)的互联网建设,推动实现“互联网+休闲渔业”;修建或改造与周边县市相通的公路,为“城郊游”“自驾游”的休闲渔业客源提供良好的交通条件。

2016年中央一号文件提出要“开展农业文化遗产普查与保护”。渔业文化遗产是农业文化遗产的重要组成部分,也是休闲渔业发展的重要资源。各地在发展休闲渔业产业中,应抓住当前国家重视农业文化遗产保护的契机,积极开展渔业文化遗产资源的普查,注意发掘和保护当地特色的渔业历史文化,积极整合当地渔业文化资源,组织申报中国重要农业文化遗产和全球重要农业文化遗产,从而为休闲渔业增加文化内涵和发展潜力。

第四节　休闲渔业公共政策的完善

随着休闲渔业向纵深发展,休闲渔业内部将进一步分化,新的业态也将不断出现，我国休闲渔业公共政策体系也将面临新的挑战。因此，我国休闲渔业公共政策体系还需要随着休闲渔业的发展变化而逐步完善。

一、转变发展理念，鼓励创新经营

为促进休闲渔业的升级发展，休闲渔业公共政策要积极引导和鼓励休闲渔业经营主体转变发展理念，创新经营方式，推动休闲渔业与健身休闲产业、文化产业等产业融合发展。在发展理念上，积极引导休闲渔业经营主体从传统的以吸引游客来休闲渔业基地（景区）的“休闲游”到营造特色舒适的自然和人文环境，能够将游客留下来的“休闲住”的新理念转变，从而促使休闲渔业经营主体更加注重休闲渔业的服务质量和特色休闲方式的开发。在经营方式上，出台相关政策鼓励休闲渔业与健身休闲产业、文化产业等相关产业融合发展，休闲渔业可以与帆船帆板、冲浪、滑水、水上摩托、赛艇、潜水等健身休闲产业相结合，开发新型的休闲方式，满足游客对水产运动和水上娱乐项目的需求。鼓励休闲渔业经营主体针对休闲渔业细分市场，开发特色定制服务。出台优惠政策，引导休闲渔业经营主体积极引入高新科技，开发建设基于大数据的休闲渔业服务信息平台、基于虚拟现实技术的休闲渔业体验项目等，不断丰富休闲渔业的内涵，提升休闲渔业的服务质量，促进休闲渔业的纵深发展。

二、完善管理制度，推动休闲渔业立法

随着休闲渔业的发展、休闲渔业经营主体的增多和游客的增长，休闲渔业的安全问题将突显。为促进休闲渔业的健康发展，保障游客安全，各地已经陆续出台对休闲渔业的管理规定，广东省出台了休闲渔业管理办法，对休闲渔业的经营单位、船舶及船员的管理、从业管理、安全生产监督管理等方面进行了规范。山东、浙江、辽宁等省出台了休闲渔业船舶管理办法，对开展休闲渔业的船舶应具备的条件、休闲渔船的经营、休闲渔船的管理、船员管理等方面进行了规定。但这些休闲渔业的管理办法，还集中在对休闲渔业经营主体和船舶的规范上，对休闲渔业的环境保护、食品安全、观赏鱼引进等方面涉及较少，也缺乏专门的管理制度，休闲渔业的相关管理制度亟需进一步完善。目前，作为我国现行的渔业资源开发、利用和保护的基本法——《中华人民共和国渔业法》中没有关于休闲渔业的条文。我国尚未出台关于休闲渔业的全国性的法律法规，休闲渔业的立法尚未提上议程，这不利于休闲渔业的健康和可持续发展。在已有的相关规定基础上，建议立即启动全国性的休闲渔业立法，在休闲渔业经营主体、休闲船舶和船员、食品安全、公共水域垂钓、渔

港开发利用、水面项目开发、环境保护等方面制定相应的法律条文，使得休闲渔业有法可依，规范运营，从而促进休闲渔业的持续健康发展。

三、加强部门沟通，建立休闲渔业协调机制

随着休闲渔业经营活动范围的扩大，管理监督难度将进一步增加。休闲渔业管理涉及的部门或机构包括渔业行政管理机构、旅游、交通、安全生产监督管理、海事等。为了促进相关部门之间的沟通交流，加强对休闲渔业的监督管理，可以建议地方建立由地方渔业行政管理机构（如海洋与渔业局）牵头，其他相关部门（如旅游局、交通局、安全生产监督管理局等）参与的休闲渔业发展联席会，定期召开协调联席会议，及时分析地方休闲渔业发展情况、存在问题，进行沟通协调管理意见、落实休闲渔业发展政策。通过建立休闲渔业联席会，逐步形成各部门间管理和监督休闲渔业的协调机制，对休闲渔业进行有效的监督和管理，促使休闲渔业健康可持续的发展。

四、加大资金投入、完善休闲渔业税收政策

加大财政对休闲渔业创新发展的支持力度，出台鼓励休闲渔业发展的税收优惠政策，统筹资金项目，积极引导资金向休闲渔业聚集。通过财政资金扶持、税费减免等政策，吸引民间资本投入到休闲渔业的创新发展中。鼓励企业或地方休闲渔业行业协会创设休闲渔业投资基金，投资开发科技含量高、游客吸引力强、生态环保的新型休闲渔业项目。

五、积极培育典型、持续推进休闲渔业品牌建设

在已有休闲渔业示范基地、休闲渔村、休闲渔业赛事、休闲渔业节庆等休闲渔业运营业态基础上，积极培育不同休闲渔业运营业态的成功典型，打造品牌，推进休闲渔业品牌建设。2016 年 10 月，农业部在福建省厦门市召开的全国首届休闲渔业现场会上宣布组织实施“四个一”工程，将利用五年时间创建 100 个最美渔村、100 个有影响力的赛事节庆活动、1 000 个全国精品休闲渔业示范基地、培训 1 000 名休闲渔业带头人和管理人才。各地休闲渔业管理部门，应积极抓住农业部实施“四个一”工程的政策机遇，将组织当地休闲渔业发展典型，积极申报进入“四个一”工程系列。地方休闲渔业管理部门对进入“四个一”工程的休闲渔业项目，制定地方配套支持政策，并加强宣传推广，打造各具特色的休闲渔业品牌，从而推动休闲渔业的持续发展。

参考文献

[1] 陈君. 试论我国海洋渔业发展方向的转变[J]. 中国农村经济,1999(12).
[2] 陈雨生,房瑞景,乔娟. 中国海水养殖业发展研究[J]. 农业经济问题,2012(6).
[3] 陈雨生,房瑞景. 海水养殖户渔药施用行为影响因素的实证分析[J]. 中国农村经济,2011(8).
[4] 储英奂. 发挥比较优势,进一步发展中国海洋渔业[J]. 中国农村经济,2003(11).
[5] 董银果. SPS措施影响中国水产品贸易的实证分析——以孔雀石绿标准对鳗鱼出口影响为例[J]. 中国农村经济,2011(2).
[6] 高广斌,耿红卫,邹积波,等. 大连沿海网箱养殖现状及存在的问题[J]. 中国水产,2006(8).
[7] 高健,姜彤. 发展中国海洋渔业:基于生计渔业或商业渔业的思考[J]. 农业经济问题,2008(6).
[8] 高健,刘亚娜. 海洋渔业经济组织制度演进路径的研究[J]. 农业经济问题,2007(11).
[9] 高明,高健. 中日韩共同渔业管理研究[J]. 农业经济问题,2007(7).
[10] 高强. 资源与环境双重约束下渔业经济发展战略研究[J]. 农业经济问题,2006(1).
[11] 郭芳,王咏红,高瑛. 技术壁垒影响中国水产品出口的实证分析[J]. 中国农村经济,2007(11).
[12] 韩立民,李大海. "蓝色粮仓":国家粮食安全的战略保障[J]. 农业经济问题,2015(1).
[13] 韩立民,任广艳,秦宏. "三渔"问题的基本内涵及其特殊性[J]. 农业经济问题,2007(6).

[14] 侯伟芬. 浙江沿海大风形势及其对渔船安全的影响[J]. 浙江海洋学院学报(自然科学版),2004(6).
[15] 胡德春. 中国淡水产品出口现状及问题[J]. 中国农村经济,2004(7).
[16] 胡求光,霍学喜. 基于比较优势的水产品贸易结构分析[J]. 农业经济问题,2007(12).
[17] 胡求光,霍学喜. 中国水产品出口贸易影响因素与发展潜力——基于引力模型的分析[J]. 农业技术经济,2008(3).
[18] 胡求光,王秀娟,曹玲玲. 中国蓝色牧场发展潜力的省际时空差异分析[J]. 中国农村经济,2015(5).
[19] 胡求光,王艳芬. 我国水产品的消费特征及其影响因素分析[J]. 农业经济问题,2009(4).
[20] 蒋高中,李群. 关于加强中国水产技术推广体系建设的思考[J]. 中国农学通报,2007,23(8).
[21] 李大海,潘克厚,韩立民. 我国海水养殖业的发展历程[J]. 中国渔业经济,2005(6).
[22] 李清. 科学用药,规避风险,确保我国水产品出口贸易健康发展——日本水产养殖用药规定解析[J]. 中国兽药杂志,2007(9).
[23] 李震,刘景泰. 大连湾海域水体富营养状况分析[J]. 中国环境监测,2000(1).
[24] 梁铄,秦曼. 中国近海捕捞业生产的随机前沿分析——基于省级面板数据[J]. 农业技术经济,2014(8).
[25] 林毅. 渔船船东互保的现状与发展趋势[J]. 中国渔业经济,2001(2).
[26] 刘金泊. 船用产品与渔船安全生产的关系——两起事故引发的思考[J]. 中国水产,2004(8).
[27] 刘舜斌. 我国渔业资源产权化管理的理论探讨[J]. 农业经济问题,2009(3).
[28] 刘现明. 大连湾小孤山养殖海域富营养评价及牡蛎死因分析[J]. 海岸工程,1997(3).
[29] 柳正. 跨百年沧桑,续渔业辉煌——回望中国渔船现代化发展道路[A]//农业部渔业局. 中国渔业年鉴(2012). 北京:中国农业出版社,2012.
[30] 陆建珍,徐翔. 渔业购机补贴政策效果评价——基于广东、海南两省 426 户淡水养殖户数据的分析[J]. 农业经济问题,2014(12).
[31] [美]穆盛博. 近代中国的渔业战争和环境变化[M]. 胡文亮,译. 南京:江苏人民出版社,2015.

[32] 农业部渔业渔政管理局. 中国渔业年鉴(2000 年至 2015 年)[M]. 北京:中国农业出版社,2000—2015.
[33] 钱志林,吴万夫. 渔业现代化的实质和内涵[J]. 农业技术经济,1998(1).
[34] [日]清光照夫,岩崎寿男. 水产经济学[M]. 王强华,李艺民,译. 北京:海洋出版社,1996.
[35] 任少波,凌峰,李伟. 从一起火灾事故浅谈渔船安全监管[J]. 河北渔业,2002(2).
[36] 任玉清,李昕,姚杰. 影响渔船作业安全的人为因素分析[J]. 水产科学,2003(3).
[37] 山世英,杨学成. 中国水产品产业的国际地位及对外开放态势评析[J]. 农业经济问题,2004(7).
[38] 邵桂兰,姜宏. 中国水产品出口主要目标市场国的非传统贸易壁垒分析与比较[J]. 农业经济问题,2007(7).
[39] 苏昕. 中国渔业产业结构的协调性研究[J]. 农业经济问题,2009(5).
[40] 孙炜琳,刘佩,高春雨. 我国淡水养殖渔业技术效率研究——基于随机前沿生产函数[J]. 农业技术经济,2014(8).
[41] 孙颖士. 论渔船船员风险和渔业保险[J]. 中国渔业经济,2006(2).
[42] 孙昭宁,徐瑞永,劳海华. 我国现代渔业科技支撑体系建设探讨[J]. 科技管理研究,2014(10).
[43] 唐启升. 中国区域海洋学——渔业海洋学[M]. 北京:海洋出版社,2012.
[44] 王爱香,韩立民. 我国渔业发展面临的问题与对策建议[J]. 农业经济问题,2003(9).
[45] 王惠卿,林长青,孙国炜. 大连湾海域赤潮的生物学调查及探讨[J]. 环境保护科学,1987(1).
[46] 王启友. 人为因素对渔船航行安全的影响[J]. 湛江海洋大学学报,2001(6).
[47] 王世表,阎彩萍,李平,等. 水产养殖企业安全生产行为的实证分析——以广东省为例[J]. 农业经济问题,2009(3).
[48] 王秀娟,胡求光. 中国海水养殖与海洋生态环境协调度分析[J]. 中国农村经济,2013(11).
[49] 徐翔,陶雯,袁新华. 农户青虾新品种采纳行为分析——基于江苏省青虾主产区 466 户农户的调查[J]. 农业技术经济,2013(5).
[50] 许国新. 加快渔业产业化的影响因素分析与建议[J]. 农业经济问题,1999

(7).
[51] 许培源.中国水产品出口地理结构与出口不稳定性分析[J].农业技术经济,2008(5).
[52] 鄢贞,周洁红.现代农业经营主体实施水产品自检行为研究[J].农业技术经济,2015(5).
[53] 闫玉科.南海海洋捕捞渔民增收问题研究[J].农业经济问题,2013(12).
[54] 闫玉科.我国海洋渔业资源可持续利用研究——基于海洋渔业资源衰退现象的经济学解析[J].农业经济问题,2009(8).
[55] 杨莲娜.中国水产品对欧盟出口波动影响因素分析[J].农业经济问题,2011(6).
[56] 杨林,苏昕.产业生态学视角下海洋渔业产业结构优化升级的目标与实施路径研究[J].农业经济问题,2010(10).
[57] 杨培举.60万艘渔船安全状况堪忧[J].中国船检,2006(1).
[58] 姚丽娜,刘洋.我国远洋渔业竞争力比较研究——兼对浙江省的解析[J].农业经济问题,2014(7).
[59] 张成,张伟华,高志平.我国水产养殖业技术效率和全要素生产率研究[J].农业技术经济,2014(6).
[60] 张校.海带人工养殖与海滨环境污染——大连市星海公园海带污染事故调查[J].环境保护科学,1988,14(3).
[61] 赵福波.我国渔船标准体系现状与发展对策[J].中国水产,2007(11).
[62] 中国农业贸促会渔业代表团.澳大利亚和印度尼西亚渔业发展的经验与启示[J].农业经济问题,2006(4).
[63] 中华人民共和国农业部渔业局.中国渔业五十年大事记(1949年10月—1999年9月)[M].北京:中国农业出版社,1999.